普通高等教育"十一五"规划教材

公共关系学

GONG GONG GUAN XI XUE

主　编　柳宝珠

副主编　聂宜明　孔　靓　彭　荣

刘秋玲　周新宇

立信会计出版社

图书在版编目(CIP)数据

公共关系学 / 柳宝珠主编. —上海：立信会计出版社,2008.8

普通高等教育"十二五"规划教材

ISBN 978 - 7 - 5429 - 2117 - 8

Ⅰ.①公⋯ Ⅱ.①柳⋯ Ⅲ.①公共关系学-高等学校-教材 Ⅳ.①C912.3

中国版本图书馆 CIP 数据核字(2008)第 131629 号

责任编辑　　赵新民
封面设计　　周崇文

公共关系学

出版发行	立信会计出版社		
地　　址	上海市中山西路 2230 号	邮政编码	200235
电　　话	(021)64411389	传　　真	(021)64411325
网　　址	www.lixinaph.com	电子邮箱	lxaph@sh163.net
网上书店	www.shlx.net	电　　话	(021)64411071
经　　销	各地新华书店		

印　　刷	上海肖华印务有限公司
开　　本	787 毫米×960 毫米　　1/16
印　　张	16.5
字　　数	330 千字
版　　次	2008 年 8 月第 1 版
印　　次	2016 年 6 月第 5 次
印　　数	8 301—9 800
书　　号	ISBN 978 - 7 - 5429 - 2117 - 8/C
定　　价	30.00 元

如有印订差错,请与本社联系调换

普通高等教育"十一五"规划教材
编委会成员名单

顾　　问　郭道扬(中南财经政法大学教授、博士生导师、中国会计学会副会长)

张龙平(中南财经政法大学会计学院院长、教授、博士生导师)

主　　任　徐仁璋(中南财经政法大学武汉学院副院长、教授、硕士生导师)

副　主　任　刘应森(中南财经政法大学武汉学院教务处处长、教授)

陶亚文(中南财经政法大学武汉学院会计系主任、教授、硕士生导师)

王学梅(长江职业学院校长助理、经济管理学院院长、副教授)

张敦力(中南财经政法大学会计学院副院长、教授、博士生导师)

潘旭华(九江学院商学院院长、教授)

彭　浪(中南财经政法大学武汉学院副教授、湖北省会计学会理事、武汉市会计学会常务理事)

总　主　编　彭　浪

副总主编　郑英莲　苏　龙　钟新联

编委会成员(排名不分先后)

钟新联	郑英莲	涂红星	刘合华	陶亚文	刘　珣
方　旭	苏　龙	郭　黎	黄庆阳	郑伦卉	邓威帝
胡华夏	陶　缨	李质甫	吴炳年	刘　教	戴正华
杨　为	段小法	王惠清	宗晓虹	鲁千霞	彭秋琼
王　歆	王振秀	严碧容	王　珏	张　琴	林　波

刘书兰	曾祥师	曹　滨	程仲鸣	周　萍	陈慧玲
金　琦	许国平	彭　浪	刘应森	周金旺	柯子实
徐仁璋	王学梅	张敦力	李　彬	汤　云	童立华
付从荣	黄志军	陈伯云	肖克奇	顾艳辉	张建军
陈爱林	陶艳珍	廖保华	柳宝珠	曾海兴	封新林
喻红阳	向美英	彭　荣	聂宜明	余　珍	阮班鹰
马　郧	陈树耀	代学丽	陈　芳	许　静	陈计专
田俊芳	黄　辉	李　伟	平　怡	张翠红	蔡峻菁

总 序
PREFACE

　　教育为社会服务。随着社会改革的深入发展，政治经济环境、社会文化环境都发生着日新月异的变化，这些变化给现代高等教育带来了机遇与挑战。现实告诉我们，象牙塔内填鸭式教育不可为也不可取，培养学生的综合素质是重中之重。

　　现代高等教育背景下的合格毕业生应该同时具备知识素质与技能素质。学校教育过去注重培养学生的知识素质，对技能素质的培养则退居其次。近年来，随着高校的扩招和就业压力的日益增大，社会对人才的要求越来越客观与现实，动手能力与实践能力越来越成为人才招聘的重点。在人才需求这一金字塔上，高端的研究型人才仅仅是塔尖部分，而庞大的应用型人才构成了塔身和塔基。从社会需求来看，后者比前者明显更具有普遍的现实意义。

　　学生技能素质的培养涉及方方面面，教材的选择与使用是其中重要的一个方面。于老师，教材乃善事之利器；于学生，一本好的教材就是良师益友，有之则能事半功倍。因此，在编写教材上下一番工夫，不仅是应该的，而且是必要的。

　　非重点本科院校、独立学院、高职高专院校是培养应用型人才的主力军。"普通高等教育'十一五'规划教材"是集中二十多所院校众多富有一线教学经验的老师，集思广益编写而成的一套高水平的应用型教材。我们遴选的这些学校有本科的,有独立学院的,有高职高专的,虽然在办学层次上有些许差别,但是在培养应用型人才的教育目标上,它们的观点是一致的。

教材建设是教育工作的一个重要方面,它根植于社会,着眼于校园教育,最终又服务于社会,它将随着教育改革的深入而不断深化。教育事业只有起点,没有终点,教材建设同样如此。

在编写教材的过程中,我们得到了前辈和领导方方面面的关心和帮助。郭道扬教授不辞辛劳,出谋划策,亲自指导我们编写;中南财经政法大学武汉学院的董事长张海清教授为本套教材的编写呕心沥血,从出版到发行各个环节考虑得细致入微,提出了不少宝贵的意见;各个院校的领导和众多一线老师献计献策,积极参与本套教材的编写;立信会计出版社高度重视本套教材的组织活动,并解决了不少实际问题;武汉市恒曦书业发展有限公司的肖雯经理,她为本套教材的编写鞍前马后,穿针引线,使得教材编写活动得以顺利进行。在此,对以上为本套教材的面世而付出辛勤劳动的所有单位和个人表示衷心的感谢。

另外,希望读者对本套教材提出宝贵的意见,以期精品教材之路走得更好、更远。

编委会

2008 年 7 月

前言
FOREWORD

本书是一本教科书，供大学在校学生、企事业单位公共关系人员学习用，也可作为专家、学者教学、研究的参考书。

现代公共关系学传到中国已经 30 余年了。经过中国公关学者 30 余年的不懈努力，公共关系学在中国得到了长足发展。可以说，现在是中国对发源于西方的公共关系学有所贡献的时候了。本书在内容、观点、体系结构、体例编排上，都作了一些尝试，提出了一些自己的思考，力图有所创新。能否成立，尚待各位专家学者评判。

全书共分八章：第一章讲述公共关系的基本概念、职能、要素和基本范式。学习本章，可以初步了解什么是公共关系，从而为学习全书打下基础。第二章讲述公共关系的产生过程、必然性、现状与发展趋势。通过这些内容的学习，进一步加深对公共关系的了解。第三章讲述公共关系的理论基础和基本原则。这是公共关系学的薄弱环节，对此，我们提出了自己的看法。第四章讲述公共关系的过程，即四步工作法。第五章讲述公共关系的对象。第六章讲述部门公共关系。第七章讲述公共关系的基本手段——传播。第八章讲述公共关系活动。前四章是公共关系的理论部分，后四章是公共关系的实务部分。为方便读者学习，书后部分有分章练习。

本书由主编提出编写大纲，全体参写人员集体讨论。具体执笔情况如下：柳宝珠执笔第一章第一节和第三章；彭荣执笔第一章第二、三、四节和第二章；

孔靓执笔第四、八章;聂宜明执笔第五、六章;刘秋玲执笔第七章第一、二、三节;周新宇执笔第七章第四节。分章练习由孔靓负责统筹,其中孔靓执笔第一、四、五、六、七、八章,吴志立执笔第二、三章。全书由主编统稿,孔靓作了一些协助工作。

在本书出版之际,衷心感谢立信会计出版社的大力支持和中南财经政法大学武汉学院的徐仁璋院长。没有他们的支持,本书的出版是不可能的。

柳宝珠

于中南财经政法大学竹苑小区

目 录
CONTENTS

第一章·导　　论

学习目的

学完本章,你应该能够:
1. 理解公共关系的含义及其本质;
2. 理解公共关系的要素;
3. 理解公共关系的职能;
4. 理解学习公共关系的意义。

银行为何有理也被动?

2006年4月21日晚10时,许霆来到广州某银行的ATM取款机取款。结果取出1 000元后,他发现银行卡账户里只被扣了1元,狂喜之下,许霆连续取款5.4万元。当晚,许霆回到住处,将此事告诉了同伴郭安山。两人随即再次前往提款,之后反复操作多次。后经警方查实,许霆先后取款171笔,合计17.5万元;郭安山则取款1.8万元。事发后,郭安山主动自首后被判处有期徒刑一年,而潜逃一年被抓获的许霆日前被广州市中院以盗窃罪判处无期徒刑。

2008年2月,广东惠州水口国康电子厂300多名员工面对工资卡里凭空多出的钱,既兴奋,又诧异。消息很快在员工中传开,人们纷纷涌向工厂附近的农行网点柜员机取钱,竟然把柜员机里的钱都取光了。目前,银行正向300多名工人追讨多发的工资。

本来,这应该是没有争议的事件。多取了银行的钱,当然要还;触犯了刑法,当然要追究。问题是,社会舆论不这样看,他们对银行表现出了"这么多的口水和不屑",出现了舆论一边倒的情况,以至于银行领导人大为不解,委屈地诉苦:银行其实是弱者。

对此,媒体作了反思。《武汉晚报》2008年3月2日刊登了一篇署名文章:《为何舆论中银行总是很被动》。问题提得好极了!虽然答案可能并不相同,但毫无疑问,银行公共关系的失败是导致此状况的一个重要原因。

公共关系是什么?它能帮我们解决什么问题?开展公共关系工作有什么现实意义?

(资料来源:作者根据2007年12月17日《新快报》及
2008年2月29日《重庆时报》相关资料编写。)

1.1 公共关系的概念

"公共关系"(简称公关)一词是由英文"public relations"翻译而来。public这一单词,在英文中既可以做形容词,也可以做名词。它作为形容词时可译为"公共的"、"公开的"等;作为名词时,可译为"公众"。"public relations"的直译就是"公众关系",把它翻译成"公共关系"也可以,两者意思基本一致。在中国,人们普遍使用"公共关系"的译法,已经约定俗成,我们亦采用这一译法。

关于什么是公共关系的问题,可以说有多少公关专家,就有多少种答案。即使不是公关研究人员,许多人也对这个问题作了回答。对此问题作一历史考察,有助于我们理解公共关系的含义。

1.1.1 对公共关系定义的历史考察

在公共关系的诞生和发展过程中,人们对它的认识经历了三个阶段:

首先,被当成影响人们观点、达成自己目的的手段(即宣传、说服)。使公共关系理论化、系统化的公关创始人爱德华·伯尼斯就持这种观点,这种观点在一本词典里得到反映——"诱导公众的理解和好意"。

美国独立战争时期,正是公共关系得到大力发展的阶段。在那个到处充满着严重分歧和斗争的特殊时期,无论是以杰克逊为首的边疆垦荒者同以尼古拉斯·比德尔财团为中心的政治团伙之间,还是以杰克逊为首的种植园主、农民集团和以亚历山大·汉密尔顿为首的商业界、金融界之间,都为了极力压倒对方而想方设法地争取民众的支持。特别是在美国南北战争时期,双方的军事、政治集团为了争取民众的支持而同样竭尽全力,并以此作为工作的重点。与此同时,在其他领域中,也相当盛行利用出售土地、筹措资金、扩大人物知名度等公共关系活动及其他手段来促进其事业的快速发展。其中最具代表性的有哈佛大学倡议的"用系统的努力来筹集资金"。当时,刚成立五周年的哈佛大学为了解决办学经费不足的问题,派了三位牧师组成名噪一时的"游说使团"外出活动。为了使游说工作便于开展,他们印制了一本名叫《新英格兰的第一个成果》的小册子到处散发,从而对他们的游说工作起到了很大的推动作用。时至今日,许多人还幽默地将公关人员称作带哈佛口音的人。

第一次世界大战期间,伍德罗·威尔逊总统创建公共信息委员会,由乔治·克里尔领导并由年轻的宣传家担任职员(这些人后来都成立了公共关系公司),实际上就是通过单向的说服型传播,将全国支持战争的舆论团结起来。

事实上,即使在今天,也有不少人把公共关系当成说服他人的单向传播。国内较早出版的有影响的教材——熊源伟主编的《公共关系学》就认为"公共关系是社会组织为塑造组织形象,通过传播、沟通手段来影响公众的科学与艺术"。

其次,第二次世界大战后的数十年间,公共关系的定义演进为"包括了双向传播和相互关系的概念",诸如"互惠"、"相互"和"两者之间"等词语。如《韦伯斯特国际新辞典》第三版就定义为:公共关系是"发展相互理解和善意的科学或者艺术"。英国公共关系协会将这一功能定义为努力建立和维护"在一个组织及其各类公众之间的相互理解"。斯克特·卡特李普主编的美国颇有影响的教科书前几版是这样表述公共关系的:"基于相互令人满意的双向传播,通过良好的特性和负责任的表现,有计划地影响意见的努力。"

这种观点在国内仍然占据主流地位。居延安等人的《公共关系学》的表述是:"公共关系是一个社会组织在运行中,为使自己与公众相互理解、相互合作而进行的传播活动和采取的行为规范。"蒋春堂主编的《公共关系学教程》的表述是:"公共关系是社会组织为了实现某种利益目标,通过传播沟通与其公众建立并协调发展的互利互惠的社会关系。"谢玉华主编的《公共关系教程》的表述是:"公共关系是组织为了自身的发展,运用传播、沟通等手段与公众协调关系,树立组织良好形象,以促进组织目标的实现。"

第三,耶鲁大学教授、《舆论学季刊》创始人哈伍德·L.蔡尔兹在20世纪30年代后期引进了一个更先进的概念:公共关系的本质"不是某种观点的陈述,不是调和心态的艺术,也不是发展热诚而且有利可图的关系"。与此相反,其基本技能是"按照公共利益协调或者调整在我们个人和企业行为中那些有着社会意义的方面"。简而言之,蔡尔兹认为公共关系的功能是帮助组织适应它们的环境。

这种理解意味着公共关系具有影响管理层和政策制定者的功能。除了传播以外,还需要矫正行为。这种定义被国际公共关系协会采纳。国际公共关系协会在自己的定义中吸收了"为组织领导人提供咨询"和实施"有计划的行动方案"等要素。

正如蔡尔兹所说,公共关系的这一定义揭示出了公共关系的本质,并且被越来越多的人所接受。

公共关系三个阶段的定义是公共关系发展的三个里程碑。三种定义的内涵大不相同,很值得玩味。

1.1.2 公共关系的含义

我们认同蔡尔兹教授的观点,认为公共关系是社会组织为了获得公众的好感、理解与支持,通过与公众的双向沟通,让公众了解组织,同时不断调整自己的政策,使之更符合公众的需要,从而使组织与环境协调发展的管理科学与艺术。

这一定义包括如下要点:

第一,公共关系的主体是社会组织,客体是公众,基本方法是双向沟通,这构成了公共关系的三个基本要素。一般地说,个人是不能成为公共关系主体的,除非是公众人物。这里的公众人物既包括政治家、知名学者,也包括文艺、体育明星。

第二,公共关系的直接目的是为组织在公众中树立良好形象,争取内外公众的好感、理解与支持。

第三,树立良好形象的基本方法是不断调整自己的政策,把事情做好。只有使组织的行为符合公众的需要,公众才会给予组织积极的评价。

第四,公共关系的最终目的是使组织与环境相协调,从而得到健康发展。这里,适应环境是基本的,在适应的前提下尽可能影响环境。

第五,公共关系的学科性质是管理科学与艺术,是一门边缘学科。

本章开头的案例里,银行受到公众的广泛质疑,社会舆论对银行不利,银行在社会公众眼里的形象不佳。在这两起事件中,虽然银行受到损失,但大家对银行不理解、不支持,这说明银行的公共关系处于不良状态,亟须改善。这样的公共关系状态,对银行的发展十分不利,在激烈的市场竞争中尤其是同外国银行的竞争中要想取胜十分困难。

为何造成这种状况?责任不在公众,而在银行。中国银行大多是计划经济条件下的产物,很长时间里是作为国家的一个机构或政府部门存在的,行使着公共权力,这使银行形成了一定的惯性,以老大自居,不太注重社会公众的感受与利益,没有公关意识。在市场经济条件下,许多银行还没有转变心态,还不能做到将客户当成上帝、全心全意为客户服务。于是,市场开始惩罚银行了,虽然由于银行的特殊性而不至于很快被淘汰,但公众对银行的意见有增无减。这两次事件中公众舆论的一边倒,就是惩罚的表现。正如《武汉晚报》的文章所说,"银行要把自己当成市场经济下的一个普通企业,从管理上,从服务上,从去主动满足公众的需要上下工夫,面对危机,面对突发事件,要诚恳、主动、负责,大众和舆论才会更宽容,而不再情绪化地对待银行了……"

(资料来源:作者根据有关资料编写。)

"公共关系"一词可以作两个层面的理解：一是指状态，一是指活动。作为状态，任何一个组织，无论是否有公共意识，也无论是否开展了公关活动，公共关系状态都是客观存在的，或好或坏，都不以人的意志为转移。作为活动，亦即我们常说的公共关系实务，也可以叫做公共关系工作，一般包括以下方面：

新闻宣传　在中国，中国共产党的系统有宣传部，有外宣办，政府有新闻发言人制度，还有大量的新闻媒体——报纸、刊物、广播、电视，在一些大型企业也有专职人员负责同媒体的关系（往往冠以"通讯员"的名义）。在西方一些国家，政府办的媒体不能针对国内市场，否则涉嫌不公平竞争，但对外政策则不同。美国政府办了个"美国之音"（限于对外广播），英国有 BBC 广播公司（惟一一家由政府给予特殊政策获得资助的公立广播机构，具有完全的独立性）。俄国政府后来居上，于 2005 年年末花 3 000 万美元创办了专门对外宣传的"今日俄罗斯"英语电视台。虽然如此，他们在对内的宣传中，一点也不落后。

公益广告　商业广告主要由企业来做，但公益广告就需要由政府或公共团体来组织了。中国政府有关部门规定，大众传媒每年必须有一定数量的公益广告，否则广告资质年检不能通过。同时每年还举办公益广告评选活动，鼓励媒体发布公益广告，以此促进公益广告的发展。美国政府做广告几乎成了传统，每年仅用在征兵广告上的花销就十分巨大，2004 年达 6 亿美元之多。一些企业为了塑造良好的公众形象，也主动做一些公益广告。

领导人也做广告。如韩国前总统金大中为韩国旅游业做广告，董建华为香港旅游业做广告。2008 年，中国"两会"期间，湖北孝感市市长梁惠玲带着事先准备好的一套泥瓦匠用的"抹刀"与媒体见面："大家可别小看这个小抹子，这可是孝感的建筑劳务品牌，30 万孝感农民就带着它出去闯世界，每年劳务收入 30 个亿。"梁惠玲说，小抹子现在是"金钥匙"，已经闯出国门，到了俄罗斯，很多孝感人都靠小抹子"一年脱了贫，两年盖新房，三年娶新娘"。毫无疑问，梁市长的一席话会给孝感市的农民建筑工扩大影响，带来更多的机会，是一个绝好的公益广告。

新闻业务代理　创造有新闻价值的报道和事件，以吸引媒体的注意力并获得公众的关注。这在西方比较多见，在中国则较少，但也不是完全没有。我们之所以感觉不多，是因为这类活动都做得不着痕迹。策划都是在幕后进行的，表面是不容易看到的。

公共事务管理　公共事务是公共关系的一个专门领域，旨在建立和维护政府及地方社区关系，以便影响公共政策。这方面，我们正在迅速开展，如市长热线、群众来信来访（这不仅是公共事务问题，还有许多其他问题）等。通过报纸、网络征集公众关心的问题供有关部门决策参考，已成潮流。2008 年"两会"期间，人民网开辟"我有问题问总理"栏目，征集公众关心的社会问题，成千上万网民积极响应，提出的问题涉及各个方面。

问题管理（危机管理）　问题管理是对于影响到政府与其公众关系的公共政策问题进行预测、确认、评估、反应的前摄过程。中国各级政府的政策研究部门就承担这方面的职责。在一些大型企业，特别是外资企业里，也设有研究部门，问题管理即其职能之一。问题一旦发生,就有了危机管理的问题。从"9·11"以来,美国及世界各国开始十分重视公共危机管理,中国自"非典"以来,危机管理也提到各级政府面前,从管理机构到相关法规,都在逐步完善,并取得了明显成果。

社会交往 任何组织都存在于社会之中,要想生存和发展,就必须与外界打交道,亦即社会交往。公共关系中的社会交往,并不一定表现为组织与组织。事实上,这种交往的主体更多的还是个人与个人。因为组织是由人组成的,组织之间的交往一般是由组织中的个人与个人的交往实现的,只不过,这时个人代表的不是个人而是组织。在信息社会,由于社会的联系更紧密,组织的社会交往不是少了,而是多了。当然,信息社会的交往形式有自己的特点,有些是直接的,有些则是间接的。无论何种形式的社会交往,都必须遵循一定的社会规范。只有这样,才能得到最大限度的认可,才能得到支持与理解。

1.1.3 公共关系的相关范畴

为了更好地理解公共关系,我们将公共关系与相关范畴作一比较。

公共关系与人际交往 公共关系所考虑的是组织与组织之间的相互关系,人际交往则考虑的是个人与个人之间的关系,立足点不同,由此决定了二者的手段、方法也不同。但是,二者的联系是显而易见的:公共关系往往通过人际交往来实现沟通,因为组织整体之间的联系往往体现为一个组织中的若干个人与另一个组织中的若干个人之间的联系。

公共关系与新闻传播 作为活动,公共关系是组织为了争取社会公众的了解与支持的全部活动方式,其中包括新闻传播。换句话说,新闻传播是公共关系的一部分。但是,二者的立足点不同。如前所述,公共关系立足于本组织,而新闻传播则立足于全社会,对全社会负责。同时,公共关系除了新闻传播之外,还有诸多手段。但无论如何,公共关系离不开新闻传播。

公共关系与市场营销 公共关系与市场营销有着天然联系。由于公共关系被当成影响公众的有效手段,故它常常被用来帮助市场营销,甚至许多人干脆把公共关系当成营销的手段。即使现在,在许多企业里,公共关系部也设在销售部门里,公共关系被当成促销的好手段。但是,毕竟公共关系不是市场营销。公共关系立足于营造良好氛围,希望达到公众"爱我"之目的;市场营销则直接立足于把产品推销出去,希望达到公众"买我"之目的。虽如此,公共关系与市场营销的关系还是显而易见:公共关系可以通过营造良好氛围来使营销易于进行。

公共关系与广告 广告有广义与狭义之分。广义的广告包括公益广告、公关广告、商业广告。显然,公共关系与广告是交叉关系,你中有我,我中有你。我们可以说,公共关系离不开广告。二者的关系可用图1-1表示。

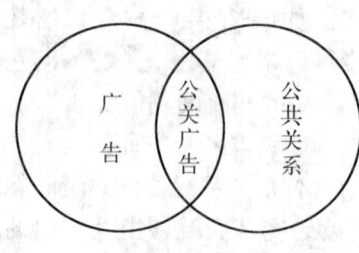

图1-1 公关与广告关系图

1.2 公共关系的职能

社会组织有效开展公关活动的目的,是为了创造良性的公关运行状态,在公众心目中树立良好的形象,而这一目的的最终实现只有依赖于组织公共关系各种职能的充分发挥。

公共关系的职能是指公共关系组织与活动所承担的主要职责和应发挥的作用,也可以说是具有本职特色的主要功能。对公关职能的概括长期以来存在着不同的表述。在这里,我们提出了概括公共关系职能的两个标准:一是应该能体现公共关系职业特色的主要功能;二是这些职能应该能够涵盖公共关系活动所有的项目和内容。鉴于此,我们认为公共关系有四项基本职能。

1.2.1 管理形象

良好的信誉和形象是组织的重要资源,是组织发展的重要条件。在中国古代的经济生活中就有重视自身形象的传统,如在店铺招牌上写着"百年老店"等字样,以此告诉人们这家店牌子老、信誉好。许多商铺也用"货真价实"、"童叟无欺"、"如假包换"来说明经营作风正派、公平诚实以赢得顾客的信任。在现代商品经济激烈竞争的条件下,组织的信誉和形象愈发重要,影响乃至决定着组织的生存与发展。

组织的良好形象和信誉要以提供优质产品和服务为依托,但仅有优质的产品和服务是不能自发形成良好形象的,还必须对形象进行自觉的管理。

公共关系的形象管理职能体现在以下几个方面:

首先是形象定位。不同性质的组织,或同一组织处于不同的发展阶段,或同一发展阶段但面临问题不同,在形象的定位和实施方面,都是不同的。公共关系就是要根据组织的不同情况,为组织确立恰当的、独具个性的形象目标,并通过一系列措施,使其在公众心目中树立起来。

其次是传播形象。形象定位只是完成形象管理的第一步,要将其变成实际形象,还必须进行形象传播。如何使公众接受组织的形象,并在公众中留下深刻印象,是公共关系的一大难题,也是公共关系必须完成的任务。要调动组织的一切有利因素,运用科学方法,有计划、有步骤地实施形象战略,实现组织的形象目标。

再次是矫正、更新形象。组织在发展过程中常常会因自身失误而遭遇公众不满、误解,从而影响组织的美誉度、和谐度,影响组织整体形象。此时就必须运用公共关系的各种方法和手段对形象加以矫正,挽救组织及其形象。同时,面对公众需求的日益变化,不断改进和更新形象,永远保持自己的形象地位并不断进步。

最后是巩固、发展形象。组织通过不断改进、提升产品和服务的品质,使组织行为与公众期望相一致,并通过一系列的行动来增进社会整体利益,实施有效传播,从而巩固、发展形象。

1.2.2 化解危机

由于社会组织是在极其复杂的环境中运转的,因此,在向既定目标前进的过程中,往往会出现一些意想不到的突发事件或问题,给组织的正常运行造成危机。这类事件的发生会破坏组织的正常工作秩序,危及组织形象,有的甚至给组织带来严重影响。因此,化解、处理危机,应付突发事件,也就成为公共关系的一项重要职能。

公共关系中的突发事件主要包括两大类:一类是人为的纠纷危机,比如组织内部的突发纠纷、公众的投诉、组织与组织之间的突发性危机、新闻媒介的突然发难等;另一类是事故灾变危机,比如重大工伤事故、交通事故、生产失误事故,以及水灾、地震、空难、台风、突发性环境污染等。

所有这些突发性事件,由于其发生突然,来势迅猛,后果严重,影响面大,所以对遭遇这些突变的社会组织来说,威胁极大。因此,一旦事故发生,公关人员必须以高度认真负责的态度和十分清醒的头脑,把握处理这些危机事件的原则和对策,及时化解危机,减少事件对组织形象的损害,帮助组织重新树立形象。

1.2.3 协调公众

公共关系是一种广结人缘的工作,即运用各种协调、沟通的手段,为组织疏通渠道、发展关系、减少摩擦、化解危机,成为组织运转的润滑剂,成为组织与各类公众交往的桥梁,形成一种组织与公众友好合作的氛围,创造一个有利于组织生存发展的内外环境。为此,公共关系协调工作必不可少。

公共关系协调一般包括内外两个方面:

组织内部公众的协调 俗话说"攘外必先安内",要搞好组织的公共关系,必须先从内部做起。如果一个组织内部不能团结一致,那么组织的发展几乎是不可能的。所以成功的公共关系不仅仅是指组织在外部树立了良好的形象,同时也指企业内部上下左右关系融洽。这就要求公关人员十分注重"内求团结"的工作,即通过建立和完善组织内部的各种传播渠道和协调机制,促进组织内部的信息交流,上情下达、下情上达、横向联络、分享信息,以促进内部公众思想上的认同和行为上的一致,提高组织的向心力和凝聚力。

组织外部公众的协调 社会组织在其运行过程中要与许多外部因素发生关系,并与各种公众发生联系。由于各种关系状态的差异,公共关系协调的方法和侧重点也有差异。当组织与外部公众关系处于不明朗状态时,组织应主动采取进取性的协调行动,向公众明确表达自己的主张、意愿,竭力消除外部公众的戒备、怀疑心理,让公众尽快了解、熟悉该组织,以利于日后的良性发展。当组织与外部公众关系处于和谐状态时,公共关系协调的重点应致力于保持对组织有利的舆论,强化公众心目中已树立的良好形象。当双方关系处于不和谐状态时,此时协调的重点应是尽快查明真相,客观分析组织所处的形势,并提出扭转当前状态的措施。

1.2.4　咨询建议

公共关系咨询建议主要是指组织公共关系人员向决策层和各管理部门提供公共关系方面的情况和意见,协调决策者考虑复杂的社会因素,平衡复杂的社会关系,从社会公众和整体环境的角度评价决策的社会影响,使决策目标能够反映公众的利益,使决策方案具备一定的社会适应力和社会应变力,使决策实施的效果有利于树立组织良好的形象。由于社会组织始终处在复杂、多变的环境中,故公共关系咨询内容也是多方面的。凡是涉及组织发展决策的因素都属于咨询建议的范畴。可以是为组织整体形象建设、CI 设计提供咨询服务,也可以是组织环境变动趋势及公众心理的预测咨询,还可以是为某一经营策略提供的技术或技巧性服务。

1.3　公共关系的要素

关系的构成要素是主体、客体、媒介,公共关系的构成要素也不例外。具体地说,公共关系的构成要素分别是组织、公众、传播。在公共关系结构中,只有要素与要素、要素与环境之间的相互作用并形成良好的公共关系状态,才能产生积极的公共关系效应。

1.3.1　组织

组织是公共关系的主体,决定了一切公共关系的状态和活动,是公共关系活动的承担者、实施者、行为者。没有组织,也就没有公共关系的存在。

组织,亦称社会组织,指的是建立在共同目标基础上,按照特定结构及运行方式,履行一定的社会职能,具有相对独立性的一种共同活动群体。

虽然组织的形式众多,有大有小,有简单也有复杂,但一般组织都具有四个基本特征:

系统性　每一个组织都是一个结构严密的系统。组织既是由各种要素所构成的一个有机系统,又是处于整个社会大系统中的一个小系统。组织要实现其目标,就需要与内外系统良好互动,保持和谐状态。

目标性　社会组织生存和发展都是为了达到某个既定的目标。所有的组织成员、组织的所有活动都必须指向这一目标。这个目标是组织存在的前提和基础。

整体性　组织是多数人的集合体。其整体性既反映了组织成员由多数人组成,也说明了组织所代表的是大多数人的利益。因此,组织在开展工作中要有效地形成和发挥整体效应。

适应性　组织总是存在于一定环境之中,而环境是变动的,因此组织要不断调整自己的政策,以适应环境的变化。当然,组织也会对环境产生或大或小的影响,但这种影响与环境对组织的影响比较起来,总是次要的。一个组织要得到健康发展,首先要有适应环境的能力,同时在一定范围和程度上影响和制约着环境,使之朝有利于组织的方向发展。

作为公共关系主体的社会组织是多种多样的,每一种组织的性质、结构、功能和方式都不相同。为了研究的方便,对社会组织的分类可以采取不同的划分标准。

根据社会职能,可以把社会组织分为经济组织、文化组织和政治组织。

经济组织　其特点以经济活动内容为主,担负着为人们提供物质生活资料和生产资料的任务,如生产性企业、商业领域、金融机构等。

文化组织　其特点以满足人们各类文化需求为主,以文化教育为基本内容并提供文化教育服务,如学校、科研机构、文化艺术团体等。

政治组织　其特点是具有政治职能,为社会提供一定政治管理服务,如政府、公检法等国家机关。

根据目标特点,社会组织可分为营利性组织、服务性组织、互益性组织和公益性组织。

营利性组织　以组织的利益获得为目标,讲究利润的回报,如工商企业、金融机构、服务企业等以营利为目的的组织。

服务性组织　以其特定服务对象的需求为目标,组织的基本功能是服务,如学校、医院、社会福利机构等非营利性组织。

互益性组织　该组织重视内部成员的利益和共同目标,重视内部凝聚力和归属感,特定组织成员是其目标的主要受惠者,如党派、俱乐部、工会等。

公益性组织　以维护社会和公众利益为目标,如政府部门、公安机关、消防队和科研机构等。

基于不同类型的社会组织,出现了不同类型的公共关系,如工业企业的公共关系、商业企业的公共关系、政府公共关系、军队公共关系等。

组织是公共关系的主体,但在一些特殊情况下,个人也可能成为公共关系主体。当个人成为公众人物时,他面对的就不是一般的对象,而是人数众多的社会公众,这时他就成为公共关系主体,比如文体明星、政治领导人等。

1.3.2 公众

"公众"是公共关系学中最重要的概念之一,没有公众就没有公共关系。

公众是公共关系的客体,也就是公共关系的对象。公共关系的全部工作都是针对公众而进行的。虽然许多时候公众在公共关系活动中处于被影响、被作用的地位,但也有公众影响组织的时候。公众并不是盲目被动地接受一切影响,他们会根据自身的利益作出判断和反应,同时采取相应的行动,以此影响组织。因此要想与自己的工作对象保持良好的关系,争取他们的理解和支持,首先就要研究公众,了解公众。

公共关系中的公众有其特有的含义。《现代汉语词典》把"公众"定义为"社会上大多数的人"。传播学、政治学、社会学等都经常使用公众这一概念,但其含义与公共关系中的公众不尽一致。

公共关系中的公众是因面临某些共同问题而形成并与社会组织的运行发生相互联系和作用的个人、社会群体、社会组织的总称。

公众具有以下特征:

共同性 公众的形成是因为公众面对同一个组织,遇到了共同的问题,从而产生了共同的意向、共同的利益、共同的需求、共同的目的。正因为这些共同点使表面上看来没有内在联系的人群,都有可能成为组织的对象公众。比如表面上看相互间并没有联系的许多个人或团体,因为同处一个社区,都面临着该社区附近某家工厂的污染威胁,从而使他们的态度和行为具有内在联系,不约而同地或者有组织地针对该家工厂构成一定的公众压力、舆论压力。因此他们便成为该工厂的特定公众。所以公众的同质性就是"面临共同的问题",而这些"共同的问题"又对他们产生了共同的影响,一般的社会大众则不具备这一特点。

关联性 所谓关联性,就是公众总是相对公共关系的主体即社会组织而存在的,并且与该组织存在着一定的利益关系。一方面该组织的决策和行为对公众具有实际或潜在的影响力,制约着他们问题的解决、需求的满足、利益的实现;另一方面公众的态度和行为也对该组织的目标和发展具有实际或潜在的影响力。公众与社会组织之间的这种关联性成为寻找和确定公众的关键,一旦这种关联性被揭示出来,组织就很容易确定和选定开展公共关系工作的具体对象公众。

多样性 公众的存在形式不是整齐划一的,而是复杂多样的。一方面公众的具体形式可以是个人、群体,也可以是组织,正如公众的定义所述;另一方面公众可以由不同的划分标准分出不同的层次,各种层次上的公众对组织有不同的意义,同时决定了组织行为和目标的层次性。即便是同一类的公众,也会因不同的层次与组织发生关系,如同消费者公众,既可以是松散的个体,或是特殊的利益团体(如消费者协会),也可以是一个严密的组织(如使用消费品的公司或政府机关)。公众的多样性决定了公共关系沟通方式和传播媒介的多样选择。

变化性 任何组织所面对的工作对象公众都不是固定不变的,公众会随着组织目标和行为的变化而变化,一方面表现为数量上的增减,另一方面表现为公众成员构成上的变化甚至是质的改变。随着"共同问题"的出现而产生一批公众,随着问题的解决,这部分公众自行消失。每一个组织永远都拥有自己的公众,但此时的公众不一定是彼时的公众。针对公众变化性的特点,公共关系工作必须深入细致地了解公众,及时发现公众的变化并借以调整组织的方针。

组织所面对的公众不是单一的。一方面,不同的组织必然有不同的公众;另一方面,同一组织所面对的公众也是各种各样的。公共关系工作首先要做的就是明确自己的公众对象,对公众进行分类,这也是开展公共关系工作的必要前提。公共关系对公众分类的标准和角度很多,下面介绍一些常见的分类方式。

按公众与组织的内外关系可以分为内部公众和外部公众。

内部公众 内部公众指组织内部的员工、股东或投资者等公众。

外部公众 外部公众指组织外部的公众,如顾客、政府、竞争者、社区、新闻媒介等公众。

按公众对组织的重要性可以分为首要公众、次要公众和边缘公众。

首要公众 首要公众是组织最重要的公众,直接影响到组织的生存和发展,同他们关系的好坏直接影响到组织的前途和命运。所以组织要集中人力、物力和财力来维系和改善同首要公众的关系。这类公众有企业的员工和股东、商店的顾客、宾馆的客人、工厂的客户等。

次要公众 次要公众是对组织的发展有明显影响,但不是决定性的公众。次要公众虽然不决定组织的生产经营活动,但间接地制约着组织的发展。如金融公众、社区公众、新闻媒介公众等。因此,组织也要在条件许可的情况下,尽可能协调好与这类公众的关系,为组织的发展创造一个良好的"人和"环境。

边缘公众 边缘公众是对组织发展有影响但这种影响不明显的公众。虽然这部分公众比起前两类来并不太重要,但毕竟对组织的发展有一定影响,故不能放弃。而且,他们对组织的重要性也是处在变化之中的。

按公众对组织的态度可以分为顺意公众、逆意公众和中立公众。

顺意公众 顺意公众是对组织的政策和行为持赞同和支持态度的公众。这是组织可以依赖的公众,要注意维持和不断发展与他们的友好关系。

逆意公众 逆意公众是对组织的政策和行为持否定和反对态度的公众,是组织急需转化的公众对象,应尽量使这支公众队伍缩小,先争取其成为边缘公众,然后再慢慢向顺意公众转化。

中立公众 中立公众是对组织的政策和行为持中立态度或态度不明朗、不明确表态的公众。这类公众往往在公共关系的对象中占有大多数，所以公共关系工作的大部分精力都放在与边缘公众的信息沟通上，并想方设法争取他们对组织的了解和好感，争取使其转化为组织的顺意公众。

按公众构成的稳定性可以分为临时公众、周期公众和稳定公众。

临时公众　临时公众指因某一临时因素、偶发事件或专题活动而形成的公众。如因飞机航班延误而滞留机场的旅客，前来参加会议的嘉宾等。在瞬息万变的现代社会中，每一个组织都有可能因某一突发事件而遭到临时公众构成的额外压力。因此，每一个组织都应具备应变能力，能够及时应付临时公众，迅速化解矛盾。

周期公众　周期公众指按一定规律和周期出现的公众。如每天上学放学的学生，逢节假日旅游高峰时的游客，每年一度升学考试的考生及家长。因为周期公众的出现是有规律的，所以公共关系工作可以利用周期公众有计划、有组织、有目的、有准备地传播信息，实施一系列公共关系活动措施。

稳定公众　稳定公众指具有稳定结构和稳定关系的公众。如老客户、老主顾、社区人士、宾馆或饭店的常客等。稳定公众是组织最基本的公众，也是组织得以生存和发展的源泉，所以每个组织都会针对自己的稳定公众开展各种公共关系活动，如各项优惠政策、特殊的保证措施等，以便加深与稳定公众的亲密关系，进一步扩大稳定公众的范围。

按组织对公众的态度可以分为受欢迎的公众、不受欢迎的公众和被追求的公众。

受欢迎的公众　受欢迎的公众是组织希望与其建立和发展关系，对方也对组织感兴趣并主动迎合组织需要的公众。这是一种两厢情愿、一拍即合的关系，对双方的发展都有利。如为组织做正面宣传的记者，主动上门的投资者、合作者等。

不受欢迎的公众　不受欢迎的公众是指一厢情愿，想与组织建立和发展关系，而组织出于多方面原因不愿接触，力图躲避的公众。如向组织乱要赞助费的团体或个人、欲披露组织短处的记者等。

被追求的公众　被追求的公众指组织对其一厢情愿，希望与其建立和发展关系的公众。而公众则缺乏应有的热情，需要组织努力去争取。如新闻媒介公众、社会名流等，任何组织都愿意与他们建立联系，借以扩大组织的知名度和美誉度，而他们并不是对所有的组织都感兴趣，需要组织主动去追求。

按动态标准可分为非公众、潜在公众、知晓公众和行为公众。

非公众　非公众指在一定的时空条件下不与某组织发生任何互动关系的这部分公众。既然是组织的非公众就应该把他们排除在公共关系工作之外，使组织集中精力，把有限的人力、物力、财力用在对象公众上，避免工作的盲目性和不必要的浪费。

潜在公众　潜在公众指将来可能与组织发生利益关系的公众，由于某个潜在的问题而与组织发生潜在的关系。因为这个潜在问题尚未充分显露，所以他们还没有意识到这一问题的存在。由于潜在公众对自身面临的问题还处于无意识状态，所以在一段时间内还不会对组织构成任何影响。公共关系部门要抓紧时间,及时发现潜在公众,并针对潜在公众采取各种预防性措施,防患于未然,积极引导潜在公众的态度向有利于双方共同利益的方向发展。

知晓公众 由潜在公众发展而来,即已经明确意识到自己面临的问题,迫切期待与该组织联系,同时了解与该问题有关的信息的公众。针对知晓公众,公共关系部门必须采取积极、主动的姿态,满足他们的知晓欲望,及时向他们传播有关信息,同时收集来自他们的信息,通过双向沟通活动防止事态激化并努力改变他们的态度,争取他们的谅解,加强他们对组织的信赖,从而有力地控制局面,变被动为主动。

行为公众 是由知晓公众发展而来的,指那些不仅意识到自身面临的问题,而且开始准备或已经采取行动以试图解决这一问题的公众。如果某组织对已经出现的问题未加重视,或解决不力,或没有充分满足知晓公众的知晓欲,就会欲盖弥彰,必然引起矛盾的激化,知晓公众发展为行为公众。此时,行为公众已经给组织造成了不可挽回的影响。公共关系部门应该亡羊补牢,立即开展"救火"工作,查清事实,缓和矛盾,达成谅解。否则,组织形象和声誉会一落千丈,悔之晚矣。

在公众发展的不同阶段,组织应该采取不同的公关对策,未雨绸缪,加强预测,减少公关传播的盲目性,提高公关工作的准确性和针对性,避免造成不必要的浪费。

1.3.3 传播

传播是连接公共关系主体和客体的桥梁和纽带。公共关系工作的中心就是运用传播媒介使公共关系的主体(组织)与公共关系的客体(公众)相互理解、相互合作。没有传播,便没有公共关系。因此,作为公共关系工作人员,必须了解传播的基本原理,各种传播媒介及其特点并熟练地运用它们。

传播一词译自英文 communication,是"通讯"的意思,也就是信息(information)的交流。公共关系中的传播就是通过语言或非语言(如姿态、表情)等形式传递或交换意见、知识、情感、期望等的社会行为。传播的含义主要有三方面的内容:信息的传递、信息的交换和信息的共享。

传播的基本要素是 5W。

who 它是信息的发布者(传者),在公共关系中,一般指某一社会组织。

to whom 它是指信息的接收者(受者),在公共关系中,一般指公众。

through which channel 它是指信息传递的途径和渠道(信道),在公共关系中,信道既可以是文字图画,也可以是语言声音,还可以是电视频道。

say what 它是指信息的内容,在公共关系中,信息的内容十分广泛,既包括各方面的知识、事件、消息,也包括各种观念、态度、情感等。

with what effect 它是指某一信息经传播后产生的效果。在公共关系中,这种效果往往与信息反馈紧密相连,信息发布者可以根据信息接受者对该信息的反馈来检验传播效果,并相应地调整行动方案。

传播的方式多种多样,有语言或非语言传播,有公开的或私下的传播,有借助媒介或不借助媒介的传播。人们通过不同的方式,从不同的角度,以不同的规模在传递着信息。公共关系传播的基本方式有四种:个体自身传播、人际传播、组织传播和大众传播。

个体自身传播 也称为"个体内向交流",是人类传播最基本、最原始的形式,是人类一切传播的基础,其特点是信息的传者与受者同为一体。我们每个人几乎每时每刻都在进行自身传播,如自我反思、自我陶醉、自我安慰、自言自语等都是人们为了平衡自我而进行的自身传播和自我交流。每一个正常的人运用自身传播获得心理平衡,才能导致成功、和谐的对外沟通和交流。

人际传播 指个体与个体之间的传播沟通,包括面对面和非面对面两种形式。其特点是双方参与性强,传播符号多样,信息的传递和反馈同时进行或间隔时间很短,感情色彩强烈。这是最常见最广泛的传播方式。面对面的传播一般通过语言媒介和表情、动作等身体媒介进行交流;非面对面的传播则通过电话、电报、录音机、录像机等电子媒介和书信、图片等文字媒介进行交流。

组织传播 指组织与其成员及与其他组织、环境之间的信息交流。其特点是传播的主体是组织,传播的对象十分广泛、复杂,传播有明确的目的性和可控性。组织与其成员之间的传播主要有正式沟通和非正式沟通两种形式。所谓正式沟通是指通过组织规定的正式渠道进行信息沟通,主要采用自上而下的下行沟通和自下而上的上行沟通的垂直方式进行传播;非正式沟通则是在正式沟通渠道之外进行的信息交流,如员工与员工之间私下交换意见,领导与员工之间融洽和谐的感情交流,这种沟通的具体方式主要是平行的横向传播。组织与其成员之间的传播除了面对面的传播,其他形式的传播一般依靠组织的自控媒介进行传播,如文件、简报、板报、告示牌、机关报、广播、闭路电视等。从传播学的角度看,组织传播是疏通组织的内外沟通渠道、密切组织内外关系的一种重要传播方式。

大众传播 大众传播是指职业传播者(如新闻工作者)通过大众传播媒介(如报纸、杂志、广播和电视等)将大量复制的信息迅速、广泛地传递给人数众多、成分复杂的公众的一种传播活动。其特点是传播机构高度专业化,传播对象高度大众化,传播手段高度技术化,传播内容高度通俗化。几乎所有的人天天都会或多或少地接触到报纸、刊物、广播、电视、书籍等,可见这种传播方式覆盖面之广,影响力之大。从传播学的角度看,大众传播是现代社会科技高度发展的标志,随着科学技术的不断发展,大众传播的现代化程度也必将进一步提高,其作用也愈显重要。

公共关系在开展工作时,通常需要利用以上各种传播形式。这一点有别于其他传播,故人们给了它一个专门的叫法:公共关系传播。

1.4 公共关系学的"范式"

按照常规,研究一门学科首先必须搞清楚该学科的研究对象、学科性质和研究方法,这些构成一门学科的基本"范式"。

1.4.1 研究对象

公共关系学既然是公共关系实践活动的反映,那么它的研究对象就应该是公共关系活动现象及其内在规律。根据研究对象的特点和学科研究的需要,公共关系学同其他应用性学科一样,一般可分公共关系理论、公共关系应用和公共关系史三大块。

公共关系理论 公共关系理论包括宏观和微观两个部分。宏观理论部分主要考察公共关系在现代公众社会中的地位和作用,以及如何发挥公共关系在现代公众社会中的作用,尤其要研究市场经济和近年来兴起的关系经济与公共关系的必然联系和相互促进作用。微观理论部分主要对公共关系的三个构成要素和三个基本类型进行分别的学科考察和综合概念阐述。公共关系的三个构成要素是社会组织、公众和传播活动。就公共关系的主体社会组织而言,要在研究它的一般目标、结构和功能的基础上,着重研究它的组织总体工作目标与公共关系特殊工作目标的关系以及其他与公共关系有关的组织过程;就公共关系的客体公众而言,要研究公众构成和分类、公众心理分析和公众行为预测等;就作为公共关系过程的传播活动而言,要研究传播原理、传播规律、传播工具和传播机制,以及它们在公共关系中的作用等。所谓三个基本类型,指的是主体或部门型公共关系、对象型公共关系和功能型公共关系。主体或部门型公共关系研究的是企业公共关系、商业服务业公共关系、政府公共关系和事业团体公共关系等;对象型公共关系研究员工关系、消费者关系、政府关系、媒介关系、社区关系、股东关系和国际公共关系等;功能型公共关系研究日常事务型公共关系、宣传型公共关系、征询型公共关系和矫正型公共关系等。

公共关系应用 公共关系应用是公共关系学研究的重要部分,现今国内外一些有影响的公共关系教科书和其他相关读物,都以大量篇幅来阐述和讨论公共关系应用业务,有的还以《公共关系实务》、《实用公共关系》等为书名,以显示其公共关系应用业务的阐述重点。

公共关系学的应用部分包含的内容十分广泛,主要有以下几点。

(1)确定公共关系目标。社会组织因其性质不同而使其目标有差异。政治性组织的目标主要是在社会上扩大自己组织的政治影响,政府组织的目标常是"公众利益第一",而营利性经济组织可能是"利润第一"，福利性社会组织则可能是"服务第一"。根据组织的目标来确定公共关系的目标，是公共关系应用研究的首要内容。

（2）收集和处理信息。为确定目标和达到目标，需要进行信息的收集和处理。信息收集的渠道主要是公共关系调查，包括抽样分析、民意测验、座谈会、公众访问以及咨询服务等；信息收集的内容主要是公众的需求、愿望和情绪以及产品形象和组织形象等。公共关系工作人员对收集来的信息还要进行处理、分析，进行"去粗取精、去伪存真、由此及彼、由表及里"的改造，以获得真实而不是虚假的、系统而不是零碎的事实材料，以便确定社会组织需要解决的问题。

（3）制定工作程序和工作计划。社会组织需要解决的问题确定后，为了解决问题达到公共关系目标，就要制定工作程序和工作计划。这包括公众的确定和分类、近期目标的确定、传播渠道的选择、费用的预算、人员和时间的安排等。此时，公共关系工作人员也肩负着向组织决策部门或人员提供咨询的职责。

（4）组织各种规模的传播活动。工作程序和计划制定后，就进入实施阶段，即考虑如何通过一切可能调动的信息渠道进行各种规模的传播活动。在当今的公众社会中，公共关系传播活动往往要借助于大众传播工具。在这里，公共关系的工作主要是信息的制作和发布，由此涉及宣传材料的准备和安排、新闻公报和发言稿的编写，以及会场的布置、会议议程的安排乃至服装穿着的建议等一系列公共关系实务操作。

（5）公共关系效果评估。就是通常所说的总结经验、吸取教训。公共关系活动的评估必须连续不断地进行，贯穿于整个公共关系全过程。计划阶段要评估各种供选择的方案。实施方案要评估行动举措。过程中和结束时要评估工作效果。如此既为组织的决策部门提供新决策的客观依据，还可以对组织内部的成员起到激励作用。

（6）筹划公共关系工作人员的职业培训和公共关系机构的建设。上述各项工作的成败，都同公共关系工作人员的素质有直接的关系。因此，对公共关系工作人员的职业培训，本身也就成为公共关系应用业务的一个重要组成部分，其中包括公关人员的理论培训、技术培训和公关意识的培养，还有对社会组织每个成员实行公共关系基础知识普及教育。为了有效地进行公共关系活动，有的社会组织还需要设置专门的公共关系机构。对一些大、中型组织来说，公共关系机构的建设也是其公共关系业务的一个部分，这涉及公关人员的配备和公关设备的配置等。

以上列举的六项工作，虽然不是公共关系应用业务的全部，但起码可以说是公共关系实务操作的大致轮廓，就是说，抓好了这六项工作，也就基本上抓好了公共关系的应用业务。

公共关系史　公共关系史研究重点是公共关系的近现代史，特别是它的现代史。诚然，古代社会也存在着与现代公共关系类似的信息传播活动，但远不是我们今天所进行的自觉的公共关系活动；对古代社会"类公共关系活动"进行研究，主要为了梳理公共关系的沿革所经历的漫长历史的来龙去脉。现代公共关系活动肇始于19世纪的美国,它是在20世纪初才开始在美国和其他西方市场经济国家中发展起来。公共关系是以现代公众社会的发展为基础的,分析现代社会的政治、经济、科学技术和文化等因素同公共关系的产生和发展的关系,是公共关系史研究最重要的部分。

1.4.2　学科性质

人们对公共关系学科性质的认识,仍在不断发展和深化之中。一种比较通行的看法是,公共关系学是一门社会应用学科。的确,公共关系学有很强的应用性,这一方面可以从公共关系学的研究对象和内容上看出来,另一方面也可以从公共关系从业人员所担负的基本工作的性质上得到印证。美国公共关系协会教育委员会对公共关系专业人员提出过八项基本工作,包括资料的写作、编撰和散布,公关计划的策划和执行,演讲和宣传等,这些工作全部是应用性的。但如果因其应用性强,就认为公共关系学是关于社交、宣传、广告、推销等一般传播技巧的学问,那就是对公共关系的一种误解。

更确切地说,公共关系学是一门综合性的边缘应用学科,它涉及的学科十分广泛,有历史唯物论、社会学、心理学、逻辑学、新闻学、传播学、管理学、舆论学、广告学、市场学和经济学等基础学科和应用性学科。正因为如此,关于公共关系学的学科归属问题,就像关于公共关系的定义一样,人们至今还没有取得完全一致的意见。目前国内外较流行的观点有三种:公共关系具有管理的职能,公共关系属于管理学的范畴,因此,公共关系学是管理学的一部分;公共关系是一种社会关系,本质上是一种社会组织的行为,因而,公共关系学是社会学或组织行为学的分支学科;公共关系是一种传播活动,公共关系过程是一个传播过程,所以,公共关系学是传播学的一个应用领域。

很显然,这三种观点各有其侧重点,分别强调了公共关系的管理职能、组织主体行为和传播过程这三方面,都有一定的合理性。公共关系的管理职能、组织主体行为和传播过程三者之间有着内外的联系,它们是交叉的,又是统一的,这种交叉统一性实际上揭示了公共关系的学科性质,即运用传播手段对组织的内外关系进行管理的应用性学科,是管理学科的一门应用领域。说到底,公共关系是管理学科。

1.4.3　研究方法

公共关系是一门科学,也是一门艺术,既需要科学的指导思想与策划理论,又需要巧妙的策划技巧。在研究过程中,应立足于公共关系策划需要,不断吸收、引进相关学科的理论知识,以科学的理论来指导公共关系策划,如此才能增强公共关系活动的科学性和实效性,提高公共关系工作的艺术水平。具体可采用如下方法:

首先,引进市场营销学理论,加强公共关系的实效性。

如前所述,公共关系与市场营销有着天然的联系。强化公共关系策划的理论基础,可以引进、借鉴现代市场营销学的理论知识。没有必要的市场营销学理论,不懂得现代市场营销的基本方法与范畴,就不可能策划出具有规模效应和可持续效应的公共关系活动。

市场营销理论作为公共关系的基础性理论学科,对公共关系活动策划整个过程的工作既有方法论上的指导意义,又有具体操作上的规范意义。

进行公共关系活动策划时,应该自觉地遵循市场营销学的基本原理,如顾客中心理论、市场细分理论、市场定位理论、营销组合理论、市场需要管理理论等,从战略上保证具体操作层次上的公共关系活动的科学性。就顾客中心理论而言,其指导意义是十分显著的。在一般的经营者看来,企业公共关系活动要为商务促销服务,就是把企业现存的产品推销给公众,企业有什么产品,就推销什么产品。这种企业中心论的策划观,显然是违背市场营销学理论的,在实践中也是行不通的。促销不是强迫公众购买他们并不需要的商品,而是引导顾客进行消费。企业公共关系活动推介的商品信息,从质量、品种、价格、特色、式样、规格到品牌、服务诸方面,都应该充分符合公众的消费意愿,把顾客的需要摆在中心位置。这样,企业才能真正实现占领市场、扩大销量的目的。又如市场细分原理要求我们分析公众市场时,应该拟定科学的标准,对目标公众进行分类,根据目标公众的特性,策划出具有针对性的公共关系活动。如果这类公众的消费品位比较高,那么,公共关系活动的主体性方案就应该具有文化品位、能够给顾客带来社会参与感的特点,如青少年公众,企业应该策划游戏性强、心理情感意义浓厚、带有狂热色彩的公共关系活动。如果目标公众是理性的消费者,公共关系活动方案应该以实实在在的让利和实效化作为理论保障。

策划公共关系活动的具体方案时,企业也要遵循市场营销学的基本原理,自觉运用产品策略、价格策略、渠道策略等方面的知识,以提高公共关系活动的科学性和艺术性。

其次,引进文化学理论,提升公共关系活动的文化品位。

文化学就是研究人类文化形象及其发展规律的科学,涉及的范围十分宽广。现代公众随着生活水平的提高,越来越注重消费品位问题,讲究文化韵味。公众去吃肯德基,并不仅仅是吃鸡块,而是去吃"美国文化",这反映出文化在公众心目中发挥越来越重要的作用。在这种背景下,文化成为企业的"经营教科书",开拓公众市场的敲门砖。公共关系活动越是具有文化性,就越具有市场影响力。"文化搭台、经贸唱戏"成为基本的策划模式,"经营上成功、文化上繁荣"成为理想化的境界。引进文化学理论,提升公共关系活动的文化品位,成为推动公共关系现代化的重要措施。

再次,引进心理策划方法,加强对公共关系心理效能的解决。

公共关系通过一系列活动对公众心理施加影响,使公众在心理上持久地对社会组织抱有好感,形成相互认同的机制和积极合作气氛。为此,公共关系必须着眼于公众的心理过程,包括认知过程、情感过程和意志过程等。在这个意义上,公共关系是一种心理影响工作,它离不开公众心理的影响和互动。公共关系只有真正触动了公众的心灵,产生较大的心理冲击力,能够引起注意——培养好感——产生欲望——采取行动时,才能发挥作用,即"心动之后才能行动"。因此,引进心理策划方法,强化公共关系的心理效能,就显得更为必要了。

第四,引进预测学方法,加强对公共关系未知领域的调查与分析。

预测学方法是人们运用一定的知识、经验和手段,对事物的未来或未知状况预先作出推测或判断的方法。它能给人以主动权,帮助我们事先把握事物的发展状况。策划公共关系需要对未来实施活动方案的必要条件、充分条件进行科学分析,否则就会失效。引入预测学方法,对于科学预见社会和公众的未来发展趋势、强化公共关系战略设计、提高公共关系策划的针对性与有效性、推动公共关系的持续创新具有特殊的作用。

第五,引进设计美学方法,加强对公共关系宣传作品的设计。

公共关系活动需要大量广告宣传作品,成功的宣传作品是优秀的艺术作品,要有浓厚的美学色彩。但是,公共关系宣传作品的绘制艺术毕竟不是纯艺术创作,带有市场营销色彩,注重的是大众审美情趣,因此引入设计美学方法,借助基本的电脑广告设计软件技术,特别是 Photoshop、Corel Draw、Director、Photostyle、AdobePremiere、Flash、3DSmax、Powerpoint、Authorware、Fireworks、Cool3D 等,进行公共关系宣传作品创作,这对于公共关系的发展是极其有益的。

最后,引进全球化思维方法,增强公共关系的国际化机制。

全球化是一种社会思维,表现在经济中就是经济全球化。经济的全球化,使得世界经济与其他方面的联系都加强了,效应更加明显了。加入 WTO,意味着全球化进程的加速,国内市场也就是国际市场,同时我们也可以利用 WTO 机制"自由"地开拓国际市场。公共关系需要引进全球化思维,放在世界范围而不仅仅是中国市场范围内分析和判断各种问题,根据全球化策划,本土化执行原则,策划符合总体战略设计要求和目标市场文化特性的公共关系活动和宣传作品,强化公共关系的实效。

小 结

公共关系是社会组织为了获得公众的好感、理解与支持,通过与公众的双向沟通,让公众了解组织,同时不断调整自己的政策,使之更符合公众的需要,从而使组织与环境协调发展的管理科学与艺术。它可以帮助组织管理形象、化解危机、协调公众、咨询建议。公共关系要素包括主体—组织、客体—公众、媒介—传播三个基本方面。

阅读资料

公共关系的地位及相关工作的定位（节选）

公共关系无论是对一个具体的社会组织，还是对整个社会，都是非常重要的。

从微观上看，良好的公共关系对具体的社会组织所产生的作用和影响有如下几点：

1. 帮助社会组织监测社会环境（社会舆论、意识、态度和行为等），收集社会对组织的各种反映，向组织决策层和相应部门提供信息和决策咨询。

2. 建立和保持社会组织与各类公众的双向沟通，向公众传播组织信息，争取理解和支持，强化与公众的联系。

3. 为组织塑造良好形象，扩大组织认知度，提高组织美誉度。

4. 促使社会组织有计划地调整组织目标和行动，并以相应政策和行动影响公众舆论、态度和行为，在社会组织与公众之间进行协调，促成双方合作，帮助组织实现既定目标，增加效益。

5. 增强组织凝聚力和吸引力，使组织内外保持和谐一致。

6. 在组织面临危机时，有效地化解矛盾，缓和与消除冲突，变被动为主动，变不利为有利。

从宏观上看，公共关系对社会的作用和影响主要体现在以下几个方面：

1. 促进生产力的发展。人的因素和物的因素在生产过程中的有机结合而产生的总体能力，生产力内部各要素的合理结合和最佳功能的发挥，与公共关系密切相关。公共关系的连接和沟通作用，产生了新的要素、新的功能、新的力量。

2. 推动社会关系的变革和改善。生产关系是社会制度的基础，它是由物质生产领域中的公共关系活动产生的。政治关系、思想关系等其他社会关系，也是由这些相应领域中的公共关系活动产生的。公共关系活动是产生、发展、变革、改善各种社会关系的重要动力和源泉。

3. 公共关系活动是科学与文化继承和发展的重要途径。人类依赖公共关系活动，使已有的科学文化成果得到传承和创新。

4. 协调社会群体的目标、利益、态度与行动，保持社会和谐发展。公共关系一方面可以强化社会群体之间联系，促成其合作，保持各个社会群体同步发展，促成社会良性运转；另一方面可以互通信息，争取谅解，化解矛盾和冲突。建立和维持公共关系，可以在社会关系系统内形成自我调节机制，让社会群体之间自觉、主动地协调一致，保持和谐发展。

5. 有利于人自身的发展。在公共关系活动中，人的个体才能摆脱各种局限而同社会和世界发生联系,才能获得别人创造的物质文化和精神文化充实自己,使自身得到更好的发展。

6. 优化社会经济、政治、文化、心理等环境。有了正常的联系,协调了有关方面的目标、利益、态度和行动,促成了各个社会"细胞"和部门的合作,使社会互动处于良性状态,这就优化了各种社会环境,使得整个社会运转有序。

[资料来源:李道平.公关世界,2005(2).]

 **复习题**

1. 怎样理解公共关系? 公共关系的本质是什么?
2. 公共关系的要素有哪些?
3. 公共关系的职能有哪些?
4. 公共关系学的学科性质是什么?
5. 如何学习和研究公共关系?

第二章 公共关系的产生与发展

学习目的

学完本章,你应该能够:

1. 了解公共关系产生的历史过程和发展趋势;
2. 剖析公共关系形成和发展的历史条件;
3. 把握国内外公共关系的现状;
4. 增强开拓有中国特色公关事业的意识。

杜邦公司的门户开放和子产的善听谏言

杜邦公司是一家从事炸药生产事务的化学公司。当时化学工业刚起步不久,工艺技术尚不很先进,公司里难免发生一些爆炸事故。起初公司当局采取保密政策,一律不准记者采访。结果大道不传小道传,社会公众对此猜测纷纷,久而久之,杜邦公司在社会公众心目中留下一个"杜邦——流血——杀人"的可怕形象,对杜邦公司的市场扩展与企业发展造成极其不利的影响,杜邦为之深感苦恼。后来,他的一位报界挚友建议他实行"门户开放"政策,杜邦公司采纳了他的建议,并聘请这位朋友出任公司新闻局局长。此后,公司在宣传方面改弦更张,坚持向公众公开公司事故真相与公司内幕,同时精心设计出一个口号并予以广泛宣传:"化学工业能使你生活得更美好!"且重金聘请专家学者在公众场所演讲;此外,还积极赞助社会公益事业、组织员工在街头义务服务。从而改变了公司原来的形象。

(资料来源:李道平.公共关系学.北京:经济科学出版社,2000.)

春秋时期,郑国人喜欢聚集在乡间的学校里,七嘴八舌地议论国家主政的官员。大夫然明便对丞相子产说:"下道命令,不让他们聚集议论,以免是非,可不可以呢?"子产说道:"为什么要这样做? 那些人早晚聚集在一起休息,谈笑,当然要议论我们治理国家的好坏。他们肯定的,我就努力去做;他们讨厌的,我就马上改正。他们是我们的老师啊,为什么要打击他们呢? 我只听说忠诚为善可以减少怨恨,没有听说以势作威就能防止怨恨。如果作威防怨而不能止住怨恨,就会像大河决口,我就无法救治了。所以,不如开个小决口,让人们的怨恨有发泄渠道,我就能从容地听从并改正了。"然明被子产的话折服了。弱小的郑国也在子产的开明治理下,出现了政通景明的气象。

杜邦公司和子产的做法体现了什么公共关系原理?

(陶应虎,顾晓燕.公共关系原理与实务.北京:清华大学出版社,2006.)

2.1 公共关系的产生

公共关系作为一门独立的学科出现于 20 世纪初的美国。但是,作为一种客观存在的社会关系和一种思想与活动方式却源远流长。

2.1.1 公共关系产生的时代背景

早在古代文明时期,那时的人类为了协调各个利益主体之间的关系,便有了不自觉的、类似的公共关系活动。

在国外,考古学家在伊拉克发现了公元前 1800 年巴比伦王国的一份农场公告,告诉农民如何播种,如何灌溉,如何对付病鼠害,如何收获庄稼,很像现代的农业组织发布的宣传材料。这一发现被称为人类历史上最早的公共关系活动痕迹。

古代的埃及、索马利亚、巴比伦、亚述和波斯的统治者虽更多的是用武力、恫吓等手段来控制社会,但舆论手段的运用在处理与民众的关系上还是占有重要的地位。这些古代的帝王、政府都曾动用大量的金钱和人力去塑造雕像,修建寺院、方尖碑、金字塔、陵墓,创作赞美诗等,用精湛的艺术描述他们东征西伐的丰功伟绩,树立统治者的声誉,宣扬自己的伟大和神圣的身份。有钱的王公贵族为了树立自己的形象,常常雇诗人给自己写赞美诗,试图通过这些有韵律的诗歌使自己的美名到处传扬。

古罗马时代,人们更加重视民意,并提出"公众的声音就是上帝的声音"。他们注重发展各种影响人的传播技术,改进诗歌形式,使它更加精炼,并巧妙地把宣传意图渗透进艺术的表现之中。例如,由于城市的发展,当时大量向往城市生活的农民涌进城市,罗马城一时变得拥挤不堪,人满为患。为了减轻城市的人口压力,同时也为了稳定农业人口,政府曾委托诗人写诗来协助宣传,维吉尔所写《田园诗》就是其中之一。诗歌通过赞美乡村生活、新鲜的空气、纯净的水流,以及处身于大自然之中的乐趣,来吸引人们对乡村生活的向往,潜移默化,使人们受到艺术美的熏陶,最终达到宣传的目的。

在整个社会都推崇沟通技术之际,一些精通沟通技术的演说家往往因此而被推选为首领。在古罗马,第一位运用舆论工具的大师该推恺撒。当他被派往高卢去统帅军队时,在罗马军团进军的一路上,他都派人把军队的军旅生活、战斗情况写成报告送往罗马。这些报道使用人们所熟悉的语言,写得十分生动,因而常常被人在罗马广场上传诵,渐渐地在公众心中树立起自己的威望,为他凯旋归来时顺利登上皇帝的宝座铺平道路。这部纪实性的经典之作《高卢战记》被公共关系同业工会主席李利·比诺称为"第一流的公共关系著作"。在恺撒时代,由于手抄小册子的流行,促使恺撒发行了世界上最早的日报——《每日记闻》,作为自己与臣民沟通的工具。

罗马贵族也雇佣游说者赞美主人的美德,利用寺院、雕像和油画来粉饰自己,宣扬罗马帝国。同时,统治者还利用马戏表演、角斗表演等媒介手段来麻醉人们,使人们不再关心社会的腐败与不公道,暂时忘记他们的贫困,以达到维护统治的目的。

古代基督教在全世界卓有成效的传播,不能不被认为是古代公众传播活动的又一典范。基督教的传教士们充分利用了当时所有的传播工具,利用罗马大道的方便,特别是通过说服各地的统治者,利用皇帝的政令,通过世界各国公众所能听得懂的语言,通过建立自己的传播网络,通过布道演讲、各种函件、策划事件等类似的公共关系活动,来传播基督教的教义,让人们接受他们的影响,成功地把这一宗教传遍全世界。

在古希腊,社会对于沟通技术非常重视,并对从事此门技术的人给予很高的评价和奖酬。此外,那些参加国家最高统治者竞选的人们,大多是些擅长言辞及在学识上享有较高声望的诡辩学者们,他们善于对自己的功德、业绩和才能大肆吹捧和赞扬,以争取选民。希腊的民主政治导致公众代表会议和陪审团制度的形成,它为公众提供了对话的讲坛,演讲逐步引起人们的重视。公元前4世纪,一批从事法律、道德、宗教、哲学研究与宣传的教师和演说家在社会上十分活跃,他们被史学家们称为诡辩学者。其代表人物有苏格拉底、柏拉图和亚里士多德。其中,亚里士多德利用严谨的思维逻辑和科学的研究方法写出《修辞学》,强调语言修辞在人际交往和宣讲中的重要性。他认为,修辞是沟通政治家、艺术家和社会公众相互关系的重要手段与工具,是寻求相互了解与信任的艺术。他还提出在交往沟通中,要用感情的呼唤去获取公众的了解与信任,要从感情入手去增强宣讲和劝服艺术的感召力和真切可靠性。为此,西方的一些公共关系学者视亚里士多德的《修辞学》为人类历史上最古老的公共关系经典之作。

现代公共关系产生于 19 世纪末期、20 世界初期的美国。当时资本主义由自由竞争向垄断过渡,劳资矛盾激化,严重阻碍了生产力的发展。社会迫切需要改善劳资关系,以提高社会生产力,公共关系正是适应这种需要产生的。

2.1.2 公共关系产生的条件

公共关系产生于那样的时间、那样的地点,不是偶然的,而是与当时当地的政治、经济、文化和技术等方面的社会条件密切相关,有其历史的必然性。

(1) 文化心理——由"理性"转向"人性"。美国文化体系中有三个突出的特性:个人主义、英雄主义、理性主义。个人主义使美国人富于自由浪漫的色彩;英雄主义使美国人崇拜巨头伟人,富于竞争的精神;理性主义使他们注重严密的法规,崇尚教条、数据和实效。管理科学的鼻祖泰罗的思想及其制度,便是理性主义的典型代表。泰罗制的核心是通过"时间和动作分析",强调对一切作业活动的计量定额,强调严格的操作程序,甚至连手足动作幅度、次数等都要计算限定,"人是机器"是这一时期最典型的代表性口号。它将人视为机器的一部分,颠倒了人与机器的关系,使手段异化为目的。这种机械唯理主义的管理,虽然短期内取得了显赫的高效率,但同时也促使阶级矛盾与劳资矛盾的日趋尖锐激化,孕育着社会危机与动荡不安,也孕育着社会文化意识的嬗变。正是在严峻的现实面前,人们逐渐意识到纯理性文化的局限,人文主义重新抬头,在管理中注重人性、注重个人的文化观念迅速地获得人们的认同。20 世纪 20 年代,哈佛大学教授梅奥(Mayo)在著名的"霍桑实验"中提出的"人群关系理论"、"行为科学",便是人性文化逐渐抬头的有力体现。此外,大众传播的发展、社会化大生产的发展,对美国传统文化形成冲击,使社会生活、社会交往更趋开明化、开放化。这种尊重人性的、尊重个人感情和尊严的、人文的、开放的文化,正是公共关系得以滋生及成长的土壤。

(2) 政治条件——民主政治取代专制政治。封建社会生活的核心是专制。统治者的独裁统治,使民众百姓成了"百依百顺,逆来顺受"的"顺民"。在这种政治条件下,官民之间、上下之间只有绝对服从,表现为"民怕官"。在这种统治者依靠高压政策、愚民政策来实施统治管理的专制政治下,是决无公共关系可言的。

与专制独裁的封建政治不同,大工业社会的政治生活的核心是民主政治。在民主政治条件下,市民的社会化、公众化程度日益提高,社会联系日益紧密,共同意识不断增强;社会民众的公民意识、民主意识日益膨胀,有统一组织的社会公众越来越强烈地要求了解和参与政治生活,舆论对政治运作的影响力也越来越大。民主政治必须体现大多数人的意愿,满足大多数人的要求。这就需要相应的民主制度来保证。这主要是通过代议制、纳税制及选举制来实现的。

代议制是由各种利益集团推选出自己的代表来进行公共事务的决策与管理,这是民主政治的基本体现与保证。而促使民众关注与参与公共政治的动力,则主要来自经济上的"纳税制"和政治上的"选举制"这两种民主化制度。在这种民主政治的社会氛围中,其政治生活的特征表现为"官怕民"。由于实行"纳税制",在民众方面,就使纳税人有权了解政府的政治运作情况,并会产生关心与参与政治运作的需要;而在政府方面,则有义务将政府事务的决策与运作情况定期向纳税人公布与报告,接受纳税人的监督,这是从经济上促使公共政治生活民主化的动因。同时,由于实行"选举制",一方面要求民众认真比较、精心挑选能真正代表自己意愿的代表人去行政、执政,并且有权经常不断地监督自己的代表是否准确地反映自身阶层的利益与意见,赋予民众知情权、议政权,要求政治有透明度;另一方面,被选举者为了登上"宝座"或保住"宝座",更需及时倾听民众呼声,关心和解决民众所关心的问题,这是从政治上促进公共政治生活民主化的动因。由于代议制的民主政治在经济上靠纳税制来支持,政治上靠选举制来保障,这使得当权者不能不注意与社会各界公众搞好关系,重视舆情民意,接受公众的监督,甚至千方百计地取悦选民和纳税者,赢得选票,争得民心,保住官位。为此,必须努力通过传播媒介来促进双边沟通及对话交流。在这种民主政治的社会氛围中,政府机关、社会公共组织与其公众之间,除了服从外,还有民主协商、民主对话、民主监督。民主政治取代专制政治,必然促进公共关系的产生。

（3）经济条件——市场经济取代小农经济。在封建社会里,其经济模式是自给自足的小农经济,生产组织方式是以一家一户为基本单位,一村一乡为界限,其社会联系也就脱离不了这种以家庭、村落为支点的血缘、地缘、姻缘等人缘关系。这种关系一是非常狭隘,二是相当固定,三是极端封闭。直至资本主义前期,大工业尚不十分发达,受经济水平的限制,人们的社会联系仍然是相当狭隘的。

20世纪初,美国的社会环境、政治环境已趋于安定,经济发展速度迅速提高,大工业的商品经济方式突破了时空与血亲的局限,重新形成了以市场为轴心的极广泛的社会分工协作,反过来又促进了商业经济的快速发展。商品经济社会以社会化生产、社会化交换为其重要特征。任何社会组织,均需得到社会广泛承认,获得社会整体的支持,方能生存和发展起来。故商品经济社会势必需要公共关系。

商品经济的主要支点是市场交易,故高度发展的商品经济又称市场经济。在商品经济的发展过程中,市场形式经历了由"卖方市场"向"买方市场"的逐步转变。在这种卖方市场的状态下,卖方可以根本不考虑公众的需要,可以根本无视公共关系。但随着生产力的提高,产品供给日益充分,市场上供求关系发生了根本变化。消费者具有更多的优势,可以根据销售者的产品质量、价格、服务以及人情关系等条件,灵活地决定向哪一个"卖家"购买所需商品。而销售者则需竭力在以上这些方面讨好或优惠消费者,努力同消费者发展交换之外的信息关系、感情关系,从而形成了以消费者为重心的"买方市场"。在买方市场条件下,企业和商家必须通过与买方发展良好的感情关系方能更有效地维护交换关系,维持市场发展。

此外,随着商品经济的发展,消费者的消费水平也随着商品的不断丰富而不断提高,从初始的满足温饱、安全等千人一律的"基本需要",而逐步转向满足消费者的挑选商品的个性、情感等各不相同的"选择需要"。由于人们的选择需要是人人相异、多种多样并不断发展的,为满足公众这一选择需要,产销的直接见面就日益重要。这些社会现实,都十分迫切地需要公共关系。在市场经济的背景下,能否争取市场、争取顾客、争取公众支持,成了决定企业生死的关键因素,这就直接促成了公共关系的兴起。

(4)物质技术——大众传播超越个体传播。在自然经济社会中,经济水平不发达,科技水平落后。落后的经济生活与科技水平,只能产生落后的沟通传播工具。而由于受落后的沟通传播手段的限制,社会公众交往的广度和深度是极其有限的。哪怕是位极人臣的帝王,要传播谕令与信息,充其量也不过是"烽火报讯"和"快马加鞭"而已。这种极为简陋落后的传播方式不仅传播速度极慢,传播范围相当狭小,而且信息失真率极高。

而在资本主义大工业时代,日益精细的社会化大分工,使人们之间、组织之间的纵横关系与相互沟通依赖日趋重要并日趋加强,成为社会组织生存发展的基本条件。各种形式的传播沟通技术与理论也就在这样的社会背景下迅速发展起来。印刷技术日益普及与提高,报刊媒介遍及千家万户;电子技术不断进步,带来广播、电影、电话、电视等电子传播媒介的普及;在计算机、人造通讯卫星全球普及的现代信息社会,具有极高的传播广度、速度和高保真度且费用低廉的互联网传媒迅猛发展,世界日益成为"天涯若比邻的地球村",为人们进行大规模的交往提供了可能性,为公共关系的产生发展提供了必要的技术与方法。

正是由于20世纪初人性文化的兴起,民主政治的深入发展,商品经济的高度发达和大众传播技术的日趋普及与提高等诸方面因素的滋生与促成,才使公共关系学这门崭新的学科脱颖而出,以令人耳目一新的崭新面貌自立于新学科之林。

2.1.3 公共关系产生的过程

现代公共关系起源于美国,而美国的公共关系则起源于独立战争。美国的独立战争与其说是殖民地人民反对专制民主的自发斗争,不如说是长期进行公共关系活动的结果。另一方面,20世纪初,美国国内阶级矛盾日益激化,现代公共关系就是在这一时期统治阶级对于反抗情绪的缓解与平抚过程中出现的。

(1)巴纳姆时期——萌芽。19世纪中叶后,美国兴起报刊宣传活动,这时的报刊为宣传而宣传,为追求宣传效果,不择手段,愚弄公众。其中以巴纳姆为代表,他的观点是"凡宣传皆好事",人为挑起舆论争议。他的观念在当时广为流传,这是"公众受愚弄"时期,也是现代公共关系发端时期。当时许多企业雇佣的报刊宣传员,编造了大量离奇的新闻,以便引起公众对自己及他们所代表的组织的关注。而最具有代表性的宣传员就是受雇于纽约一家马戏团的菲尼斯·巴纳姆。他一改常规的方式,不是直接去宣传马戏团的演出如何精彩,而是说马戏团有一名黑人女仆海斯,她已经160多岁了,曾经养育过美国第一任总统华盛顿。在报纸上发表了这一耸人听闻的"新闻"以后,他又借用不同的笔名向其他报刊寄去许多"读者来信",其中,有的说人不能活160岁,巴纳姆是个骗子,有的说巴纳姆发现了海斯,是一大功劳。他人为地炒热了这一"新闻",引起了公众的好奇心,纷纷要求到马戏团一睹海斯的风采,为马戏团引来大量的顾客。但是很巧,不久海斯就去世了,人们对她进行了尸体解剖,确定她最多不超过80岁。一时舆论哗然,人们纷纷谴责巴纳姆是个骗子,可是他竟厚颜无耻地说:凡宣传皆是好事,只要别把他的名字拼错了。

从"巴纳姆事件"可以看出,在报刊宣传运动时代,每个报刊宣传员在争取顾客的关注时,都是不择手段地制造神话,甚至不惜愚弄公众。他们只顾为企业赚钱,完全不顾公众的利益,甚至公开嘲笑、谩骂公众。美国铁路大王范德比尔特在一次接见记者时竟说"让公众见鬼去罢!"这话在很大程度上代表了那个时代资产者及其代理人的心态。所以,报刊宣传运动还不是真正意义上的公共关系,因为他们并没有认识公众的作用,以公众利益为出发点。不过,当时巴纳姆等人运用报刊等大众传播媒介为组织进行宣传,已经具有现代公共关系活动的萌芽。

报刊宣传活动在促进公共关系发展成为一种有组织的活动方面具有积极意义。巴纳姆是这个时期最有代表性的报刊代理人。但他搞的欺骗性的宣传,从根本上说与公共关系的宗旨背道而驰。因此这个时期在公共关系的历史上成为一个不光彩的时期。后来,人们以此为鉴,明确了在公共关系活动中,必须奉行诚实、公正和维护公众利益的原则和精神。

(2)艾维·李时期——产生。艾维·李早期受雇于《纽约世界报》当记者。1903年,他开办了第一家宣传顾问事务所,成为向客户提供劳务而收取费用的第一个职业公共关系人。现代公共关系职业化由此发端。该事务所一成立,就生意兴隆,顾客盈门。其客户包括当时美国许多最大的企业,乃至纽约市市长塞思·洛。

1906年,艾维·李向新闻界发表了著名的具有里程碑性质的《原则宣言》,全面阐明了他的事务所的宗旨:"我们的计划,是代表企业单位及公众组织,把对公众有影响且为公众乐闻的课题,向报界和公众提供迅速而准确的消息。"这就是所谓企业管理的"门户开放原则"。这反映了他的信条:"公众必须被告知。"

艾维·李的公共关系思想核心是"说真话"。他认为,一家企业或公司只有将本身的真情实况告诉公众才能赢得好的声誉,如果披露真相对自身的生存和发展不利,那就应该及时调整或改变自身的行为。他反复向他的客户灌输如下信条:凡是有益于公众的事业,最终也将有益于企业或组织。艾维·李在实践中认真地贯彻他的公关思想,他的公关工作干得也很出色。他有两个公关实例历来为人们所称道。

一是他帮助洛克菲勒财团摆脱困境。艾维·李事务所的第一个客户就是深受"扒粪运动"之苦的洛克菲勒财团。该财团当时被人称为"强盗大王",企业内外都怨恨洛克菲勒,罢工运动更使他一筹莫展。在此情况下,他求助于艾维·李。艾维·李劝洛克菲勒认真调查造成罢工的具体原因,将真情公之于众,并请工人领袖与资方一道协商解决劳资纠纷。此外,艾维·李还建议洛克菲勒一方面提高工人的薪金及福利,另一方面多从事一些社会公益事业(如建学校、公园、医院之类)。在采取了这一系列措施之后,洛克菲勒财团果然摆脱了困境,改变了形象,艾维·李也因此而名声大振。

二是他成功地帮助处理了1906年宾夕法尼亚州的铁路事故。那次事故使许多人丧生,开始老板想把事情的真相隐瞒下来,但艾维·李认为血已经洒在路上,伤员们在痛苦中呻吟,事实是隐瞒不住的。于是,在征得老板同意后,他立即赶到出事地点,并组织记者尽快赶到,向他们介绍真实情况,回答他们的提问,尽可能为他们的工作提供方便。他建议认真地查清发生这次事故的原因并对死难者家属支付赔偿,对受伤者给予良好的医治。新闻记者不仅报道了事故,同时也报道了这一系列的善后措施和公司的努力。铁路公司的老板们惊奇地发现,公开报道不仅没有对他们不利,反而使公司获得了前所未有的最佳形象。

艾维·李不仅首创了"公共关系"这一专门职业,而且他提出的"说真话"、"公众必须被告知"的命题,将"公共利益与诚实"带进了公共关系的领域,使公共关系这门学科从对一些简单问题的探讨上升为探求带有某些规律性的原则和方法,大大推动了这门学科的发展。因此,艾维·李被尊称为"公共关系之父"。

当然,由于时代的局限,艾维·李的咨询指导主要还是凭经验和感觉而进行的,缺乏对公众舆论严密的、大量的科学调查。因此,有人批评艾维·李的公共关系咨询只有艺术性而无科学性。但无论如何,艾维·李作为公共关系职业的先驱者的地位是无可争议的。

(3)伯内斯时期——完成。艾维·李是现代公共关系的创始人。他虽然有丰富的公共关系实践经验,但没有提出系统而科学的公共关系理论,公共关系的创立还不算完成。真正为公共关系奠定理论基础、使现代公共关系科学化的人,是现代公共关系的先驱,美国著名公共关系学者爱德华·伯内斯。

伯内斯更注重公共关系的理论研究,并努力使之形成一个独立的科学体系。1923年他出版了论述公共关系理论的著作《舆论明鉴》,这是第一部研究公共关系理论的专著,因而被视为公共关系发展史上的一个里程碑。在这本书中,他对公共关系的实践进行了系统的研究,形成了一整套理论。他提出了"投公众所好"的根本原则,主张一个企业或组织在决策之前,就应首先了解公众喜好什么,需要什么,在确定公众的价值取向以后,再有目的地从事宣传工作,以便迎合公众的需要。伯内斯的思想比艾维·李前进了一步,不仅要在事后去对公众说真话,而且要求企业通过对公众的调查,根据公众的态度开展公共关系工作。同时,他将艾维·李的活动与1897年美国《铁路文献年鉴》中出现的"公共关系"一词结合了起来,使这一词语具有科学的含义,并在社会上流行开来。从此,公共关系正式从新闻领域分离出来,成为一门独立而又系统的管理科学。同年,他在纽约大学首次讲授公共关系课程,1925 年写了教科书《公共关系学》,1928 年写了《舆论》,从而使公共关系的基本理论和方法形式成为一个较为完整的体系。

伯内斯公共关系思想的核心是"投公众所好"。他认为以公众为中心,了解公众的喜好,掌握公众对组织的期待、要求和态度,确定公众的价值观念应该是公共关系的基础工作,然后按照公众的意愿进行宣传工作,才能做好公共关系工作。

伯内斯对现代公共关系的重要贡献主要表现在:公共关系活动职业化;公共关系摆脱了对新闻的从属,初步建立了现代公共关系的理论体系。伯内斯在纽约大学讲授公共关系课程和出版公共关系著作《舆论》,标志着现代公共关系创立的完成。

2.2　公共关系的发展

公共关系在美国产生以后,就以极快的速度在世界范围内传播。首先是英国,然后是欧洲其他国家,进而传播到全世界。

2.2.1　公共关系在各国的发展与传播

(1) 美国公共关系的新发展。美国是现代公共关系的诞生地,也是公共关系发展的中心。1960 年,美国公共关系的从业人员达到了 10 万人,职业公共关系公司 1 350 家,75％的企业设立了公共关系部。而到了 1985 年,公共关系从业人员达到 15 万人,公共关系公司超过 2 000 家,85％的企业设立了公共关系部或者长期外聘公共关系顾问。美国最大的公共关系公司之一的伟达公司,已有 50 多年的历史,雇佣 2 000 多名员工,在全世界设有 52 个办事处和 67 家联营公司,1986 年的收入就达到了 1.2 亿美元。可以说在现代的美国,任何一个组织离开了公共关系都将寸步难行。具体表现在以下几个方面。

首先,美国公共关系教育逐渐普及。1947 年波士顿大学开办公共关系学院(后改名为公众传播学院),并设立公共关系硕士和博士学位,公共关系学作为一门正式学科登上大学讲坛。1956 年,全美公共关系教育委员会设立了公共关系教育与研究基金。一年后,美国公共关系协会又成立教育咨询委员会。这些都成为推动建立学术团体、支持公共关系教育与学术研究、促进公共关系领域朝着专业化发展的重要力量。到 20 世纪 70 年代,全美已有 300 多所大专院校设立公共关系专业或开设公共关系课程。有 170 多所高级中学也开设有公共关系选修课,有 7 所大学有公共关系学学士授予点,7 所大学有公共关系硕士授予点。全美有 3 家正式出版的公共关系杂志,数百家专业通讯,出版了 5 000 多种公共关系著作。

其次,美国的各种公共关系协会纷纷成立。1948年由美国公共关系理事会与国家公共关系顾问协会合并成立了美国公共关系协会(Public Relations Society of America,简称PRSA)。哈罗博士任第一届主席,PRSA是全美最大的公共关系人员的组织。截至1984年年底,该会已拥有11 400名会员,有91个地方分支机构。该会的目的是促进美国公共关系事业的发展。该会要求很严,会员资格规定为"必须是有信誉的公共关系专家",入会时不仅要申请,而且要通过考试。1954年该会制定了《公共关系人员职责规范守则》作为维护公共关系信誉和职业道德的"行业法律"。除了全国性的综合协会外,美国还出现不少全国性的专业协会。如美国公共关系学生会、农业关系协会、美国医院公共关系协会、化学公共关系协会、银行业务协会、政府公共关系协会、图书馆公共关系协会、国家卫生福利事业公共关系协会、国民小学公共关系协会、铁路公共关系协会、宗教团体公共关系协会等。

第三,公共关系职业化程度越来越高。由于美国的公共关系已经在各行各业中显示出神奇的功效,因而从行业中、管理与行政职能中逐步分化出来,成为一种独立而热门的职业。全美1937年才有公共关系人员5 000多人,到1985年已有15万人之众。公共关系公司也从1937年的250家,发展到1980年的2 000多家。企业设立公共关系部的数量也大增。1937年全美最大的企业中只有20%设立公共关系部或外聘公共关系顾问,1960年提高到75%。1967年的调查显示,资产在500万美元以上的公司已有85%设立公共关系部或外聘公共关系顾问,它们的总年度公共关系预算已达20亿美元。1980年全美前500家企业中,有436家(占86.4%)设公共关系部。公共关系活动已深入到美国绝大部分领域。美国不仅是公共关系的发源地,也是世界上公共关系事业最为发达的国家。

(2)欧洲公共关系的发展。20世纪20年代以后,公共关系传入欧洲,起初公共关系在欧洲被接受得很慢。这主要是由欧洲经济上垄断的特点以及传统的经营管理思想的阻碍造成的。多数的企业拒绝公开他们的财产和管理作业的情况,不让职工和社会了解企业的活动。另外,在很长的一段时期里,欧洲的新闻界对公共关系抱有怀疑的态度。他们怀疑公共关系活动是一种欺骗报刊杂志、诈取免费广告的伎俩。不少报刊拒绝在报道中使用企业的字眼,在广告的购买上也给予限制。这种抗拒心理起初虽很强烈,但在世界竞争面前,眼看美国做法的成功,欧洲各国再也不能无动于衷,模仿美国经营方法的心理也自然产生。欧洲企业界、新闻界态度的转变,使欧洲的公共关系事业在20世纪四五十年代迅速地发展起来。

1946年,公共关系在法国崭露头角。第二次世界大战后,法国人在建设中认识到,企业对社会和公众开放,既能收到良好的经济效果,又能在社会中提高知名度,树立良好的形象。为适应企业与社会之间的新变化,许多企业积极开展多方面的公共关系工作。例如,向社会公众开放工厂,注意加强社区联系等。法国在发展公共关系时,一开始就将公共关系视为一门科学,在大专院校设立公共关系专业,培养高素质的公共关系人才。1955年,法国公共关系协会成立后,现代公共关系在法国得到迅速的发展。

20世纪40年代,欧洲的几个主要资本主义国家都先后组织了全国性的公共关系组织,其中最大的是1948年在伦敦成立的英国公共关系协会(IPR),第一位会长是泰伦兹爵士。现该组织已发展至拥有50个国家和地区(主要是以英联邦国家和地区为主)的2 500名会员。到20世纪70年代中期,各种公共关系机构在英国已约有5 400个,法国约有2 000个,前联邦德国约有1 000个,意大利约有850个。英、法、意等国也都先后设置公共关系的高等教育课程或专业。1959年,在比利时成立了由比利时、英国、希腊、荷兰、前联邦德国等国参加的欧洲公共关系联盟(CEPR),它是目前欧洲公共关系组织的中心,现已拥有142个以上的集体会员和数百名个人会员。

(3)亚洲公共关系的发展。日本国内正式推行公共关系管理,是第二次世界大战之后,在驻日美军总部的建议下,日本政府军中开始设立"广报科"。20世纪50年代后,公共关系作为一种独立的行业在日本发展起来。目前,日本有公共关系专业机构近40家,其中年营业额达7亿日元的有10家。日本的公共关系活动后来者居上,在日本产品占领国际市场的竞争中发挥了重要作用。1964年,日本成立了公共关系协会。许多专家认为,战后美国导入日本的公共关系,是促使日本经济快速发展的一个重要因素。

20世纪50年代初,香港政府设立了公共关系部。20世纪50年代末60年代初,中国台湾全面推行公共关系管理。

(4)国际性公共关系组织的成立。1955年,国际公共关系协会(IPRA)在英国伦敦成立。当时只有来自16个国家的数百名公共关系专家参加了协会。现在这一组织已拥有60个国家的760多名会员。协会的宗旨是交换国际消息、经验和思想,改进技巧和道德标准,并增进公众的了解。

1959年,泛美公共关系联盟在墨西哥城成立,美国和大多数的拉丁美洲国家的代表出席了大会。

1961年,国际公共关系协会在维也纳召开的第二届世界大会上制订并通过了《国际公共关系行为规则》。

1965年,在希腊雅典召开的第三届世界大会上,又通过了《国际公共关系协会世界大会行为规则》。

1967年,泛亚太平洋地区公共关系联盟于夏威夷的檀香山成立。它包括了澳大利亚、中国台湾、印度、日本、新西兰、菲律宾等国家和地区的公共关系组织和来自夏威夷、印尼、韩国、新加坡、泰国、澳大利亚、中国台湾和中国香港、印度、日本、新西兰、菲律宾等国家和地区的会员。

1975年,在国际公共关系协会的赞助下,在肯尼亚首都内罗毕举行了第一届全非公共关系工作会议。至此,全球的公共关系事业已蔚为大观。

1978 年，在墨西哥世界大会上通过的《墨西哥宣言》，对公共关系职业规范化和交流，起了积极的推动作用。

国际公共关系协会设立"金纸奖"和"总统奖"。出版了不定期的《国际公共关系协会通讯》和季刊《国际公共关系协会评论》。该协会在世界各地积极开展工作，为世界公共关系事业的发展作出了巨大的贡献。

2.2.2 公共关系的现状

随着社会的整体发展和人们对公共关系运作机制的探求，公共关系事业朝着现代化的方向迈进，其现状表现在以下几方面：

第一，公共关系自身的职业化和行业化趋势。公共关系在美国初兴时，它还未能从根本上摆脱新闻业的范畴，还带有明显的附属性。从"扒粪运动"到艾维·李的公关活动，都有浓厚的新闻色彩。只是到了伯内斯以后，公共关系才逐步从新闻界分离出来。即便如此，当时以公共关系为专门职业的人仍是极少数，还不能在社会上真正形成一个独立的职业。而当今的公共关系则大不相同了，它作为一个全新而独特的社会职业得到了蓬勃发展，成为一个越来越受人们尊重和向往的社会职业。以美国为例，现在美国公共关系协会（PRSA）在全国拥有会员 11 000 多人，全国专职公关从业人员达 20 万人之多，这些人员的待遇及收入与大学教授、律师、工程师、物理学家等接近。当今的美国，较大的公共关系公司就有 2 000 多家，从总统到平民都求助于公共关系公司。不仅美国，世界许多国家的公共关系都呈现迅猛发展的势头，从业人员、设立机构、活动经费等均年年递增。可见，公共关系在当今世界上已经发展成为一门被社会广泛承认的很有前途的行业。

第二，公共关系在理论上的规范化、国际化趋势。公共关系初兴时，对这一活动的具体称呼并无定规，更不用说在活动范围、方式、对象、原则等方面有一个统一的标准，根本谈不上规范化。加上当时的公共关系活动主要在美国展开，也谈不上国际化。然而，随着第二次世界大战后整个世界范围内公共关系学理论的普遍推广与公共关系活动的广泛开展，公共关系的理论体系与操作体系日益走上规范化、国际化的轨道。1955 年，国际公共关系协会成立；1959 年，欧洲公共关系联盟组织问世；在此前后，比利时、意大利、法国、瑞士、日本等国的公共关系协会也相继成立。中国在克服了长时间的极"左"干扰之后，终于也于 1987 年 6 月成立了"中国公共关系协会"。所有这些组织尽管规章条文各异，但都有一个共同的宗旨，那就是促进公共关系活动的计划性、规范性，促进各组织以及成员之间联系交流的定期化、网络化。经过各国公共关系组织和成员的不懈努力，目前，这些目标已渐趋实现。

第三，公共关系活动主体及功能的多元化趋势。早期的公共关系活动主体是企业和公司，其社会功能还仅限于经济领域。当代的公共关系活动则大不相同。首先是主体的多元化，充当这一活动的主体不仅仅是企业、公司，它已经扩大到了政府、事业团体、军事单位、宗教部门等各类社会组织。同时,主体的多元化也带来了功能的多元化,目前,公共关系的社会功能早已超越了单一的经济领域,而在社会的其他领域和各种非营利性组织中发挥着重要作用。

第四,公共关系活动技术手段的现代化趋势。早期的公共关系活动的传播手段主要是利用报纸杂志的新闻宣传,这种单一的文字语言传播,必然使公共关系活动受到一定的限制。而随着科学技术的迅猛发展,公共关系活动的技术手段也日益现代化。比如,广播、电影、电视的推广运用,卫星空间传播工程的兴起,电脑的广泛使用,科学的调查研究方法的不断出现等,不仅扩大了公共关系活动的范围,也大大增强了公共关系活动的效果。

2.2.3　当代公共关系的新特征

随着时代的发展,当代公共关系呈现出如下特征:

全球化,个性化　公共关系经过近百年的发展和传播应用,现在几乎已渗透到各个国家和地区的各个行业与领域,以企业公共关系为龙头标志的公共关系事业已呈现全球化趋势。"全球化"一词,是 20 世纪 80 年代在西方报刊上出现的。进入 90 年代之后,原联合国秘书长加利宣布"世界进入了全球化"时代。全球化是世界经济发展的必然趋势,90年代以后信息革命和信息经济的大潮,大大加速了全球化进程。近 20 年来,随着数字通讯技术的发展,通讯、计算机与媒体渐渐融为一体,人们称此为数字融合。数字融合主要表现在各国通讯市场开放,为互联互通提供了便利。市场经济的全球化和信息传播的全球化,应该是全球化时代的重要标志。继美国和英国之后,欧盟国家从 1998 年 1 月 1 日起也开放了通讯市场。预期全球化的信息市场将形成,信息的自由流动,将使社会生活进入一个新的时代。在这种情况下,公共关系全球化就成为必然的了。但是,公共关系毕竟是一种大文化现象,它的生存、发展与活力,又与各个国家、各个民族的政治观念、经济体制、文化传统、宗教信仰、语言文字等息息相关。东西方政治、经济、文化的巨大差异,必然带来公关的多样性和个性化。

市场化,职业化　在市场经济条件下,任何科学的发展都离不开市场,公共关系也不例外。作为应用性学科,公共关系正日益市场化。在市场这个大舞台上,公共关系如鱼得水,发展迅速。与此相联系的就是职业化。职业化是将公共关系与市场联系起来的纽带,公共关系通过职业化走向市场。无论是公共关系发源地美国,还是发展中国家,公共关系从业人员的队伍越来越壮大,力量越来越强,作用越来越突出,社会地位也越来越高。

网络化,大传播　在高密度的信息网络中,公众有可能了解更多的信息,有更多的机会发表自己的意见,参与社会互动式传播。在互动式传播中,传者与受众的界限变得模糊不清了。只要进入网络,你就既是传者又是受众。与以往大众传播相比,受众不仅能给传者以及时反馈,还可以同时充当传者,双方都积极地参与传播活动。这无疑使整个社会的信息来源大大丰富了,使整个社会的信息量大大增加了。世界网络化,使人们所固有的时空概念被打破,距离和时间都缩小到最低限度。鉴于风靡全球的因特网进入整个社会生活,人类正在经历传播时代的到来。全球信息网络化的形成,大众传媒出现了历史性的质的飞跃,信息网络化的实现,公众传播也将成为可能,网络化大传播为公共关系提供了美妙的前景。

2.3 公共关系在中国

自古至今,中国就有公共关系传统。当然,古代公共关系与现代公共关系在本质上不同,而现代公共关系与许多别的学科一样,是从西方传播而来的。公共关系一经传到中国,就得到广泛传播和快速发展。

2.3.1 中国传统的公共关系

在中国的古代,自发的公共关系活动也是广泛存在的。早在周代,中国就有了类似于公共关系的观念与活动。西周末年,有人就针对周厉王施暴政而带来的怨声载道、民怨鼎沸的情况,提出了"防民之口,甚于防川"的观点。认为社会舆论的好坏会直接关系到政权的稳固与否,强调应重视民众传播信息,调整施政措施。这种观点,与现代公共关系中重视信息反馈的观念是一致的。

春秋战国时期,秦国宰相商鞅推行变法。为了取信于民,秦国特地在城门口放了一根树干,并贴出告示说:谁能将此树干从这个门口扛到另一个门口,就可以赏其十金。开始人们都不相信,但有一个人完成了此事,真的得了赏金。第二天,许多希望这样轻松得到赏金的人又聚集到城门口,但这时没有了木头,而贴出了政府变法的公告。商鞅因变法"行必信,言必果",在民众心目中树立了威信,这可以看成是一次成功的公共关系策划,在历史上被称为"徙木立信"。

中国古代也十分强调争取"民心"在事业成功上的重要性。所以有"得民心者得天下,失民心者失天下"之说。取信于民是中国古代争取民心的一种常用的方法。孔夫子曾讲过人与朋友交,要"言而有信","人而无情,不知其可也"。国家则"民无情不立",如果失去了人民的信任,这个国家将无法生存下去。蜀汉的诸葛亮为了平息南中地区少数民族的叛乱,从根本上解决进取中原的后顾之忧,采用了马谡"攻心为上"的策略,七擒七纵叛乱部族首领孟获,让少数民族充分了解和相信蜀汉的政策,终于取得南中少数民族的信任,心悦诚服地归顺蜀汉。统治阶级为了某种利益施"仁政",也是中国古代常用来争取民心的方法。为赢得民心,燕昭王采纳郭隗的建议,求贤用贤,并亲自去"吊死问生,与百姓同其甘苦二十八年",最后以爱民仁君的形象赢得人民的支持,雪了破国之耻。

古代中国在收集民意、利用民意的技术方面也有相当的发展。早在周朝时,宫廷就有"采诗"制度。中国最早的诗歌总集《诗经》,既是先秦诗歌艺术的总结,同时也是这种制度的反映。《诗经》中的《风》,大都是当时宫廷派出的"行人"从民间收集来的诗歌。其目的之一就是以此来体察民情民意。而《雅》和《颂》,主要是对统治者的歌功颂德,宣扬君王承天受命的宗法思想,其用意在于影响民意。

中国古代的说服技术也已相当发达,说服技术被大量地用来作为协调各种社会关系的重要手段。如,触龙说赵太后,烛之武说退秦师,苏秦为合纵、张仪为连横而游说诸侯等都成了后代研究如何利用说服艺术来协调各种关系的范例。

通观中国古代自发的公共关系,可以发现一些共同的特点:

盲目性　当时人们所开展的各种沟通、协调活动带有明显的自发性和盲目性。并没有真正认识公共关系的意义,他们的活动也都是出于一时之需,缺乏系统理论的指导,人们只是根据常识或直觉去做。

层次、范围小　由于当时社会生产力相对低下,经济还很落后,缺乏先进的传播手段,人们之间的经济关系还比较简单,人类早期的公共关系活动主要发生在政治领域,且带有强烈的政治色彩和伦理色彩。

表现形式特别　由于受到当时社会经济基础的限制和社会结构的影响,一直是以诗歌、雕塑、建筑、戏曲及人际口头传播等为主要手段。

古代的"公共关系"只能算是一种"准公共关系"、"类公共关系"。

2.3.2　现代公共关系在中国的传播与发展

现代公共关系思想和公共关系实践进入中国,应以 20 世纪 50 年代公共关系登陆香港和台湾地区为发端,而大陆地区则到 20 世纪 80 年代初才开始引进。20 世纪 80 年代初,随着改革开放的进行,中国在引进资金、技术的同时也引进了先进的管理经验。公共关系作为一种理论和职业,开始引起了中国人的广泛关注。在深圳、广州等改革开放的桥头堡,一些中外合资企业和外商独资企业开始按照西方资本主义国家的管理模式,设立了公共关系部。1980 年,深圳蛇口华森建筑设计顾问公司率先成立中国第一个公共关系性质的专业公司。1982 年,深圳竹园宾馆成立公共关系部,开展以招徕顾客为目标的、扩大影响的服务性公共关系活动。

1983 年,中外合资的北京长城饭店成立公共关系部,并因成功策划接待当时的美国总统里根访华而名扬海内外。1984 年,广州中国大酒店设立公共关系部。后来,广东电视台以宾馆、酒楼的公共关系活动为题材,拍摄了中国第一部反映公共关系理论与实践的电视连续剧《公关小姐》。1984 年 9 月,中国国有企业的第一家公共关系部——广州白云山制药厂公共关系部正式成立。该厂每年拨出总产值1‰的资金作为"信誉资金",用于赞助社会公益和体育事业,在开展公共关系实务方面进行了大胆有效的尝试。

1984年10月,世界第二大公共关系公司"希尔—诺顿公司"在中国设立办事处。1985年8月,世界第一大公共关系公司博雅公司与中国新闻发展公司达成协议,共同开展公共关系业务,并成立了中国第一家独立的公共关系公司——环球公共关系公司。

1987年,中国公共关系协会成立。此后各省相继成立公共关系协会。1991年4月,中国国际公共关系协会在北京成立,标志着中国的公共关系事业已经逐步普及并走向世界。同时,广州中山大学等一些高等院校也相继举办了一系列讲习班,普及公共关系知识。1993年,财政部所属的中南财经大学经主管部门批准,在全国第一个开设以"公共关系"命名的本科专业。次年,教育部委托中山大学开展公共关系本科招生试点。

1997年11月15日,国家劳动和社会保障部成立了中国公共关系职业审定委员会,还正式确定中国公共关系职业命名为"公共关系员",并于1999年5月将公共关系职业列入《国家职业分类大典》,标志着经过近20年的发展,公共关系职业终于获得了社会的认可。

2000年,中国在全国范围内开始推广公共关系人员上岗资格考试,公关员与律师、会计师、医师一样,走上了职业化和专业化的道路。2003年,中国国际公共关系协会宣布,将把每年的12月20日定为"中国公关节"。

在公共关系理论研究方面,各种不同版本的公共关系教科书、通俗读物和公共关系案例汇编相继出版,一些国外公共关系名著(如《有效的公共关系》和《公共关系学》)被翻译出版,《公共关系报》、《公共关系》、《公关世界》等专业杂志也不断面世,公共关系网也早已推出,这对于传播、沟通公共关系信息,促进公共关系理论体系的完善与实务规范起到了较好的推动作用。

在公共关系人才培养方面,中国的公共关系教育已经走向正规化、系统化、多层次化。有高层次的"公关"学士和研究公共关系方向的硕士、博士、博士后,也有培养公共关系专业人员的自学考试、夜大、电大培训等形式;有公共关系专职培训、资格证书培训,也有内部厂长、经理、党政干部与公共关系师培训。目前中国已有1 000多所高校开设公共关系课,几十所高校开设公共关系专业。

在公共关系实务方面,工商企业界以新颖的构思、高超的策划手法谱写了一个又一个成功的公共关系事例。目前,中国已基本形成了较完整的公共关系理论体系和一套公共关系实务运作规范,特别是近百家公共关系咨询公司的有序发展,更意味着中国公共关系已步入了正常化发展的轨道。

2.3.3 中国公共关系的现状

中国公共关系发展中存在着许多问题,主要的有:

第一，社会公众对公共关系的认识还存在很多误区，公共关系意识不强。例如，认为公共关系只是一种知识而不是技能，或者认为公共关系可以"包治百病"，无所不能；而相当多的人仍将公共关系与"人际关系"混为一谈，这是当前开展公共关系业务最大的障碍。公共关系在相当一部分人眼里是与"拉关系"、"走后门"联系在一起的，"烟酒公关"、"美女公关"、"金钱公关"成了不少人对公共关系的诠释和认同。

第二，本地公共关系公司的专业化水平、服务品质与国际公共关系公司仍存在较大差距。没有完整的服务体系，缺乏职业道德的约束，片面投客户所好，急功近利，整个公共关系市场仍处于无序状态，导致客户和社会公众对公共关系业服务认识不足，长此以往将影响整个行业的发展。

第三，高素质公共关系人才的严重缺乏制约了中国公共关系业的迅速发展。中国目前有数百家公共关系专业公司，数万的公共关系专业队伍，但其中真正训练有素、有敬业精神和良好职业道德的公共关系专业人员与管理人员还相当缺乏。必须培养一支过硬的公共关系人员队伍和管理队伍。

第四，公共关系理论研究不够，站得不高，看得不远，而缺乏理论指导的公共关系是走不远的。中国公共关系理论队伍人数虽众，但总的说来素质不高，一些学者把公共关系当作副业，潜心研究的不多，更谈不上一辈子献身公共关系事业。一些人对公共关系看得很简单，似乎公共关系是人人都可以搞的，无需学习和研究。这些都极大地阻碍了公共关系的发展。

对此，我们提出如下公共关系发展的对策：

第一，政府有关部门应该率先树立公共关系意识，要在宏观上加强指导和引导。对公共关系的理论、教学体系、行业准则、职业培训等具体问题要制定出明确的、带有一定权威的规范。在当今中国社会强调依法治国的大背景下，在适当的时候应该出台有关中国公共关系的法令和法规，使其尽快纳入法治轨道。

第二，对已经正式列入《国家职业分类大典》的公共关系职业，应该采取行之有效的具体措施进行管理。政府有关部门不能仅仅停留在新设一个职业，开设一批职业资格培训点和每年进行两次职业资格鉴定考试上。如果培训人员拿到了资格证书，成了公关员，但是去从事公共关系工作时，谁也不去审查他们的资格证书，换言之，现实中从事公共关系职业的人员没有资格证书也可以照样从事公关工作的话，那么国家规定的公关员持证上岗还有什么意义呢？政府有关部门应该对这个新兴的职业进行科学、高效、到位的管理，可以监督并授权行业协会对公关人员培训及持证上岗进行检查，以维护政府法令法规的权威性和严肃性。

第三，加大对公共关系的宣传力度，让社会公众真正了解和认识什么是公共关系，让公共关系成为一种大众文化、一种科学理念、一种流行时尚、一种实践活动。这就需要各类媒体的参与和实际行动。具体应该做好以下工作：办好现有刊物，创办新的刊物、报纸。特别要强调的是应该尽快创办公共关系的理论学术刊物,这在某种意义上对公共关系的发展至关重要;发表和出版更多更好的学术文章和实务著作;对涉及公共关系的人物、事件加大宣传的力度,扩大传播的范围;对优秀的公共关系案例及公共关系公司、公共关系教育培训、公共关系各类研讨会进行及时、适当的报道。

第四,对公共关系的各种类型、各个层次的培训要专业化、科学化、规范化、实用化。专业化是指公共关系培训的内容必须是公共关系自己的东西,从大纲、教材、参考书、辅导材料都要有公共关系自己的专业内容,在交叉、渗透、借鉴之中首先要有自己的专业特色,否则公共关系将无立足之地。科学化是指要在培训理论、培训目标、培训计划与培训效果上有科学合理的安排,避免盲目性、重复性。规范化是指培训的条件、培训的师资必须由政府有关部门认可,有严格的招生条件、培训程序及考核标准。考试合格者,要发给资格证书。实用化是指培训要让公共关系从业人员尽快掌握公共关系工作的技能和技巧。有较高的公共关系理论知识当然更好,没有太多理论也可以在培训中教授科学有效的思维方式,提高学员的公共关系素质和实战能力。同时,公共关系教育、培训必须与公共关系实务工作有机地结合在一起。

第五,应不断吸收国外已经成功的经验,引进其先进的、科学的公共关系理论,借鉴其成功的、有效的公共关系实务经验,同时不断挖掘中国古代优秀的公共关系思想萌芽和传统文化中与公共关系相关的精华与营养,土洋结合,打造出科学的、实用的、可操作的中国公共关系业。

可以预见,中国公共关系的未来发展将呈现如下趋势:

第一,公共关系市场国际化。中国公共关系市场是一个从无到有、从分散发展到逐步规范、从纯国内化到国际化的过程。公共关系市场目前在中国终于成为一个被政府认可并拥有广阔服务领域的崭新职业,公共关系从业者的人数已达到 10 万人,这是一个巨大飞跃。中国加入世贸组织,这不仅对中国和世界经济的发展,而且对中国和世界公共关系业的发展都将产生重大影响。这种影响表现在中国公共关系市场的国际化趋势会更加明显。公共关系公司的国际化和国内公共关系业务的国际化都将促进中国公共关系市场的国际化,并最终走向公共关系市场的不断成熟壮大。期间表现出来的国际化和本土化相融合的趋势愈加明显。

第二,公共关系实务专业化。经过近 20 年的磨炼,随着中外公共关系市场的逐步接轨,市场运作游戏规则的更加健全规范,中国公共关系业将彻底摆脱 20 世纪 80 年代初以来公共关系业的阴影,真正走出公共关系就是所谓"笑脸相迎"的低层次的旋涡而大踏步迈入公共关系实务专业化的轨道。

第三,公关手段高科技化。随着因特网(internet)多媒体时代的到来,企业组织已越来越认识到信息网络、现代传媒新技术对公共关系传播的重要意义。这些新技术将完成对公共关系传播沟通管理的方法和手段的调整与更新。实际上,网络传播已经实实在在地成为一种主流媒体支持着公共关系传播的开展,例如电子邮件、网上新闻发布、网上展览、网上市场调查、网上新品推广等,使公共关系传播的平等性、双向性、反馈性得到更大程度的提升,信息传播双方已成为真正意义上平等交流的伙伴,实现了更深层次的双向互动。随着高科技的发展,人类传播史上的革命还将继续,未来的公共关系手段将是一种更加数字化的手段,人们会在高科技的服务支撑下,实现真正意义上的人际互动,这时的高科技不会成为人际关系的障碍,它将是人类亲密无间的朋友。

第四,公关地位战略化。全球一体化经济的蓬勃发展,组织的传播活动将日益多元化。一方面,组织的形象竞争呈白热化状态,公共关系作为一种重要的传播手段传播战略,将为组织塑造一种"全球形象"而纳入组织的战略管理层面,其战略性地位日益加强。另一方面,全人类面临的一些全球性问题,如环保、人口膨胀、战争与和平、人权与主权等问题的存在与解决,已非一个国家和一个民族所能承受,它必须在通过国际间的沟通与对话,通过全球性的跨文化的传播沟通达成共识的基础上,制定国际化的标准,靠全人类通力合作来加以解决。而公共关系在解决这样的问题的过程中,是最有发言权和成效的。公共关系在未来发展中的这种战略地位越来越明显,随着这种战略地位的确立,公共关系产业化也将随之形成。公共关系业将同信息业、咨询业等构筑起中国新兴知识产业的又一道风景。

第五,公关人才竞争白热化,行业自律更完善。随着中国公共关系市场的成熟,公共关系教育的规范化,公共关系市场的国际化,公共关系人才的竞争将更为激烈。一方面,公共关系作为一项智力产业,专业化智力劳动的价值将得到前所未有的尊重;另一方面,由于市场经济体制的发展,各类组织均已改变了以往那种大而全的组织管理架构,并接受了资源稀缺的市场新观念,这势必促使组织在开展公共关系活动的时候,考虑吸纳最优秀的公共关系的人才加盟,让组织能够利用有限的传播资源取得最大的效益。同时公共关系市场的发展与不断成熟,会激活公共关系的人才市场。当然,发展中同样会存在行业不正当竞争的现象,但公平、公开、公正的基本规则同样会在激烈的竞争中得到确立和维护,公共关系从业人员恪守职业道德,加强行业自律,这是公共关系业自身形象和信誉的保证。

总之,随着改革开放的不断深入,中国的公共关系事业无论在实践活动方面、理论研究方面或者培训教育方面,都取得了重大进展,公共关系在中国社会生活中发挥着越来越大的作用,成为推动中国现代化发展的动力。

小 结

公共关系在 19 世纪末期、20 世纪初期产生于美国,是由美国当时的历史条件决定的。正是由于在政治、经济、文化、传播等各方面都具备了适当的条件，现代公共关系才应运而生。公共关系一经产生，就在世界各国迅速传播，并得到持续发展。到今天，公共关系已经深入到人们生活的方方面面，发挥的作用也越来越大。

世界公关大事记

19世纪30年代，美国人本杰明·戴伊创办了第一份面向广大群众的通俗化报纸——《纽约太阳报》，从而掀起了一场"便士报运动"。之后，工商企业为节省广告费，聘请记者作为自己的新闻代言人，利用媒介进行"免费宣传"，这样，廉价媒介便引发了一场"报刊宣传活动"，史称"便士报运动"。

美国的菲尼斯·巴纳姆是新闻传播方面的行家里手，他具有很强的吸引公众注意力的才能。巴纳姆曾经人为炒作马戏团的一名黑人女奴海斯而为马戏团带来效益。虽然在他的时代并没有"公共关系"一说，但是巴纳姆在吸引公众注意力上的实践，已经成为公共关系的先驱。

1882年，美国律师、文官制度倡导者多尔曼·伊顿在耶鲁大学法学院发表了题为《公共关系与法律职业责任》的著名演讲。在演讲中，他首次使用了"公共关系"这一概念，尽管该词在当时所表达的并不是现代意义上的公共关系，而是大众利益之意，但毕竟是作为一个独立词汇出现。1897年，现代意义上的"公共关系"一词第一次出现在美国铁路协会编的《铁路文献年鉴》上。

1899年，交流电发明家乔治·威斯廷豪斯首先组织了现代意义上的专门的公共关系部门。由于遭到爱迪生的排挤，他发明的交流电被普遍认为比直流电危险。为了改变公众对交流电的印象，他聘请匹茨堡的记者E. H. 海因希斯作为他的新闻顾问。在E. H. 海因希斯的安排下，特斯拉在一次记者招待会上，用电流通过自己的身体，点亮了电灯，甚至还熔化了电线，使在场的记者一个个惊讶得目瞪口呆，取得了极大的宣传效果。交流电迅速得到公众认可。这是公关史上的经典案例，也被认为是公众第一次承认公关。

艾维·李原是《世界报》的记者，但是他放弃了这份工作，并开办了一家新闻宣传事务所，向客户提供公共关系咨询并收取费用，从而成为第一位职业公关人员。在1904年的科罗拉多罢工事件中，他有效地通过公关扭转了公众对当事方洛克菲勒的负面看法，从此声名鹊起。艾维·李坚决反对制造新闻，力主通过讲真话提供新闻，保证新闻界和公众获得准确及时的信息。由于艾维·李对公关事业的巨大贡献，使他当之无愧地成为"公共关系之父"。

美国电话电报公司 1908 年开始由副经理主管公共关系工作,并专门设置公共关系部门,聘用公共关系顾问达 70 年之久,而且许多高级负责人都从事过公关方面的工作。美国电话电报公司是最先认识到公共关系重要性的公司。此举带动了其他企业对公共关系的重要性的认识。1907 年,约翰和劳林钢铁公司雇佣了莫斯曼作为公关经理。1916 年,杜邦燃料公司聘用了查尔斯·韦斯顿作为公关经理。设置公关部门和聘请公关顾问成为很多企业的常态。

1915 年 7 月,金融公共关系协会在美国芝加哥成立(1970 年后该组织易名为"银行和市场协会"),1917 年 4 月,美国高等院校公共关系协会(当时名为"美国高等院校新闻协会")宣告成立。1948 年 2 月 4 日,美国的全国公共关系顾问协会(NAPRC)和美国公共关系理事会(ACPR)合并成立美国公共关系协会,其总部设在纽约,下设 80 多个分会,成员超过 1 万人。英国公共关系协会(IPR)也成立于 1948 年,有 12 个地区性团体,会员超过 3 500 人。他们在建立和推行职业道德准则方面走在世界前列。一系列的公关协会组织成立标志着公关作为一个整体行业正在社会中扮演着越来越重要的角色。

第一次世界大战期间,威尔逊总统组织了一个公众消息委员会,由格尔任主席。格尔和他的公众消息委员会的活动赋予公共关系一种从未有过的新的功能,即利用公众的力量去组织舆论。该委员会在沟通政府与公众联系、动员公众舆论、支持战争、鼓励购买战争债券及树立美国人的民族感等方面起到了十分重要的作用。公众消息委员会可被视为政府大规模公关的先驱。同时,该委员会还培养了一批公关人员。战后,他们中的一些人把战争期间的公关经验用于工商营利事业,促进了美国公关业的发达。

艾维·李开创了公共关系行业,但他的实践大多依靠个人经验,缺乏系统科学的理论。1923 年,爱德华·伯尼斯出版了《舆论明鉴》一书,这是历史上第一部有关公共关系的著作,首次提出了公共关系咨询这一新术语。同年,他在纽约大学首次讲授公共关系课程,此后他分别撰写了《公共关系学》和《舆论》,建立了公共关系学的理论体系,使公共关系成为独立的学科。

帝国市场委员会是英国政府的公关机构。1926 年,英国公共关系之父斯蒂芬·特伦茨担任该委员会秘书长。期间,他通过娴熟的传播技巧支持首相买英国货的倡议,使倡议深入民间,得到了民众的广泛认同。

阿瑟·W.佩奇 1927 年出任美国电话电报公司副总裁。期间,他把公共关系的概念和实践结合起来并引入贝尔系统,提出并实践了公共关系的六项原则:告知真相,让公众知晓正在发生的一切;为公众提供关于本公司特点、观念和实践准确的画面;用行动来证明;了解顾客的需求未雨绸缪;预先构想公共关系;培育信誉。

1930 年,卡尔·博雅成立了一家专业公共关系公司——博雅公司。经过将近 80 年的历程,博雅公司现已发展成为世界上最大的跨国公共关系公司,业务网络遍及世界各地,中国北京和香港都有其分公司。

虽然早在 1923 年伯尼斯就公开讲授公共关系课程,但直至 1947 年波士顿大学才建立了世界上第一个公共关系学院,并开始颁发公共关系硕士和博士学位。此后,越来越多的学校成立了单独的公共关系学院,公共关系学才确立了自身独立的学科地位。

1952 年,美国的卡利普特和森特两人出版了他们的权威性公关专著《有效公共关系》,论述了"双向对称"的公关模式,在公关目标上将组织和公众的利益置于同等重要的位置,在方法上坚持组织与公众之间的双向沟通。此书不断再版,成为公关的畅销书,在美国被誉为"公关的圣经",该书的作者成为享有声望的理论权威。

1955 年,国际公共关系协会(IPRA)成立,总部设在伦敦。刚成立时,只有 5 个国家和 15 名会员,但现在已发展到 77 个国家几千名会员。而且国际公关协会是得到联合国正式承认的,其会员也作为顾问服务于联合国经济社会理事会。国际公共关系协会每年聚会两次,颁发"促进世界理解杰出贡献奖",出版《国际公共关系评论》季刊;由于其在推动专业承认、高标准和职业道德等方面的成就,使其成为世界上最具影响力的公关协会。

20 世纪 60 年代,老牌汽车劳斯莱斯追求限量生产的"高成本、低利润模式"遇到了前所未有的困境,而又不愿生产"大众产品",曾一度面临破产。为了挽救濒临破产的公司,劳斯莱斯开展了一系列的公关活动,他们向全世界征集广告语,最终选定了这么一条:"任它岁月悠悠,好车永远风流。"这则绝妙的广告语所传达的意境感动了整个英国、整个世界。从这则广告语中,我们看到了劳斯莱斯的高贵韵味和离尘脱俗的风范,也体会到了那种居高临下的气质和高处不胜寒的忧郁。甚至有国会议员将劳斯莱斯和英国传统的贵族精神和荣誉联系起来。这是一次极为成功的公关,使企业与国家的历史和传统紧密联系,劳斯莱斯顺利渡过了难关。

20 世纪 70 年代,雀巢公司遇到了前所未有的危机。1974 年一家慈善机构出版了一本小册子《婴儿杀手》,点名批评雀巢公司在非洲的营销策略,并拉开了对雀巢奶粉批评狂潮的帷幕。批评者指斥雀巢奶粉造成了第三世界婴儿死亡率的上升。抵制雀巢活动在全球范围内开展,一直延续到 1984 年。为了挽回名声,雀巢采取了一系列公关措施,改善与新闻界的关系,努力树立企业公民形象,同世界卫生组织、联合国儿童基金会协同合作,逐步走出阴影。

1998 年,美国著名公关学者詹姆斯·格鲁尼格研究了卓越公共关系和传播管理理论全球化的问题,提出了"普遍原则,特殊运用"的公共关系全球化理论。这一理论对公共关系全球化的发展具有现实指导意义。公共关系在全球范围内继续蓬勃发展。

2002 年,美国攻打伊拉克后,进行了全球范围的公关战。从对战争理由的选择——"推翻独裁政权",到战争期间对媒体的控制和影响,以及突然造访伊拉克新政府,布什政府都在引导全球舆论,塑造美国在全球范围内支持民主反对独裁的形象,获取支持。

2005 年,印尼发生特大海啸,损失惨重。主要大国开展了一场公关大战。各政府纷纷对印尼表示慰问,组织捐款和支援,争夺全球媒体的注意力,树立本国政府人道主义和对地区繁荣稳定负责任的大国形象。

（资料来源：http://manage.org.cn/observe/200607/34541.html）

复习题

1. 举出另外一些中国古代开展公共关系活动的例子。

2. 试比较公共关系发展四个阶段公共关系信条之异同,并以此来论证公共关系理念不断进步的过程。

3. 现代公共关系产生的社会历史条件是什么?

4. 中国公共关系的发展趋势走向如何?

第三章 公共关系的理论基础

学习目的

学完本章,你应该能够:

1. 理解组织与环境之间的关系;
2. 理解公众的舆论和态度是怎样形成的,怎样对其施加影响;
3. 了解公共关系应该遵循的基本原则;
4. 了解公共关系的本质。

家乐福的四月危机

　　2008 年 4 月 10 日前后,一条信息通过手机、MSN、QQ、BBS 等渠道迅速传播:"5 月 8～24 日,正好是北京奥运会的前三个月,所有人都不要去家乐福购物,理由是家乐福的大股东捐巨资给达赖,支持'藏独'。我们现在就来抵制家乐福,为期与北京奥运会同长,前后 17 天。让他们看看中国人和中国网络的力量。请转发给你手机、MSN 等的所有联络人,并且让他们的家人一起参与,让家乐福门可罗雀 17 天。"据记者的随机调查,10 位 35 岁以下的青年人中有 6 人表示曾收到过内容相同或相近的信息。有受访者表示,在他所在的跨国企业内,整个部门的人都收到了这条信息。

与此同时,网上还出现了另一则抵制家乐福的号召:"我们郑重倡议——抵制法国货及法国公司! 家乐福是法国最大的零售连锁企业,但其后台老板路易威登公司曾多次资助达赖集团,支持其分裂中国的罪恶行径。抵制法国货,从家乐福开始。我们倡议您不再前往家乐福购物,而前往其他超市。如果您确有不便,我们希望您至少在 5 月 1 日这一天抵制家乐福,让 5 月 1 日家乐福空荡荡的卖场向西方传达一个信息:中国不可辱! 中国人民不可欺!"

在中国内地的一些家乐福超市,购物人数呈下降趋势,甚至出现多个城市大批民众包围家乐福分店进行示威和抗议的事件。

据传,家乐福的官方网站稍后在不长的时间里两次被黑。虽然没有得到家乐福官方证实,但该网站有一段时间呈关闭状态,原来的促销广告也不见踪影,只在首页留下一则公告,表示家乐福内部正在进行网站的维护与更新,将会维持一段时间,等到维护更新完成后,会立刻把网站恢复,继续提供服务。

"家乐福正在遭遇一场危机。"4 月 16 日,家乐福华东区公共事务总监于剑说,语气急切,激动,又有几分无奈。

那么,这是一场什么危机? 这场危机是怎样形成的? 家乐福将采取怎样的对策才能有效消弭这场危机?

(资料来源:作者根据相关报刊、网站消息综合编写。)

长期以来,公共关系理论是公共关系学研究的薄弱环节,甚至在一些人看来,公共关系没有理论可言。这固然有偏见的因素,但客观地说,无论是国外还是国内,公共关系理论研究都是极为薄弱的。

一门学科,没有自己的理论基础,不是完整的学科,也是没有发展前途的。正如美国公共关系学者小赫佐顿和伯顿所说,"对于一个成熟的公共关系职业和学科而言,最重要的是它必须发展出一整套使其区别于其他职业和学科的理论体系"。艾维·李作为现代公共关系创始人,创立了现代公共关系,但在理论层面基本没有建树,这自不必说;伯纳斯将公共关系理论化、系统化,这被一般人所公认,但严格地说,伯纳斯将公共关系系统化是事实,而在理论化方面,做得很不够,至多是在理论研究方面开了先河,以至到今天,人们还认为公共关系"在黑暗中行走"。即使在现代公共关系发源地的美国,也有不少公关学者持此观点。罗宾逊就形容公共关系"在混乱中发展,既没有一个共同的理论体系,也没有发展出用以指导实践的相关理论建树"[1]。到 1990 年,还有人认为公共关系的"大部分实践是这样的贫乏,理论研究又是这样的无知"[2]。

事实上,公共关系是有理论的。公共关系的理论基础包括两个方面:管理学和传播学。在此基础上,公共关系提出了自己的理论。

---

① Edward J. Robinson, Communication and Public Relations Columbus[M]. Ohio: Charles E. Merrill 1966.
② 格鲁尼格.美国公共关系研究概述.当代国际公共关系.上海:复旦大学出版社,1998.

3.1 组织与环境

任何一个组织,总是处于一定的社会环境之中,依赖环境而存在,而自身也构成环境的一部分,对环境作着贡献。组织需要从外部环境取得一定的输入。输入的形式,可以表示为人力、财力、物力、信息等。对这些输入进行一定的加工、处理,即生产过程,是将输入转换成各种各样的输出。这些输出以产品或是劳务的形式返回组织的外部环境中。组织就是在与环境的输入输出之中存在与发展的。

组织要生存与发展,必须充分认识到这种组织和环境间的作用和反作用的关系,与环境达成和谐关系,能顺利地完成与环境的交换过程。但是,组织与环境输入输出的重要性是不对等的,组织能否得到环境的认可,能否从环境中得到所需资源,是组织生存与发展的关键。

在对这个问题的认识上,经历了一个曲折的过程。

3.1.1 忽视人际关系的古典管理理论

早期的古典管理理论学家泰罗、法约尔、韦伯等人都把人只看成是"经济人",即工人只是为了追求最高工资的人。认为工人在干活时常采取"磨洋工"的办法,因此,应用严格的科学办法来管理。如泰罗主张用"科学管理"的方法,由工程技术人员设计科学的操作方法,工人严格地照章执行即可提高生产率;法约尔则从企业整体的角度,推行一套科学的管理原则;韦伯的官僚组织体系同时也是一种科学的管理组织体系。他们的共同特点是强调组织和管理的科学性、精密性,而忽视了人的因素,把工人只是看成组织中的一个部分、一个零件。

古典管理理论在提高劳动生产率方面虽然取得了显著的成绩,但忽视了企业与工人良好关系的建立,没有注意到调动工人的内在积极性,故理所当然地激起了工人特别是工会的反抗。实践使人认识到,单纯用科学管理等传统的管理理论和方法已不能有效地控制工人,不能达到提高生产率和利润的目的,必须有新的企业管理理论来缓和矛盾,改善企业与工人、工人之间的关系,促进生产率的提高。

在这种情况下,注重人际关系的行为科学理论应运而生。

3.1.2 重视人际关系但忽视环境的行为科学

行为科学开始于20世纪20年代末30年代初的霍桑试验,创始人是美国哈佛大学教授、管理学家梅奥(也译为梅厄)。霍桑试验的研究结果否定了古典管理理论对于人的假设,试验表明工人不是被动的、孤立的个体,其行为不仅仅受工资的刺激,影响生产效率的最重要因素不是待遇和工作条件,而是工作中的人际关系。据此,梅奥提出了自己的观点:工人是"社会人"而不是"经济人";企业存在着非正式组织;新的领导能力在于提高工人的满意度。梅奥的这一理论在当时被称为人际关系理论,也就是早期的行为科学。随后,许多社会学家、人类学家、心理学家、管理学家都从事行为科学的研究,先后发表了大量优秀著作,提出了许多很有见地的新理论,逐步完善了人际关系理论。1949 年在美国芝加哥召开的一次跨学科的会议上,首先提出了行为科学这一名称。行为科学本身并不是完全独立的学科,而是心理学、社会学、人类文化学等研究人类行为的各种学科互相结合的一门边缘性学科。从霍桑试验至今,行为科学的研究和应用,通过把握人的心理和行为的发展变化规律,来提高对其个体、群体、组织心理及行为预测、引导、控制能力,及时协调个人、群体、组织之间相互关系和其与外部环境的关系,从而调动人的积极性、主动性和创造性。这对于提高企事业单位的管理水平和推动社会进步、推动社会经济发展,发挥了十分重要的作用。

行为科学以人的行为及其产生的原因作为研究对象。具体来说,它主要是从人的需要、欲望、动机、目的等心理因素的角度研究人的行为规律,特别是研究人与人之间的关系、个人与集体之间的关系,并借助于这种规律性的认识来预测和控制人的行为,以提高工作效率,达成组织的目标。其研究的主要内容包括个体行为、群体行为、领导行为和组织行为等四个方面。个体行为主要是对人的行为进行微观的考察和研究。它是从个体的层次上考虑影响人的行为的各种心理因素,包括人的思维方法、归因过程、动机、个性、态度、情感、能力、价值观等方面。所有这些又与实际活动中的需要、兴趣、行为等有着密切的关系。群体行为主要研究群体行为的特征、作用、意义,群体内部的心理与行为,群体之间的心理与行为,群体中的人际关系、信息传递方式,群体对个体的影响,个人与组织的相互作用等。领导行为包括领导职责与领导素质理论、领导行为理论、领导权变理论等,它把领导者、被领导者及周围环境作为一个整体进行研究。组织行为研究组织变革的策略与原则,变革的力量及其成就衡量方法等,对变革进行目标管理。此外,工作生活质量,工作的扩大化与丰富化,人和环境诸因素的合理安排,各种行为的测评方法等方面,也都在行为科学的研究范围之内。

行为科学对管理学的发展作出了重大贡献:

首先,行为科学引起了管理对象重心的转变。传统的古典管理理论把重点放在对事和物的管理上,它强调的是使生产操作标准化、材料标准化、工具标准化,建立合理的组织结构,有效的组织系统和明确的职责分工等,而忽视了个人的需要和个人的目标,甚至把人看成是机器,从而忽视了人的主动性和创造性。行为科学与此相反,它强调重视人这一因素的作用。它认识到一切事情都要靠人去做,一切产品的生产都要靠人去实现,一切组织目标都离不开人。因而,应当把管理的重点放在人及其行为的管理上。这样,管理者就可以通过对人的行为的预测、激励和引导,来实现对人的有效控制,并通过对人的行为的有效控制,达到对事和物的有效控制,从而实现管理的预期目标。

其次,行为科学引起了管理方法的转变。随着对人性的认识和管理对象重点的变化,管理的方法也发生了重大的变化,由原来的监督管理转变到人性化的管理。传统的古典管理理论强调自上而下的严格的权力和规章制度的作用,把人看成是会说话的机器,在管理活动中施以强大的外界压力,派工头进行严格的监督,造成工人心理上的压力而产生对立情绪,而忽视了人的社会关系和感情因素的作用以及人的主动性和创造性。与此相反,行为科学则强调人的欲望、感情、动机的作用,因而在管理的方法上强调满足人的需要和尊重人的个性,以及采用激励和诱导的方式来调动人的主动性和创造性,借以把人的潜力充分发挥出来。与此相对应,企业界提出了"以职工为中心的"、"弹性的"管理方法,出现了"参与管理"、"目标管理"、"工作内容丰富化"等新的管理方式。

毫无疑问,行为科学对古典管理理论作了重大发展,使管理水平得到了较大提高,但其本身也有致命的局限性:行为科学注视的范围只限于组织内部,而实际上,组织的发展离不开环境的支持。于是,应管理理论的需要,组织环境学又脱颖而出。

3.1.3 重视环境的组织环境学

人们对组织与环境之间关系的认识经历了一个较长的过程。起先,人们将组织看成是一个高度结构化的、机械的、封闭的系统,很少考虑甚至不考虑外界环境的变化与影响。人们形成这种看法,一方面是受认识能力的限制,另一方面也是由于当时的市场环境造成的。西方工业革命后,社会化机器生产刚刚出现,人们对商品需求量大,形成了典型的卖方市场。后来随着市场环境和顾客需求的变化,人们对组织与环境之间关系的认识也不断改变。组织理论在近几年中有很大的发展,主要原因之一就是组织机械论中机械、封闭的思维方式越来越无法满足组织实践的需要。人们发现,仅仅考虑目标、效率和结构等技术指标并不能使组织保持长期的发展和成功。于是,有人开始以研究生物学的方式研究组织,将组织看成是一个生命体。在此研究过程中,逐步形成了一套与生物学平行的组织理论。

虽然组织理论学派五花八门,但在一些基本问题上认识是一致的。

第一,组织必须适应环境的需要。权变理论认为最好的组织方式有赖于环境的性质,并追求组织内在特征与环境要求的最佳匹配,以适应环境的需要;新制度理论中合法性的压力迫使组织即使牺牲技术效率,也要追求制度上的同构;种群生态学则将环境选择作为最高法则,适者生存、优胜劣汰;资源依赖学派对权力的强调也正是为了应对自身对环境中稀缺资源的依赖性所带来的压力;在商业生态系统理论中,组织所处的商业生态系统的兴衰直接影响和制约了个别组织的发展,组织需要根据所处的商业生态系统的状况及其自身在该商业生态系统中的定位选择恰当的发展战略。可见,大部分理论学派都认同外部环境对组织的制约,并强调应对这种约束对组织生存和发展的重要意义,所不同的只是这种压力因素的具体来源和作用方式。

第二,组织与环境之间存在着紧密的联系。无论是单向、敌对的环境观,还是全面互动的环境观,它们都意识到组织与环境之间存在着紧密的联系。尤其是后者,在互动的过程中,组织与环境已经成为相互依赖、相互联系的整体。商业生态系统理论通过强调组织与环境的共同进化将这点阐述得淋漓尽致。然而,这并不是该理论的专利,其他理论学派也都用不同的方式表达了大致相同的理念。资源依赖学派指出,环境是组织适应环境和改变环境的一系列过程的结果,这同样说明了组织与环境的不可分割性。新制度理论所提出的制度环境变迁机理也表明,组织与环境的变迁是紧密联系在一起的,难分彼此。

第三,组织寻求外部环境的稳定性和可预测性。复杂性和动态性是组织环境的基本特征,并给组织运行带来了不确定性和风险,如何寻求外部环境的稳定性和可预测性,以降低组织运行的风险,也就成为不同理论学派共同关注的焦点之一。

权变理论提出,组织应通过组织结构的分化和整合来被动地适应环境的需要;新制度理论关注组织之间的模仿机制;资源依赖学派则强调组织主动出击,通过权力战略——增强外部环境对自身的依赖,减少自身对外部环境的依赖——来降低风险;交易成本理论说明科层制的优势在于,赋予管理者非对称和不完全界定的权威,在一定范围内拥有对其他人的指挥权,可以减少市场交易时的部分风险,这正是组织出现的原因;在商业生态系统理论中,生态系统的管理者在生命周期的不同阶段,要不断地从环境中加强合作的力量,并抗拒竞争性的力量,将商业生态系统推向成熟和完善。

总之,不同理论学派的方法虽有不同,但在追求组织外部环境的稳定性和可预测性问题上,却是一致的。

本章的案例中,家乐福面对环境的恶化,十分重视,迅速作出反应。他们深知,企业经营没有良好的环境,仅靠内部的努力,是不可能取得成功的。以下是他们采取的对策:

——法国家乐福总裁迪朗接受法国《星期日报》访问时称,他极度关注近日中国内地多个城市大批民众包围家乐福分店进行示威和抗议的事件。迪朗强调,示威事件只是在个别地区发生。他认为抵制北京奥运是错误的,而家乐福集团一直支持北京主办奥运。对于被指支持藏独,迪朗重申,该集团的立场是,从来不会干预其他国家的政治和宗教事务。

——16日,家乐福中国区发表声明,否认"家乐福支持'藏独'"的说法,称这些传闻"完全是无中生有和没有任何依据的",并表示"家乐福集团始终积极支持北京2008年奥运会"。

——声明发出后,风波未见平息的迹象。为此,家乐福召开新闻发布会,专门就此次事件与中国媒体沟通。

"大家的爱国热情我们可以理解,但是把情绪发到家乐福身上,把对象搞错了,因为家乐福一向以来支持北京奥运,从来没有支持过达赖集团,"家乐福媒体经理于剑说。

"短信所说的是大股东捐钱给达赖集团,但股东只是买了家乐福的股票,公众谁都可以买家乐福的股票的。"于剑认为,这不是家乐福的错。

他介绍说,家乐福在中国的员工 99％是中国人,在中国卖的商品,有 95％以上是中国制造。抵制家乐福的后果,不仅是损害家乐福,同时会损害中国员工与中国供应商的利益。

"家乐福的商品卖不出去,最受伤的会是中国的供应商。"于剑说,家乐福在中国大多是合资公司,比如在上海,联华超市(0980. HK)就占有 45％的股权,中国公司也能从家乐福分红。"大家不能因为抵制,最终害了中国人自己。"

——针对"家乐福将以大幅优惠应对 5·1 事件"的传言,家乐福中国区总裁罗国伟发表声明表示,家乐福集团不会做任何伤害中国人民感情的事情,罗国伟本人还将参加奥运会开幕式。声明还称促销与网友抵制无关。

4 月 25 日,家乐福中国区媒体经理陈波向新民网发送邮件,正式确认"五一"期间上海家乐福的促销活动临时取消,届时,全国范围的促销活动也会同时停止。陈波说,家乐福早在 3 月份就开始策划准备了。但是,考虑到目前的情况,我们仍然决定取消这一活动。我们作出这样的努力,就是想表示我们对中国广大民众和顾客现有情感的高度尊重和理解,表达我们的真诚和善意,因为家乐福永远都是中国人民的朋友。

——家乐福集团的大股东由哈雷家族变更为法国阿尔诺集团和美国私募基金柯罗尼资本组成的"蓝色资本"公司。阿尔诺集团持有路易威登——莫特轩尼诗集团 47.4％的股份。此前网友发起抵制法国货时称路易威登——莫特轩尼诗集团股东曾捐款给达赖。

——家乐福总部高层迅速和中国商务部等政府主管部门进行了沟通,并要求中国区积极做好在华各分店的内部管理工作,特别是要求员工"要保持高度克制",不要与可能出现的抗议群众发生冲突。

家乐福的举措里,有表明态度,有说明真相,有以情感人,有请政府帮忙,当然,最重要的是采取行动迎合公众。

（资料来源:作者根据有关资料编写。）

3.1.4 组织环境的构成

构成环境的一般性因素涉及政治、法律、经济和社会等各个层面,这些因素都从属于国民的希望和需求,从属于现实的可能性。我们以公共组织为例,来分析其所处环境的构成。借用费雷尔·黑迪所打的一个比方,公共组织所处的环境被视为一个"同心圆",处在圆心处的是公共组织。如图 3-1 所示。他认为,"最小的圆一般具有最为决定性的影响,就官僚行政体系而言,圈子越大表明其重要性越弱"。这样一来,更大的圈就代表了作为政体的社会及其文化规范和社会传统。下一个圈代表经济条件,紧随其后的是司法圈。

再靠里一点的圈是政治体系,它与组织及其管理的关系是如此密切,以至于我们只能用分析术语将它们分离开来,而在实际当中根本无法做到这一点。

政治环境 政治环境为政府设定了框架,它支配着资源,审批公共政策并控制管理行动,以保持社会中权力的平衡。其基本要素包括政治体制、政治权力、国家结构、政治机构、政治制度、公共政策等方面。

政治环境对公共组织的影响主要表现在以下几个方面:第一,政治体制确定了公共组织在社会政治生活中的地位和作用;第二,政治权力划分赋予了公共组织或多或少的影响力和约束性,并勾勒出了不同组织间的政治关系;第三,国家结构形式决定了各类公共组织的活动范围;第四,政府机构的设立意味着行政组织拥有超越其他公共组织的权力,在组织生态圈中属于弱者;第五,政党制度使

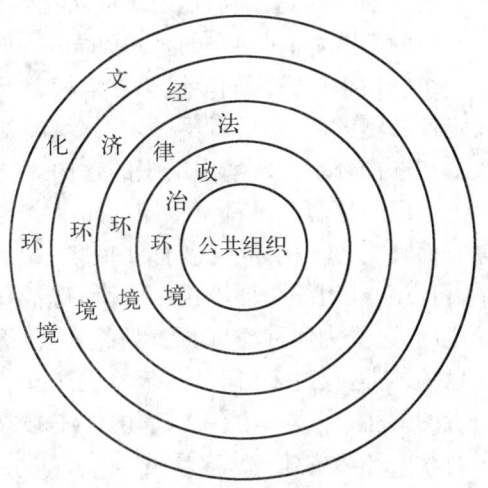

图 3-1 公共组织环境的基本构成图

部分公共组织能够以强有力的集体行动参与公共决策;第六,公共政策是组织政策活动的结果,也是公共组织施加影响的工具。

法律环境 法律环境所处理的是有关公民的生活,为他们提供更多的保护,使他们免于遭受独断管理权威的侵害等问题。从本质上讲,司法审查保护个人免于类似权力的滥用,鼓励合理的行政决议,并确保形成那些决议时的正当程序。

法律环境包括法律的形成和执行的制度,法律本身的优秀与否,人们的法律观念、法律传统等。

经济环境 经济环境既为公共管理设置了限制,又为它创造了机遇。政府的职能是与经济因素联系在一起的。政府的任何方面都不可能真正地离开对经济环境的考虑。通过征收税款和其他费用、消费和借贷、生产商品和服务以及对追逐经济利益的个人和团体进行控制等途径,政府,尤其是公共行政影响了经济因素,同时也被经济因素影响。

文化环境 文化是识别一个社会和辨识其人民的规范、特质和方式的无所不包的集合体,作为公共组织环境的一部分,文化特征提供了整体的行为方式,塑造了影响组织行为的基本价值和规范。但文化环境对公共组织的影响相对较迟缓,可作用时间更长,组织变革必须在文化延续中进行。文化环境对公共组织的影响主要体现在以下方面:其一,认知水平决定了公共组织对公共问题的确定和处理问题的方式;其二,价值左右着公共组织对社会事务的态度;其三,意识形态使公共组织的政治、经济利益目标更加鲜明;其四,行为规范决定了公共组织如何与其他组织以合法合理的方式进行沟通交流;其五,道德传

统使公共组织能够不依靠国家强制力而自愿扮演特定社会角色,发挥角色功能。

正是在这些环境的限制、交流、互相干预和影响中,当今的公共管理者试图采取一个平衡的行动。因此,我们把组织的文化环境视为使组织能够向其他文化学习,并适当调整它本身的实践,同时使它的技术方面的认知在文化发源地以外的地方得到应用。

组织在很多方面同环境相互依赖。参与者对环境的认知连同组织的注意力结构导致设定性环境的产生,后者反过来又影响以后的认知和决策。环境对组织产生影响,组织也改变和选择环境。环境为组织的建构提供了原料。

组织的环境并不都是感知的和设定的。组织环境在稳定性、复杂性及其面临的威胁等方面确实各不相同。我们集中考察关于组织环境的一些特征,并描述了相互之间的关系,可以看到组织与环境相互依赖的循环。如果从组织结构开始,则决策者确定组织运作的范围,选择为何种类型的消费者提供何种商品和服务。范围的选择会极大地影响所需信息的种类,反过来,信息系统的建立产生了注意力结构,并有助于确定处于不同位置参与者的关注点及对其重视的程度。注意力结构有助于设定性环境的产生——即组织参与者对相关环境的建构以及重建。

但这些组织过程并非在真空中进行。从这一循环的相反点开始,客观环境直接对设定性环境产生影响。环境因素也可能控制注意力,并影响组织的信息系统。客观环境还会影响到组织活动领域的界定。所以,我们可以得出结论,环境可以实施决定性影响,通过影响结果,间接作用于组织结构。结构是组织运作和环境反应的共同产物。如图3-2所示。

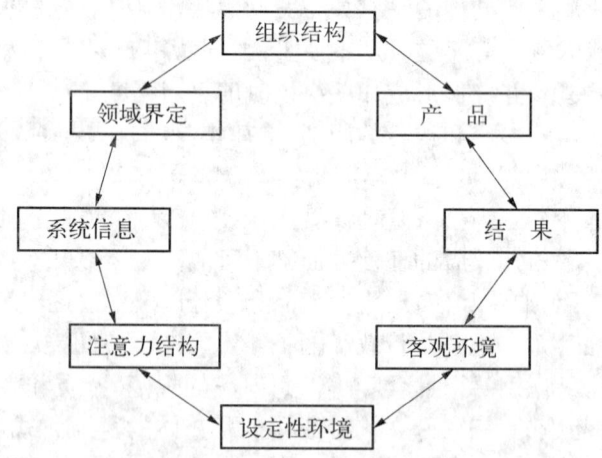

图3-2 组织—环境关系:相互依赖的循环图

环境可以由几个描述组织所处境况和影响组织对策的变量来描述。一种观点将环境视作信息系统,认为组织就是要通过处理信息来发觉如何处理与环境的关系。环境影响信息处理的关键因素就是信息的不确定,或者说是周围信息不确定性的程度。组织就是要试图剔除这些不确定因素以便更好地对环境作出反应。

另一种观点认为环境是由组织为之竞争的资源组成。核心因素在于资源的依赖性，或者说是组织依赖其他组织获取资源的程度。组织一方面依赖外部获取资源，同时还要尽量保持自立。

环境的两大特征——信息不确定性和资源依赖性结合在一起，就显示了组织受环境制约的程度和由此必须对环境的需求作出反应的程度。如图3-3所示。

环境依赖性

		低	高
信息不确定性	低	最小的环境约束和需要对环境作出反应	中等的环境约束和需要对环境作出反应
	高	中等的环境约束和无需对环境作出反应	最大的环境约束和需要对环境作出反应

图3-3　环境因素和组织活动图

如图所示，当信息不确定性和资源依赖性都很低时，组织在环境中有最大的自由空间。这种情况下，组织不必对环境作出反应，如企业。当信息不确定性和资源依赖性增加时，组织就会面临较大的约束并必须对外部要求负有更大的责任。组织必须正确地理解环境和正确地对环境作出反应。从非营利机构到政府组织，他们必须认识到外部的挑战并且能够迅速准确地作出反应。

3.1.5　组织与环境的平衡——公共关系的本质

如果组织要对环境作出准确的反应，就必须有能力去监视，并认识组织所处的环境，而且组织内部应该有能力对环境作出有效的反应。组织应当采取一系列措施去影响环境并对环境作出反应，时刻注意捕捉信息，保持与资料来源的密切联系。组织可以对环境作出以下三种反应：管理型、竞争型和集合型。

管理型反应　这是组织对环境最普遍的反应。包括组织任务的形成和分类，目标、政策和预算的实施，监控部门的成立，这些反应要么是作用的，要么是反作用的，目的在于阐明组织在处理与特定环境关系时的目标和任务。

竞争型反应　一般来说，营利性组织多采用竞争型反应，但它对非营利性组织和政府组织也是适用的。竞争型反应是指通过建立相对于竞争对手的竞争优势来提高组织绩效。为了保持竞争优势，组织必须在外获取高于竞争对手的地位，或者经营方式独一无二，有价值，不易模仿。

集合型反应　通过与其他组织日益频繁的合作，组织不得不处理对其环境的依赖性和环境的不确定性问题。如今的组织越来越多地与其他组织结成伙伴关系，以此来控制环境的不确定性,承担一些对单个组织来说成本太高或过于复杂的项目。集合型反应可以帮助控制组织之间的相互依赖,采用的方法包括竞价、合作、合资、战略联盟和工会等。如美国政府常常采用合同外包的形式与私人部门结成伙伴关系,来共同完成一些大的项目。

组织要获得良性发展,就必须与环境保持良好的关系:既不是环境完全改变组织,更不是组织改变环境,而是相互适应,维持一种平衡关系。公共关系的本质就在于帮助组织实现与环境之间的平衡。

组织环境日趋复杂和不确定,组织间不断扩大的分化和日益增大的相互关系增加了相互之间的不确定性和依赖性。因此,组织总是在变动不拘的环境中,而组织与环境之间关于适应性的矛盾也总是处在努力调试中,而公共关系在这种调适中可以起到特殊的作用。

公共关系的作用可以从两方面理解:一方面,公共关系通过与公众的双向沟通,使组织了解公众的意愿,并调整自己的政策,使之更符合公众的需求;另一方面,它也对公众施加影响,除了让公众客观了解组织、恰当评价组织外,还引导公众的意愿和情绪,使之向有利于组织的方向发展。简言之,公共关系不是被动适应环境,而是主动适应环境。通过这两方面的工作,达到组织与环境的和谐与平衡。

3.2 舆论与态度

公共关系能为组织提供帮助的,就是优化环境。那么,公共关系是怎样实现这一点的?具体地说,就是通过改善组织的政策,使之更符合公众的需要,在公众中树立组织的良好形象,从而寻求公众对组织的支持。由此可见,公共关系是通过影响公众的态度,形成对组织有利的舆论环境,来实现为组织发展提供帮助的目的。

公众对组织的态度,当然是以组织的行为为基础,正可谓意识是对存在的反映。但是,意识作为主观的范畴,它对存在的反映并不是直观的、直线的、照镜子式的,它必须经过大脑的加工,呈现一种曲折的有时甚至是变形的反映。这就决定了组织的行为与公众的态度并不总是一致。这就为公共关系的开展留下了广阔的空间。因此,研究公众态度的形成机制,对于公众良好态度的形成,是必要的和有益的,它是公共关系学永恒的课题。

3.2.1 组织的舆论

舆论的含义 简单地说,舆论是社会公众对某一问题的公开评价及其一致性意见。

对于某一组织而言,大多数公众对组织的一致看法和评价就是组织的舆论,这种舆论一旦转化为态度,就构成组织面临的公共关系环境。

舆论的作用与功能 意见评价包含人们对事物的认知——是非判断。人们要对某一问题发表意见、进行评价时,首先必须了解事实真相,这就是人们常说的"没有调查就没有发言权"。在进行评价的过程中,意见也包含着这一问题的状态信息,离开对于事物状态的阐释,评价本身就无所依傍,无法展开。但是,应该看到,舆论不是单纯报道"世界怎么样",还重在申明"世界应当怎样"。如此,舆论借助于对社会问题、社会事件、公共事务的意见评价、臧否褒贬、赞成反对、憎恶同情等,所主要表现的乃是主体的"内在尺度"、理想和意愿,而"主体的内在尺度所指的,正是主客体相互作用中的主体性内容方面,正是在实践—认识活动中实现的客体主体化过程。而这些,也正是'价值关系'的内容"①。概括而论,舆论的基本功能即是通过意见评价方式,以特定的价值观念、理想、意愿干预现实,创造新的生活。

公众具有很强的模拟和预测功能。组织的舆论可以表明组织发生了什么事,可以表明公众对组织的态度和情感倾向,表明公众的"内在尺度"。舆论的模拟与预测功能表明,人们要了解组织、体察民情、作出正确的决策和行为选择,就不能不倾听、观测、分析来自社会各方面的舆论,通过舆论来评判组织的政策和行为是否正确,是否得到公众的理解与支持。

舆论具有明显的沟通和调节功能。舆论活动实际上是意见的交流活动,通过交流达成一致。在意见交流过程中,可以使不同的意见得以统一,可以使少数人的意见扩展为多数人的意见,可以使上层决策者的意志转化为下层民众的自觉行动,也可使普通公众的意愿转化为组织的决策行为。舆论的意见交流,拆除人与人、人与社会的各种阻隔、误会与壁垒,增进彼此间的相互了解和理解,从而强化着人们的共存感、一体感,使整个人类社会化,使公众与组织和谐化。

舆论还具有激励与监督功能。舆论是公众思想智慧的花朵、意志的结晶、精神的富矿。开放舆论,可以开发民智、释放社会潜能、激发社会活力,使公众获得充分的自主性,独立地思考问题,自由地讨论问题,坦率地发表对组织的各种见解。这必将使组织处于社会公众的监督之下,时刻接受社会公众的拷问,从而对组织起到激励与监督的作用。

舆论还具有教化与社会化功能。舆论对于每个社会成员本身也必然产生一定的功能效应,这就是教化与社会化功能。所谓社会化,即是个体通过与社会环境的相互作用,不断接受社会的教化,从自然人转变为社会人、并适应社会生活的整个过程。组织的发展离不开对公众的教化与社会化。当组织出台一项政策或推出一个产品时,希望得到公众大体一致的看法与态度。要做到这一点,只有依赖于舆论。

---

① 李德顺. 价值论. 北京:人民大学出版社,1988.

总之,良好舆论的形成,对于组织的健康发展是有益的,也是必需的。

舆论的形成 舆论的形成,有两个相反相成的过程。一是来源于公众自发。当社会出现某一新问题时,社会群体中的个人,基于自己的物质利益和文化素养,自发地、分散地表示出对这一问题的态度。持有类似态度的人逐渐增多,并相互传播,相互影响,凝聚成引人注目的社会舆论。二是来源于有目的引导。意见领袖或权威人物,按照人们的意愿,提出某种主张或号召,并引起广泛共鸣,也可转化为社会舆论。这两类舆论形成过程,实际上在相互转化,或先从群众中来,然后经权威方面传播到群众中去;或经过权威方面的组织和动员,然后再传播到群众中去。

新闻传播工具在反映舆论和形成、引导舆论过程中有很大作用。社会舆论若只在街谈巷议中存在,或仅记载于决议,其力量是有限的。只有经过报纸、通讯社、广播、电视等新闻传播工具的广泛传播,唤起人们对某一社会问题的注意,才能把舆论凝聚起来,影响人们的思想和行动。所以新闻界又被公认为"舆论界"。有的利益集团利用新闻传播工具放出某种"空气",以试探社会舆论的反应,这是对新闻工具舆论作用的进一步扩张。

在舆论的形成过程中,个体的态度起到决定性作用。无论是个体自发的态度,还是由于别人引导的态度,都是舆论形成的基础。因此,研究舆论必须先研究个体的态度。

3.2.2 公众的态度

态度的含义 态度是指个人对某一对象所持有的评价与行为倾向。态度的主体是个人,客体是某一对象,使主体与客体发生关系的媒体是实践活动。作为主体,存在着性别、年龄、文化、民族、经历、工作、职务、个性、价值观的差异,因此对同一客体会产生各种各样不同的态度。作为态度的客体是多方面的,其中有人、事、物、团体、制度及代表具体事物的观念等。同一人对各种不同的态度对象会有不同的态度,甚至同一人对同一态度对象在不同的时间内也会有不同的态度。作为主体与客体发生关系的媒体,其作用可以在劳动、学习、生活、交往等实践活动中表现出来。在这些过程中,主体不是被动地而是主动地与客体发生作用,通过自己的价值系统来衡量客体对自己有利与否,从而采取相应的行为倾向。

通常心理学家认为,态度包括认知、情感及行为倾向三个成分。

认知成分是指带有评价意义的叙述。构成认知的因素,除了各种具体的知识(包括对自然和社会的认识)以外,最主要的因素是人的信念和信仰,以及人在社会实践中获得的社会价值。比如,我们对一个事物或一种情境形成某种态度,包含我们对该事物的信仰,以及对该事物具有什么社会价值的认识。

情感成分是指个人对于态度对象的情感体验,如尊敬与轻视,同情与挑剔,喜欢与厌恶等。我们对一具体的态度对象,总会有好或不好的评价。好的评价产生喜欢的情感,不好的评价产生厌恶的情感。所以,态度反映一定的情感。情感成分是态度中的关键成分。

行为倾向成分是指个人对态度对象的反应倾向，即定势作用，又称为行为的准备状态。每一个态度都包含着一定的行为倾向，或者以比较赞成的态度发生行为，或者以比较不赞成的态度发生行为。

管理过程中人们对事物的态度的三种成分是相互协调一致的。

影响态度的因素　态度不是与生俱有的，而是在后天的生活环境中通过自身社会化的过程，包括学习、模仿、体验等逐渐形成的。态度的形成与一个人的社会化过程是一致的。

在人的社会化过程中，影响态度形成的因素主要有如下几点：

第一是欲望。实验证明，能够满足个人欲望的对象和帮助个人达到目标的对象，能使人产生满意的态度。相反，那些使欲望受到挫折和阻碍目标达到的对象，会使人产生厌恶的态度。这种过程实际上是一种交替学习的过程。

第二是知识。个体对对象态度的形成，受他所拥有的该对象的知识的影响。当然，外来知识必须与原来的态度进行某种调整后，才能发挥作用。经过协调的过程，个体要么改造原有的认知体系，要么创造或歪曲新的知识。

第三是群体观念。个体的许多态度，往往受所属群体，如家庭、学校、社会团体的影响。这是因为，个体对群体的认同感使个体接受群体的规范，个体与群体其他成员接受相似的知识，个体无形中受到群体压力的影响。

第四是个性特征。群体意识虽然会使其成员具有某种相似的态度，但是成员之间由于个性的不同，在态度的形成过程中仍然存在着个别差异。一般地说，具有独立性格的人，对待事物的态度往往具有独到的见解；具有顺从性格的人，对待事物的态度往往追随权威，容易接受他人的暗示和支配。一个性格外向的人往往认知敏感，喜欢交际，容易接受新事物；相反，一个性格内向的人，往往行为孤僻，反应迟钝，对新鲜事物往往持冷漠的态度。

第五是个体经验或经历。生活实践证明，很多态度是由于经验的积累和分化而慢慢形成的。有时也会出现只经过一次戏剧性的经验就构成了某种态度的情况。

态度是在个体生活中经过学习而逐渐形成的，态度与认知是不可分的。一方面，人们倾向于与自己一致的信念或价值观念；另一方面，由于态度具有稳定性，它一旦形成，便成为人们个性的一部分，影响整个行为，所以要改变态度，并不像一般的学习那么简单。

3.2.3　对公众态度的影响

在影响个体态度形成的诸要素中，有些是客观的，有些是主观的；有些是可变的，有些是不可变的。根据态度和态度改变理论，公共关系可以利用一切可能的手段，创造条件，综合运用各种方法，来对公众的态度施加影响。

国外许多心理学家通过多种实验研究，提出了许多有关态度和态度改变的理论。

学习理论 学习理论认为,态度是个体后天习得的。在态度的形成过程中,强化和模仿起了重要的作用。如果个体的某种态度得到了强化,受到了社会的赞许,那么这种态度就倾向于保持下来;反之,如果某种态度得不到社会赞许,受不到强化,就会消失。而人们的很多态度都是来自于对长辈、上级、同伴、名人等的模仿。榜样人物对某种事物持怎样的态度,人们就容易模仿他们的态度。

平衡理论 平衡理论是由心理学家海德(F. Heider)提出的。该理论认为,在人们的认知系统中存在着使某些情感或评价之间趋向于一致的压力。他认为我们的认知对象包括世界上各种人、事物和概念,这些对象有的各自分离,有的则互相联结起来,组合为一个整体而被我们所认知。海德把这种构成一体的两个对象的关系,称为单元关系,其关系可由类似、接近、相属而形成。人们对每种认知对象都有喜恶、赞成、反对的情感与评价,海德把此情感或评价称为感情关系。海德认为个体对单元中两个对象的态度一般是属于同一方向的。例如:一个人喜欢某 A,则对某 A 的穿着也感到很欣赏;一个人讨厌某 B,则觉得某 B 的朋友也不好。因此,当个体对单元的知觉与单元内两个对象的感情关系相调和时,其认知体系便呈现平衡状态;反之,当个体对单元的知觉与单元内两个对象的感情关系矛盾时,其认知体系便呈现不平衡状态。这种不平衡状态将引起个体心理紧张,产生不满意的情绪。平衡理论运用了"最小努力原则"来预计不平衡所产生的效应。也就是说,个体将尽可能少地改变情感关系以恢复平衡结构。因此,平衡理论说明,在一定情景中,有许多解决不一致的办法,它以简单的语言描述了认知一致性的概念,成为解释态度改变的重要理论之一。

和谐理论 与平衡理论有关的另一种理论是 20 世纪 50 年代出现的和谐理论。这个理论可以说是平衡理论的扩展,可以直接地应用于态度改变的情景。和谐理论的总原则认为,一致性原则支配所有人的思维。该理论认为,在一个基本态度改变的情景中有三种成分,每一种成分都与评价有关。这三种成分是:① 其他人。② 这个人所表示的态度。③ 他自己对所表示的意见的感情。和谐理论认为,这三种成分的三种评价之间有两个负号,就决定了和谐状态,不和谐就会产生某种压力而趋于一致,这与平衡理论是相似的。但是与平衡理论不同的是,和谐理论考虑到了每一评价的强度。例如,对于某一对象,可以有点喜欢,也可以非常喜欢,这就是情感评价的程度不同。和谐理论预计,每一成分改变量的大小,将与这一成分的相对强度成反比。强度越大,则改变越小。

认知失调理论 心理学家费斯廷格从另一角度研究了态度问题,他在 1957 年提出了认知失调理论。这里的"认知"包括人们的思维、态度和信念等。费斯廷格认为,一个人的两种认知元素之间的不一致,就是失调。认知失调主要有两种来源:一种来自决策行为,即当需要在多个有相似价值的方案中作出选择时;另一种来自与自己的态度相矛盾的行动。这种认知的不一致或者失调,对于态度的意义,在于产生某种力量,使人们逐渐改变自己的态度。他研究了认知比较过程,指出认知本身和认知的背景因素有密切的关系。

他把个人，个人的意见、信念，以及与认知有关的环境称为认知元素。以这些认知元素为基本单位，他将两个单位之间的关系分为协调、不协调、不相关三种。当个体发觉自己所持有的两种或两种以上认知元素相互矛盾时，便出现认知不协调，内心就有不愉快或紧张的感觉，因而产生一种驱使个体解除这种不协调状态的动机。解除或减轻失调状态的办法，费斯廷格认为有以下三种：① 改变某一认知元素，使其与其他元素间不协调的关系趋于协调。② 增加新的认知元素，加强协调关系的认知系统。③ 强调某一认知元素的重要性。费斯廷格的认知失调论和海德的平衡理论的基本假设是一致的。但是，费斯廷格强调个体通过自我调节达到认知平衡，而海德更着重于人际关系对认知平衡的影响。

参与改变理论　美国心理学家勒温在研究中发现，个体态度的改变同群体的规范和价值观密切相关。个体在群体中的活动性质能决定他的态度，也会改变他的态度。该理论认为，个人在群体中的活动可以分为主动型和被动型两大类。主动型的人主动地介入群体的活动，参与政策的制定，参与权力的实施，自觉遵守群体规范等。被动型的人被动地介入群体活动，服从权威，服从别人制定的政策，遵守群体规范等。对这两种类型的人进行的参与试验表明，主动参与群体活动的人的态度转变非常明显，速度也比较快；而被动参与群体活动的人的态度往往难以转变或变化不大。因此，个体态度的改变依赖于其参与群体活动的方式和程度。

沟通改变态度的理论　现代社会中，沟通的工具如报纸、杂志、电台、电视等，都直接或间接地影响人们的态度。许多心理学家认为，沟通对态度改变的影响，依赖于下列三个因素：① 沟通者。沟通者是信息的来源。早期哲学家亚里士多德认为有效的沟通者必须具备优良的情感意志和品德。要具有沟通者的能力、社交的风度、可信任性和个人的吸引力。② 沟通的过程和方式。不同的沟通方式对态度改变的作用有很大的差异。③ 沟通对象。接受者是否了解信息，其个性特征（如自尊心、灵活性和刻板性等）是否适合于接受这些信息。

3.3　公共关系的原则

组织要获得可持续发展，就必须与环境协调，而要做到这一点，组织必须遵循一些基本原则。

3.3.1　真实性原则

真实性原则是指组织的公共关系活动必须建立在组织良好行为和掌握事实的基础之

上,向公众如实传递有关组织的信息,同时向组织决策者如实传递有关公众的信息。

公共关系是建立信誉、塑造形象的艺术,但它又不是一种纯粹的艺术或宣传的艺术,而是以事实为依据的科学。公共关系不能"制造",只能"塑造"良好的形象,这种塑造所用的材料就是事实。所以说,真实是公共关系的基本原则,也是对公共关系人员的根本的道德要求,是公共关系的生命。隐瞒、歪曲、推诿是公共关系的大敌,坦诚、亲切、负责的态度是公共关系成功的要诀。

信息是组织决策的依据,是组织经营等活动有秩序进行的手段,是搞好组织管理的基础。正因为信息如此重要,所以失真的信息给组织带来的后果是不堪设想的。失真的信息会造成对组织真实形象的错误估量,会使组织目标决策走向歧途。

公共关系为组织树立信誉的大部分工作是信息传递工作。公共关系传递信息的首要原则是真实可信,绝对不能有任何虚假,如果公共关系传递的信息的真实性受到怀疑,那么公共关系工作就很难取得预期的效果,甚至会一败涂地。公共关系传递信息是双向的,即把组织外部信息向组织内部输入和把组织内部的信息向外部输出。

如实地输入外部的信息并不是一件容易的事。这里有思想方法问题,也有职业道德问题。信息不是外部现象的罗列。对组织有用的信息应是在实事求是地进行调查研究的基础上,对来自各方面的意见,加以整理分析,才是比较准确地反映实际情况的信息。因此在搜集和处理信息的过程中有个思想方法问题。反馈信息时,一定要有高度的责任感和事业心,公正而不主观。

公共关系如实地输入信息很重要,如实地输出信息更重要。真实与信誉相通,真实是取信于民的资本。真实性受到怀疑,组织的声誉将会受到严重的损害。中国有句话:"假作真时真亦假",说的就是这样的哲理。

宣传的真实性是公共关系的生命。在公共关系发展史上,巴纳姆愚弄公众的报道活动是很不光彩的。巴纳姆是作为反面典型而被载入公共关系史册的。艾维·李是第一个提出说真话的人,他认为一个组织要获得好的声誉,必须把真实情况告诉公众,即使真情暴露,对组织不利,也不能掩饰,而应调整组织的行为,公共关系是同说真话联系在一起的。从艾维·李提出说真话起,公共关系才真正成为一种科学和艺术。

坚持对外宣传的实事求是原则,要求在宣传中既做到真实、客观,又要全面、公正。不全面的宣传,也是一种不真实,全面就是既报喜也报忧。

真实性的宣传,还有个特别重要的问题,那就是当组织有过失时,要敢于承认缺点和不足,这是一个组织自信心的表现,也是取得公众谅解的基础。但在现实经济活动中,有些组织不愿老实承认错误,而是企图把过失掩盖起来,或找借口推托,或是隐瞒真相以图蒙混,这种方法实际上是最愚蠢的。千金买名,万金买誉,利润可创,信誉难得。组织要自尊自爱,遵循真实性的原则去赢得良好的声誉。任何组织的公共关系都要明白这个道理并刻意追求之。在优质产品和优良服务的基础上,辅以实事求是的公共关系,让人感到名实相符,组织的信誉就会很快树立起来。

3.3.2 平等互惠原则

社会组织在开展公共关系活动中,要注意信守平等互惠原则。平等互惠原则是指公关活动要兼顾组织与公众的双方利益,在平等的地位上使双方互利互惠。

公共关系活动必须遵守平等互惠的原则,不能单纯追求组织单方面的利益。只有在公众也同样受惠的前提下,才可能得到公众的支持和合作。事实上,任何一种良好的社会关系要得到维护和发展,都必须对双方有利。公共关系强调主体和客体的平等权利和义务,尊重双方的共同利益和各自独立的利益,谋求本组织利益与相关公众利益的平衡协调并促成组织运作与环境达成自动平衡。公共关系必须信守组织与自己的公众对象共同发展、平等相处、互利互惠、共存共荣的坚定信念。公共关系必须以公众为本,一个失去了公众的组织也就丧失了生存的环境。为了满足公众的合理需求,有时可能要求组织对眼前利益作出必要的"牺牲"。从长远来说,这是对组织生存环境的维护,属于组织的公共关系投资,是形象建设的要求。所以,组织在与公众交往沟通时,应从公众利益出发,真诚地对待公众,设身处地为公众着想,以公正平等的态度为人处世。

对工商企业来说,平等互惠是与物质利益紧密联系在一起的。现代公共关系是建立在商品经济基础上的。在商品经济中,商品生产经营者的主要目的之一是获取利润。为此就要生产、经营对他人有用的商品。商品生产者不能随心所欲地"赚钱",它要受等价交换原则的支配。建立在商品经济基础上的公共关系既有合作又有竞争;既有互助的道德人情的联系,又有讨价还价的交换关系,不讲互利是建立不起科学的公共关系的。在中国,企业与公众的关系,特别是企业与企业之间的关系是种互助合作的关系,但另一方面,企业又是相对独立的生产者和经营者,有相对独立的经济利益,企业之间存在着竞争的关系。企业与公众之间,特别是企业与企业之间的关系,也是要通过物质利益来维系的。不讲互利是建立不起社会主义的公共关系的。

平等互利,就是既讲"利己",又讲"利他"。公共关系并不是一味地讲"利他",也要讲"利己"(局部利益),但"利己"不是利己主义。公共关系是在不违反法律和道德的前提下,让别人先得益,最后对自己也有利。

平等互惠原则不能片面地理解为简单对等的原则,平等互惠原则的基点,就是要把公众利益作为首要因素来考虑,把能否满足公众利益作为衡量公关效果的重要尺度。任何组织都要对公众与社会负责。对公众负责,即对由组织行为引起的特殊社会群体负责;对社会负责,就是要为解决人们共同面临的社会问题而分担责任。这就要组织把自身的运行建立在满足公众利益的前提下,关心由组织行为引起的问题以及由此涉及的公众利益。满足公众利益和要求,关心社会问题,有时会牺牲组织的眼前利益,但从长远看,这是对组织生存环境的维护,是一种重要的战略性的公关投资。

3.3.3　整体一致原则

整体一致原则是指社会组织在开展公共关系活动时,要站在"社会"的高度,对由活动可能产生的对社会经济效益、社会生态效益及社会精神文明建设等几方面的影响综合起来统一考虑,使诸方面均符合公众的长期利益和根本利益。这种力求使诸因素效益一致的思想和做法我们称其为整体一致原则。

一个组织所从事的活动,对社会生产的影响是多方面的。以一个企业为例,企业在为社会提供产品和服务的同时,对社会的政治、文化、教育、道德和生态等方面也会产生积极或消极的影响。所以企业对生产经营活动要进行全面的权衡。不仅要从企业本身而且要从社会角度来评价其经济效益。如有的商业企业为了获取高额利润,竟然经销假冒伪劣商品,严重损害了消费者利益,虽然企业经济效益可观,但其社会效益是十分低下的。有的生产企业只顾生产,而对废气、废水、废渣的排放不认真处理,以致影响附近居民的生活,甚至影响厂区附近农作物的生长,污水污染了河流,造成了极大的社会危害。这些做法只考虑本企业的经济效益而对社会效益和生态效益造成了严重的不良后果,违反了公共关系的整体一致性原则,社会蒙受损失,最终企业也必将吞下自己酿成的苦果。

在社会文明不断发展的当今社会,越来越多的社会组织认识到坚持社会整体效益的重要性,主动贯彻整体一致思想,严格按整体一致原则办事,在社会上产生了积极影响。

整体一致原则包括以下内容:

第一,社会经济效益。一个社会组织要想生存和发展必须很好地为社会提供服务,并得到社会的信赖和支持。一个企业要生存和发展,为了确保其获得合理的利润就必须为社会提供产品与服务。没有为社会提供产品和服务,企业就不应该也不可能取得利润。没有取得利润,企业就不能继续为社会提供产品和服务,甚至连自身的生存也受到威胁。所以,任何一个企业都需要追求利润,讲求经济效益。既要讲自身的经济效益,更要讲社会经济效益。为此企业必须做到出色地完成任务,包括既完成企业的生产、经营任务,同时为国家提供资金积累。完成这两项任务就是为整体效益作贡献。就商业企业来说,为顾客提供品种齐全、质量优良的商品,这在多数企业都能做到,但在对顾客的服务方面,各企业之间的层次都不尽一致,有些商店服务项目多,急顾客之所急,除了传统的送货上门、登门维修以外,不断增加新的便民利民服务项目,深受顾客好评;而有些商店服务上没有创新,甚至连起码的柜台服务和售后服务都做不好,消费者投诉率居高不下。这就反映了不同企业之间在坚持整体一致原则方面存在着很大的差距。

企业提供税利是国家积累的主要来源,是扩大社会再生产的物质条件。企业要在努力提高经济效益的前提下,为国家多提供税利。但有些企业借口有自主权,钻国家政策的空子,至采取非法手段偷税漏税,通过向消费者转嫁负担和损害社会利益来增加企业的利润。这种盲目地追求企业短期经济利益,置社会整体利益于不顾的行为,同企业的社会主义性质是很不相称的。

从企业经济效益和社会经济效益的角度来考虑,企业的各种经济活动必须自觉地置于社会利益的控制和监督之下。在通常情况下,企业的经济效益与社会经济效益是一致的。但社会经济效益又不是简单地等于各企业的经济效益之和。有利于提高企业经济效益的行为,并不总是能提高整个社会的经济效益。当企业经济效益与社会经济效益发生矛盾时,应当服从大局,这是社会主义企业讲求经济效益的性质和特点。

第二,社会生态效益。企业的生存与发展与环境有着不可分割的关系,企业的良性运行离不开周围的良好环境。但企业在经营中如果不注意,就可能对周围的生态环境产生不良影响。如有的企业在生产过程中产生强烈噪音影响附近居民生活,有的商业企业为了招徕顾客把音箱放到店门口,每天不停地大声播放音乐或叫卖呼喊声,这些都属于环境污染,至于由于某些生产企业排放的废气或粉尘,使周围居民深受其害的事例更是时有发生,这既污染了环境,也破坏了生态平衡。所以企业在经营过程中,既要追求经济效益,又要充分考虑社会生态效益。

第三,社会精神文明建设。企业不仅是一个经济实体,而且还是个社会成员。它不仅为社会提供物质产品和服务而且还以它的经营作风、产品设计装潢、职工的精神面貌等对社会精神文明产生促进或者削弱甚至破坏的作用。所以企业的整体效益还要包括促进精神文明建设的内容。具体地说,企业生产什么产品、不生产什么产品,不仅要看能否给企业带来利润,而且要看是否有利于人民身心健康。

3.3.4 全员公关原则

全员公关原则是指一个组织公关工作的开展,不仅要依靠专职公关机构和公关人员的不懈努力,而且有赖于组织由各部门和全体员工的配合,要求组织的全体成员都注意树立公共关系观念,都要关注并参与公共关系工作,都要为公共关系工作作出贡献。

只有全员公关,才能建立和维持组织的良好的公关状态。

组织形象是通过组织所有人员的集体行为表现出来的,是组织内个人形象的总和。每一个成员与外界发生联系时,其个人形象直接体现组织的整体形象和风貌。因此组织的每位员工在对外交往时都必须注意自己的形象,从而维护甚至扩展组织的形象。

对组织负责和对公众负责是每个员工的神圣职责。

公共关系必须以公众利益为基准点,每个组织的成员在对本组织负责的同时,要对公众和社会负责。这一点对组织的全体成员,上至领导下至员工,概莫能外。决不能认为组织公共关系状态如何只是公关人员的事。没有组织各位员工的共同努力,公关宣传只是空中楼阁。因此,强烈的公关意识必须渗透到每位员工的思想之中。

全员公关原则的确立,也是由中国的社会主义性质决定的。

全员公关既是员工的责任和义务,也是员工应有的权力。公共关系作为一种管理职能,其责任是管理组织的无形资产——知名度和美誉度。全员公关是社会主义组织民主管理方式在公关这一特殊管理上的体现。

要贯彻全员公关原则,必须做到:

第一,全员公关必须体现在组织最高领导层的行为上。在公关中流传着一句话:"公共关系的动力来自上层。"公关要获得真正动力和效果,必须得到最高领导层的支持。因为公关活动作为一种管理活动,渗透于组织工作的各个环节,必须从全局和战略角度加以协调管理。没有领导层的关心和支持,公关活动就难以成功。

组织最高领导层必须采取有力措施和行动支持公关工作,包括由最高领导层成员亲自指挥公关工作,经常督促、检查公关机构和人员工作情况,从制定组织政策、方针、计划及其贯彻实施充分考虑公关因素,把组织目标与公关工作联系起来。

第二,全员公关必须依靠全体组织成员的配合。建树组织形象,依靠全体员工的工作和努力。全体员工的工作都必须与公关工作相结合,团结协作,自觉代表组织向外界传播宣传组织形象,并注意收集有关本组织的信息,提供给公关部门,以自己的实际行动关心、支持、配合公关工作。

第三,全员公关要求组织的公关工作具有整体协调性。要使组织全体成员形成合力推动公关工作,就必须使公关工作本身具有整体协调性。要用系统的观点来安排组织的公关活动,把公关作为一个系统,尽可能地提高公关系统的功能,既要改善单个要素,更要改善整个公关系统的结构,以产生整体效应。

公关整体协调性要求公关机构内部人、财、物的最佳组合,公关机构与其他人员的严密配合,协同一致。

第四,全员公关要求在组织内部形成浓厚的公共关系观念。要使组织的全体成员懂得组织形象是组织的无形资产,良好的组织形象能使一个组织的资产增值,恶劣的组织形象会导致一个组织有形资产的贬值。在组织内部培植浓厚的公共关系观念是全员公关的基础。

 **小 结**

没有理论指导的科学不称其为科学,公共关系学只有在自己的理论指导下才能健康发展。作为一门交叉学科,公共关系学的理论涵盖了管理学、传播学两大学科,以行为科学和舆论学为自己的理论基础。为了更好地开展公共关系,有必要遵循一些基本准则,这就是真实性原则、平等互惠原则、整体一致原则和全员公关原则。

美国公共关系理论研究脉络初探（节选）

作为现代公共关系起源地，美国在公共关系的研究方面走在了世界的前列。多年来，不同的学者和具有理性思考的公关从业人员为丰富公共关系理论作出了重要的贡献。从对公共关系定义的界定和对公共关系在组织中作用的理解上，可以把当前美国的公关学者及其所代表的理论分为不同的类别。这一点，从哈罗1976年的定义即可看出一斑。哈罗在查阅了所有的公关著作、期刊和公关界的知名人士所提供的472个定义后，总结出一个可谓是"无所不包"的定义："公共关系是一项与众不同的管理职能，它帮助建立和维持组织与其公众之间的沟通、理解、认可与合作的纽带；涉及对有关问题或议题的管理；帮助领导层保持对公众舆论的了解及作出适当反应；界定并强调领导层对公众利益所负的责任；帮助领导层适应并有效地利用变革，发挥出预警的职能以助于预测发展趋势；以前期调研和有效的、符合职业规范的沟通为其主要手段。"

从上述定义对公共关系的界定，我们可以看出美国公关理论界在进行理论探讨的过程中，都毫无例外地认为"管理"是公共关系最重要、最核心的职能。事实也正是如此，美国公共关系最初的出现就是组织领导层在意识到来自外部或内部压力的情况下，从组织管理的高度来处理各项公众事务的结果。但是，在"管理"的大框架下，不同的学者和从业者从各自的侧重点提出了"关系说"、"咨询参谋说"、"沟通（传播）说"等不同观点。有"美国公关教材的圣经"之称的《有效公共关系》可谓是"关系说"的代表，其作者卡特里普和森特在新近的版本中认为，"公共关系是建立和维持一个组织与决定其成败的公众之间互利关系的一种管理职能"。

关于"咨询参谋说"，则是另一个很有代表性的公关理念，它代表了相当一部分业内人士对公关的看法。美国公共关系的奠基人之一、曾经担任美国电话电报公司副总裁的阿瑟·佩奇在谈到企业公共关系时就指出，公关人员要作顾问，作参谋，而并非去做传播。1978年世界第一届公共关系大会所确定的墨西哥声明更把"向组织的领导人提供咨询"作为公共关系的重要职能。美国大多专业公司在其名称上也往往要加上"顾问或咨询（consulting）"一词，也正反映了这一观点在实践中的广泛性。近年在美国逐渐流行的"议题管理"和"危机管理"从本质上讲都可以看作是此观点的变种。

而"沟通（传播）说"则是当今美国公关界最为流行的一种观点。美国公关协会（PRSA）所提出的公关概念则在一定程度上代表了"沟通（传播）说"，在其所界定的14项公关活动中，有8项都与沟通有关，其中包括宣扬（publicity）、传播、新闻代理、媒介关系和宣传(propaganda)等。许多学者在谈到公共关系时提到最多的也就是其沟通职能，即一个组织与其内、外公众的沟通问题。格鲁尼格教授则用"组织跨界者"(boundary spinner)这一概念形象地表明公共关系在一个组织中所发挥的沟通(传播)职能。

黄懿慧博士在探讨美国公共关系的理论流派时，认为有3个典型的派别，即管理学派、语艺修辞学派(Rhetorical Perspective)和整合营销传播学派。这3个派别是在20世纪90年代逐渐形成的，它们分别以当今美国公共关系理论和实务界有着举足轻重地位的三部著作为代表。第一部是以马里兰大学格鲁尼格为首的"优效研究小组"于1992年完成的《优效公共关系与传播管理》；第二部是塞雷克斯(Syracuse)大学的托斯(Elizabeth L. Toth)和休斯敦大学的希斯(Robert L. Heath)合编于1992年出版的《语艺修辞与批判视角中的公共关系》；第三部是西北大学舒尔茨(Don E. Schultz)等人于1993年出版的《整合营销传播》。

从名称上可以看出，这三大学派在理论取向上存在很大的区别。格鲁尼格领导的6人小组，从实证角度提出公共关系是针对一个组织与其公众间沟通(传播)的一种管理，在一定程度上解决了公关学科诸多悬而未决的议题，从而奠定了其在美国公关学术界的权威地位，成为美国新闻及大众传播教育协会(AEJMC)最高奖最年轻的受奖人。

托斯与希斯的"语艺修辞学派"则是受近年来在西方兴起的传播学研究朝修辞学转向的影响。它的最初起源可以追溯到古希腊亚里士多德的修辞学研究。该派理论认为，公共关系是一个组织话语的"修辞者"，口号、标语、宣传、公共演说等所有与符号生产有关的业务都是公关人员的职责，组织形象和声誉管理更是公关工作的重中之重。总之，在这种理论指导下，公关从业人员是代表客户出现在公众舆论"法庭"上的"律师"形象。

舒尔茨的"整合营销传播学派"主张，公关业务主要是处理一个组织产品或服务的"营销推广"问题，其目的是增加产品销售、服务使用，以及维持或加强消费者的品牌忠诚度。至于其产生则有相关的历史和行业背景。1991年美国新闻与传播教育协会成立"整合传播工作小组"研究相关的发展与教育问题，1993年形成的研究报告指出，现行的传播学院应向"整合传播"的方向发展，后来此举遭到美国公共关系协会的严厉反对。另一方面，从公共关系产生的那天起，由于它与广告和营销所存在的天然联系，造成了一个公共关系自身的"身份认同"(Identity)问题。多年来，关于公关与营销和广告在组织管理中孰主孰仆一直是一个在学界和业界引起同样争论的问题。只是到近年来，人们才逐步认识到公共关系能在一个组织的管理中发挥出更具基础性、长期性的职能，并且对广告和营销具有辅佐性的帮助。

[资料来源：卫五名.国际关系学院学报,2002(3).]

 复习题

1. 公共关系的理论基础包括哪些学科?
2. 行为科学为公共关系学提供了什么理论支撑?
3. 社会传播学为公共关系学作出了什么贡献?
4. 公共关系应坚持哪些原则?

第四章 公共关系的过程

学习目的

学完本章,你应该能够:

1. 掌握公共关系四步工作法的内容及其相互关系;
2. 掌握界定公共关系问题的方法,熟悉公共关系调查的内容;
3. 掌握公共关系方案的制订内容和程序,能根据组织情况制订具体的活动方案;
4. 懂得如何有效实施公共关系方案,掌握公共关系效果评估的内容和方法。

蒙牛乳业的成功公关

来自内蒙古的蒙牛乳业,2005年准备主攻新产品酸酸乳的销售。公司请来公关行销高手孙隽担任市场总监。

面对挑战,孙隽并未急于构思方案,他首先买来市场上所有乳制品进行研究,接着分析对手和相关企业情况。经过调研,问题终于理清。

然后,他开始策划,找寻最佳的切入点。经再三比较,他注意到湖南卫视"超级女声"节目,就以1 400万元买下了独家赞助权。孙隽用一个粉红系色调、一首招牌主打歌《酸酸甜甜就是我》、一句广告词"酸酸甜甜就是我"、一位代言人张含韵这"四个一"来贯穿该节目,借此来固定品牌宣传基础。在实施过程中,孙隽采取全国参与制度,并通过电台、报纸、网络、传单DM,整体包装赛事信息,花费近亿元资金配合宣传。结果,几场赛事后,"超级女声"收视率高达90%,将近4亿人收看节目。

蒙牛"酸酸乳"销售额从上年的7亿元上升到23亿元! 这场结合手机短信、互联网的超级华丽公关行销手法,捧出了数名敢秀、积极表现自我的年轻女明星,更确立了湖南卫视在全国的先驱地位;最大的赢家——蒙牛,更攀上了乳制品市场的龙头宝座。

蒙牛"酸酸乳"的成功,正是公关营销的成功。从案例中可以清晰地看到公共关系工作的四个步骤:界定问题、制订方案、采取行动和评估检测。

(资料来源:http://hi.baidu.com/wzhjk/blog/item/e9c426a8f9c
4b4b2cb130ca7.html.有删改。)

4.1 界 定 问 题

4.1.1 界定的内容与范围

要用具体可测量的词汇来描述一个问题,大部分会包括以下的内容:

什么是问题的来源?

何处出了问题?

何时成为问题的?

何人被卷入问题之中?

为何它成为该组织及其公众关心的问题?

公共关系作为一门管理艺术,在界定问题的过程中所包含的范围相当广泛,大致可以分为以下几个方面:

组织基本情况的界定 任何组织公共关系活动的开展都不能脱离社会组织的实际情况,因而也都离不开对组织自身基本情况的掌握。它包括组织总体情况,如组织的性质、任务、类型、管理体制等;组织经营情况,如组织的发展目标、经营方针、组织为社会提供的产品和服务及其特色等;组织文化情况,如组织信念、组织精神、组织的道德规范和文化传统等;组织员工关系情况,如员工基本情况、员工人际关系情况等。

组织形象的界定 组织形象是组织内外公众对组织的整体印象和评价,也是组织的表现和特征在公众心目中的反映。因此,组织形象可以通过知名度和美誉度两项指标界定。

知名度表示社会公众对一个组织知晓和了解的程度,即公众是否熟知、一般了解和根本就不知道任何有关组织的情况。它的表达方式为：

$$知名度＝知晓人数/调查人数×100\%$$

美誉度表示社会公众对一个组织的好感和赞美的程度。有高的知名度不一定就有高的美誉度。有的组织十分知名，但臭名远扬，其知名度越大，组织形象就越差，所以任何社会组织都应该在提高美誉度上下工夫。它的表达方式为：

$$美誉度＝赞美人数/知晓人数×100\%$$

此外，有的学者对组织形象用了第三个指标来衡量，即和谐度。他们认为，和谐度是衡量社会组织与目标公众关系现状的一个重要指标，它是对组织知名度和美誉度在较高程度上的概括，能够比较综合地反映社会组织与公众关系的互动。[1]

公众情况的界定　公众情况的界定包括组织内部公众和组织外部公众情况两个部分。内部公众的情况包含在组织基本情况中，这里主要是指组织外部公众。通过分析公众的权利和要求，并将其与本组织的目标和利益进行权衡、比较，区分不同类型的公众，了解和明确公共关系工作的对象，有针对性地开展公共关系工作，从而提高公共关系工作的效率。

它包括收集四个方面的资料：背景资料，如年龄、性别、职业、收入、文化程度、家庭情况等。知晓度资料，即公众对组织某一问题、事件、产品是否知晓，知晓的程度如何。态度资料，在公众知晓组织后，对组织的宗旨、管理水平、产品和服务所持有的态度和评价。公众态度在表现形式上看可以分为赞成、不赞成、中立、敌意四种态度。此外，还需要了解这四部分公众的人数、态度以及变化趋势。行为资料，指公众对组织某个问题、某一件事反响一致，并且正在或已经采取相应的行动。要了解公众行动的根本原因以及这些行动在社会上的影响如何。

组织社会环境的界定　界定与组织有关的社会环境，是为了找出影响组织发展的主要原因，预测其变化规律，为组织的发展决策提供依据。它包括：① 政治经济环境，尤其是各种方针政策、法规、国家宏观经济的发展，社会需求变化，社会热点问题，这一切对组织经营管理、制订公关关系目标及措施有着很大的影响；② 人文环境，它包括一个国家和地区的人口结构、家庭状况、文化教育水平、文化习俗等因素，其中最主要的是文化习俗方面，如民族特点、区域文化、宗教信仰及禁忌等；③ 具体市场环境，它是由与组织公关活动相关联的市场因素组成的，包括有市场需求状况、消费者状况、市场竞争状况等。

在本章的案例中，原蒙牛市场总监孙隽注意到，近年来中国企业最爱与电视媒体结合，经常买下重要的节目时段广告，狂轰猛炸，任何一出连续剧播映时，下方总有一块浮动

---

① 李祚，张东.公共关系学.北京：中国劳动社会保障出版社，2007.

广告。再不然,就是以"冠名"方式独家赞助。

当然孙隽不会走传统路线,要做就要做创新的。他注意到湖南卫视已经播映一年,成绩平平的"超级女声"节目,收视群简单明了地对准14到18岁的青少年。

孙隽彻底运用高露洁的行销战术,固定品牌宣传基础,"别忘了,该节目跟目标消费群也是一致的。"就这样一个既固定又清新的形象,开始深入民间。

孙隽之后接受媒体采访时说:"市场人都忽略了,中国近年有申办奥运会、世界杯等大活动,所以观众都很集中;再者,电视台好几年都没有万人空巷的好节目,电视观众至为饥渴。最后一点也很关键,去年中国没有大灾难,无论是SARS(严重急性呼吸道症候群)、地震都没有发生。所以老百姓目光很容易集中在一个焦点上,我们开玩笑地说,是这个舞台空出来了。"

(资料来源:作者根据有关资料编写。)

4.1.2 问题界定的方法

在公共关系中用于界定问题的方法多种多样,可以根据实际需要选择适当的方法,可分为正式方法和非正式方法两类。

非正式方法是指在界定问题的过程中,公共关系人员经常随意地、非正式地征询、了解社会公众的意见和要求,初步揭示和确定组织存在的公共关系问题和线索的一类调查方法。它可以看作是发现问题、预测战略规划的好方法。即使是科技高度发达的社会非正式的方法在公共关系研究中仍然占据着重要的地位。例如,抽样调查的结果究竟能在多大程度上代表所有人的意见呢?结果可能是只代表了那些发出了声音的少数人的见解,而不是多数人的意见。

常见的几种非正式方法有:

人际交往法 在各种类型、各种环境中的人群之间自由往来,是发现问题和预测未来趋势的最佳方法。很长时间以来,政治家们一直在这么做。而预测公众的意见、观点和态度的能力,一直是并将永远是公共关系人员的主要素质。

譬如,当管理层要求针对滥用药物发动全体员工进行调查的时候,一位公司的从业人员乔装成病人来到一家药物医疗中心,经过与主治医生和其他病人接触,花了三天才得到关于药物及其使用方法和雇员对医疗效果的第一手知识。还有的人坐着轮椅去体验,在所设计的设施中喝咖啡、使用浴室,或者完成其他任务,以了解设计方案的可行性。而这种来自个人人际交往的意见反馈应该以多种方式得到鼓励、扩展和引申。例如,校园领导接待日,校领导定期向广大师生职工开放其办公室,师生有机会跟校长谈话,不仅使得校领导充分了解民情民意,而且广大师生也能更理解学校的方针、政策,达到更加和谐的状态。

此外,许多公共关系人员会经常请教有影响力的人物,如专家学者、新闻工作者、政界代表、权威人士等,有的人还请教过路人、出租汽车司机。这主要是基于被请教者对某些问题的了解和他们能够代表别人观点的能力。通过这种人际交往能获得所需要的重要信息，尤其是采用一种开放式的有深度的访谈形式效果更好。

实地观察法 实地观察是指公共关系人员在自然条件下有目的、有计划、有重点地借助于自己的感官或各种测量仪器观察和研究他人的言行表现，并把得出的结果按照一定的次序作系统记录、分析和整理，写出报告的研究方法。它可以分为参与观察和非参与观察两种。参与观察是观察者与被观察者一起活动，从活动过程中了解对方的有关信息。例如到超级市场与员工一起工作，体验员工的工作性质，了解员工的工作态度，观察顾客的消费习惯和消费要求。非参与观察是观察者作为旁观者，以了解被观察者的思想和言行，这种方式往往比较冷静，结论也较为客观、公正。上述两种观察法都能体验到观察对象的具体感受，了解到的信息自然、真实，但不足的地方是观察到的信息较为肤浅、表面化，而且掌握到的情况带有一定的偶然性。同时，因观察者自身的经验和阅历各不相同，对同一问题也会产生不同的结论。

因此，运用实地观察法进行观察时，应注意以下问题：① 应选择典型的公众对象和环境作为观察的重点，而且要注意选择观察的最佳时间和场合。② 在观察中遵循客观、全面和系统的原则，对公众要进行不同侧面、不同角度、不同层次的全方位观察，而且要进行持续、深入和系统的观察，对观察的客观事实要如实加以反映。③ 在观察时，要统一设计和制作观察的记录工具，认真做好观察记录，并努力避免观察活动对公众的影响。

来信、来电和来访分析法 来信、来电和来访分析是指组织的公共关系人员通过对公众来信、来电和来访等形式反映的意见、建议或情况进行分析以收集资料的一种界定问题的方法。因此，需要组织建立和完善来信来访制度和设立热线电话。其中，在采用来信、来电和来访分析方法收集资料时，应注意以下问题：① 高度重视。对待来信、来电和来访的工作必须予以重视，应确定或设置相关部门，并由专人负责。② 认真对待。对来信应及时拆封，详细阅读，对来电和来访要热情接待，准确记录，编号登记并且要认真分析所反映的意见、建议或投诉的内容。③ 妥善处理。根据来信、来电和来访者的意见、建议或投诉的内容和性质，迅速向有关部门和领导反映，并协助制定处理问题的方法和措施。④ 及时答复。有关问题的处理意见应及时通过信件或电话进行回复，对重要的来信、来电和来访要重点访问，进一步征询意见。

媒介内容分析法 媒介内容分析法是指社会组织的公共关系人员对新闻媒介传播的内容进行客观、系统和定量的描述和分析的一种界定问题的方法。该方法必须把握客观、系统和定量的原则。所谓客观即公共关系人员必须排除个人偏好，用社会共同的价值观念来分析判断媒介的内容。系统是指公共关系人员按照一个统一的计划对所有的材料进行整体分析。定量是指公共关系人员根据需要利用绝对数、平均数、百分比和相关系数等数量概念来表达分析结果。

对媒介传播信息内容的分析，应包括对新闻媒介传播信息的数量分析和对新闻媒介传播信息的质量分析两个方面。数量分析主要包括一定时期内：① 新闻媒介报道本组织的总次数。包括见报、广播和上镜的总次数。② 新闻媒介报道本组织的篇幅和时间。包括报刊报道字数和广播、电视报道的分时数。③ 报道本组织的各类新闻媒介的总数量和涵盖面。包括新闻媒介的种类、数量和发行量。质量分析主要包括一定时期内：① 报道本组织新闻媒介的层次和影响。包括新闻媒介的级别、读者面及读者层等。② 新闻媒介报道本组织的态度以及方法和技巧。包括对本组织是正面报道还是反面报道、全面报道还是摘要报道、重点报道还是一般性报道、刊登在重要版面还是次要版面等。③ 新闻媒介报道的时机。包括有关本组织新闻报道的及时性和适时性、有关本组织的报道与舆论主题的关系等。

运用正式的和非正式的方法，其目的都是为了收集准确而有用的信息。运用正式方法的目的是通过具有科学代表性的样本来收集资料。正式方法能够准确回答非正式方法不能充分回答的问题。常见的正式方法有以下几种。

文献研究法　文献研究法指公共关系人员根据一定的目的和要求，通过对现有文献的收集来获得公共关系资料，进行全面深入的分析研究的方法。文献资料的来源包括图书、期刊、报纸、新闻、图片、研究报告、正式出版物、统计资料、文书档案、会议文献等以文字、图像、符号、视频等为主要记录手段的一切知识载体。其步骤如下：① 收集资料。查阅有关的年鉴、书籍、期刊有助于公共关系人员了解国内外重大事件，以及各行各业的发展情况和最新成就。订阅报刊，可以从中收集国内外动态、国家政策资料等。② 建立文献分类检索系统。公共关系资料按照其资料背景、政策法律、经济情况、竞争对手情况、公众意见、传播情况等项目进行分类后，再对其进行编码，即用一组代码来反映公共关系资料的主要特征。代码可以是数字、文字或特别规定的符号组成。公共关系资料通过分类编码后，通过检索就可以从档案资料中迅速地查找到所需要的资料。③ 分析资料。检索出所需要的公共关系资料后，就可以开始对资料进行全面深入的分析，从而了解公共关系的现状和存在的问题。④ 保存资料。公共关系资料经过收集、整理、分析后，为了能够长期保存、查找方便、使用便利，将其按照一定的规则和方法进行存放。它一般包括剪贴、装订、登记、编目、归档等工序。

抽样调查法　抽样调查法是指公共关系人员借助于一定的抽样方法，从调查对象总体中抽取一部分单位作为样本进行调查，并以从样本那里获得的信息资料来推论调查总体一般状况的公共关系调查方法。抽样调查的目的是通过许多"点"的情况来概括总体"面"的情况。它主要有三种形式：① 简单随机抽样。指对所选的样本，完全排除任何有目的的选择，而是采取纯粹偶然的方法从总体中取得，保证总体中各个个体都有同等被抽中的机会。常用的有抽签法、随机号码表法抽取所需要的样本数量。这种方法适用于所有个体差别不大的总体。② 分层抽样。就是先按调查总体中不同属性或特征将总体所有单位分成若干层次，然后在各层中按照一定比例随机抽取样本，并按总体的特征控制样本配额。在各层中按照一定比例抽样有两种情况：一是等比例分层抽样，即按照所有样本数量占总体数量的比例，分别抽取各个层次的样本单位。二是不等比例分层抽样，即不按照所有样本数量占总体数量的比例分配各个层次的样本单位，而是根据各个层次的特征差异数的大小或抽取样本费用的多少来调整各层的样本数。该方法可以增强样本的代表性，避免简单随机抽样的样本过于集中于某一个层次的缺点，适用于总体比较复杂的情况。③ 整群抽样。是指按照某种特征构成总体的若干个体作为一群，从而把总体分成若干群，然后用这些群体作为抽样单位进行随机抽样，并对该群体进行普查的方法。该方法要求各群体具有同质性而每一个群体内部的个体又具有差异性。由于样本集中，便于调查工作的开展，并可以节省调查时间、人力和经费。但样本无法精确控制，代表性减少，而使调查准确度有所降低。

此外，根据调查目的和调查对象的特点，还可以运用全面普查、典型调查、重点调查等方法。

4.1.3　分析与归纳

通过各种方法，组织掌握了大量的公共关系情报资料，它们往往是杂乱无章的，某些资料也可能是片面的、不真实的。公共关系人员必须对这些资料进行认真的整理、分析，从中确定组织存在的主要问题，为制订公共关系方案，确定公共关系目标提供有价值的情报资料。

通过发现组织存在的主要问题后，还要结合组织实际情况确认要解决的问题。由于组织公共关系存在问题的重要性和紧迫程度有所不同，就需要对问题给予科学的分析，以便确定公共关系活动的主要目标。

问题的提出　在提出公共关系问题的时候，应注意把局部的情况同整个系统联系起来，全方位地加以考察，力求从组织总体战略目标上，深入理解和把握问题的症结。公共关系人员在提出问题时，应以公共关系情报资料和分析结果为依据，应用科学方法，透过表面现象，把握问题的实质。这样才能准确地提出问题，为制订科学可行的公共关系计划打下基础。

问题的确认　在确认公共关系问题时，必须有明确的观点，即以公共利益为导向，实事求是地看待问题和确认问题。这样，就能找到正确处理问题的方式，正确地澄清问题，防止把公共关系工作引入歧途。同时，为了正确地确认问题，还应使自己观察问题的观点跟上时代的步伐，随时掌握公众的兴趣和价值观念的变化，使公共关系计划能够符合时代的要求。

问题的排序　问题的排序有两种基本方法。一种是按问题的紧迫程度，把那些需要立即处理的问题排在前面，而把那些可以在稍后一段时间内解决的问题排在后面位置。另一种是按问题的重要程度排列，重大问题排在前面，次要问题排在后面。有时这两种方法排出的次序大体相仿，因为许多最重要的问题往往也是急需解决的问题。但有时也会出现不一致,最重要的问题可能不是急迫需要解决的,这时,就应按问题的紧迫程度排列,那些重要的但不是急需解决的问题待以后解决。

4.2　制订方案

本章开头的案例中,湖南卫视与国内乳业巨头——蒙牛乳业集团在长沙联合宣布共同打造"2005 快乐中国蒙牛酸酸乳超级女声"年度赛事活动,随后,"超级女声"迅速席卷全国,蒙牛酸酸乳的销售也一路上涨。整个营销事件堪称近年来商业运营和媒体炒作最完美的一次结合。中国市场上传统的公关策略,往往局限于单个事件的短暂炒作甚至是简短的宣传,"蒙牛酸酸乳超级女声"显然是一次完整的以公关为源点的整合传播,带给我们的启示是:有意栽花花灿烂,无心插柳柳色淡。公关活动不仅仅是借机"沾光一把"的投机行为,系统规划、认真操作和全心投入才能真正出彩!

过去很多企业找代言人或冠名赞助某个活动,总想着单纯地借哪个人或活动自身的影响力去推广自己的产品,总等着那个人、活动自身去发展、提升影响力,总算计着她或他或它带给我什么,而不是"你带我、我推你、大家好"的心态。蒙牛在"超女"相关的推广上,除冠名本身的 1 400 万元外,还在带有超女形象的产品包装、卖场活动以及各种形式路演、户外平面电视广告上花了近 8 000 万元。以至于有人说是蒙牛提升了超女。但蒙牛的看法更客观:我们共同创造了神话。做任何事情,企业的最终目标是盈利,因此,公关事件行销必然是为销售服务,为利润服务。这就要求及时地将公关投入最大化转化为销售力。这个转化,蒙牛显然做得淋漓尽致。终端展示、包装设计、互动参与等,超级女声除了全面强化了酸酸乳的个性特征,更是成为最大的促销员。

(资料来源:作者根据有关资料编写。)

一旦公共关系问题通过研究和分析得到了界定,公共关系人员就应该为处理这个问题制订计划和确定方案。该过程回答这样的问题:"我们依据什么基础了解形势,我们应该改变什么,或者做些什么,说些什么?"即为了处理一个问题,对于应该做些什么、按什么顺序去做等,作出基本的战略决策。制订一个完整的公共关系方案通常包括确定目标、设计主题、分析公众、编制预算、选择论证等内容。

4.2.1　确定目标

确定公共关系活动的目标是制订公共关系方案的前提。没有目标,公共关系方案也就无从谈起。公共关系目标就是公共关系行为期望达到的成果,实际上就是社会组织通过公共关系活动所要达到的形象状态和标准。它是指导和协调公共关系工作的依据，又是评估公共关系方案实施效果的标准。

组织公共关系活动的目标总是与组织的总目标、总任务联系在一起的，是一个复合的目标系统，其内容包括：① 扩大组织的知名度、美誉度以及和谐度。② 保持组织与公众的沟通，并完善其沟通渠道。③ 根据组织环境的变化，及时调整组织的行动。④ 妥善处理公共关系活动中的纠纷，化险为夷。⑤ 帮助组织提高产品及服务的市场占有率等。

在确定组织公共关系目标时，应遵守以下原则：

一致性　公共关系活动是组织整体活动的组成部分，它要为组织整体目标服务。因此，公共关系活动的目标应当与组织的整体目标相一致。公共关系人员在确定组织公共关系目标时应当作通盘考虑，使公共关系活动不仅有利于组织公共关系目标的实现，又有助于建立组织的整体形象。

具体性　具体性是指公共关系目标应当有确定的明确的内容和要求，并且尽量用数量方式表达出来，对目标尽可能分解为更具体的小目标，并指明完成的时间，以便衡量公共关系工作的效果。

可行性　可行性要求在确定目标时，既要考虑需要，又要考虑执行计划的可能，还要考虑组织的资源和环境条件。即所确定的目标应符合当时的内外部条件，既不能太高，也不能太低，应该是通过能力可以达到的。同时，这个目标要有一定的弹性，要留有充分的余地，以备条件变化时能够灵活调整。

紧急性　公共关系目标必须分轻重缓急，按重要程度和执行的先后顺序排列。按时间的紧迫程度，把目标区分为迫切目标、近期目标、长远目标，以便按照轻重缓急分别实施。

相容性　在确定公共关系活动目标时，不仅应与公共关系总目标、组织的整体目标相一致，还要注意当前的公共关系目标应该是过去目标成果的延续，是未来公共关系目标实现的前提和基础。

4.2.2　设计主题

公共关系主题是公共关系活动中联结所有项目、统帅整个活动的思想纽带和思想核心。也就是说，公共关系主题是公共关系目标的集中体现，是对公共关系活动内容的高度概括，在公共关系活动中起到提纲挈领的作用。公共关系主题设计是否具有创意、富于感染力和号召力，关系到公共关系活动的成败。

公共关系主题的表现形式是多种多样的，它可以是一个口号，也可以是一句陈述。但无论主题的表现形式如何，它必须具有统率整个活动的功能和清楚明了、简单易记的特点。设计一个好的主题需要注意以下几点：

第一，公共关系活动的主题必须与公共关系目标相一致，并能充分表现目标，一句话点出活动的目的，使公共关系目标在公共关系主题中得到进一步的升华。

第二，表述公共关系活动主题的信息要有鲜明的个性，要突出本次活动的特色。主题不同于目标，目标只需要企业自身明确，而主题却需要公众知晓、认同。因此，主题要有新意，词句要能打动人，要具有强烈的感召力和吸引力。

第三，公共关系活动主题设计要适应公众的心理需要，符合公众的心理规律，主题形式要富有激情并使人感到亲切，能够引起公众的强烈共鸣，从而使公众对公共关系活动本身产生强烈的认同感。

例如，在本章案例中，湖南卫视举办的"超级女声"这一赛事活动，以"想唱就唱"为活动主题，比赛不论年龄、不问地域、不拘外貌、不限身份想唱就唱的做法，打破了精英特权，宣扬一种自我张扬意识。除了早期的春节联欢晚会，还没有哪一个电视节目会像"超级女声"这样，让那么多的中国家庭的电视机同时集中到一个电视台，让那么多媒体跟踪报道，成为全国城乡那么多百姓时尚的街头巷尾议论的话题。而蒙牛酸酸乳在这一赛事活动中的一句广告词"酸酸甜甜就是我"，也可谓是家喻户晓。

4.2.3　分析公众

任何组织都有其特定的公众，公共关系活动更应该是针对特定的对象，即目标公众开展。只有明确了目标公众，才有可能明确公共关系活动的工作重点。选定实施公共关系方案的具体公共关系人员，选择恰当的传播媒介和传播方式，才能对特定的公众进行卓有成效的传播。

分析公众主要是指分析目标公众的权利和要求，并将其与本组织的目标和利益进行权衡、比较，以便制订正确可行的公共关系计划。分析研究目标公众的权利和要求时应注意以下几点。

第一，注意组织利益与目标公众利益的协调与平衡。公众是因共同利益而联系在一起的许多个人或组织机构形成的群体。他们的共同利益受到组织政策或行动的影响，他们的行为与观点也影响着组织的形象和声誉。因此，公共关系活动要求公众与组织互利互惠，既要满足公众的期望和要求，又要兼顾组织自身的利益。

第二，注意区别对待目标公众的权利和要求。各类不同公众的权利和要求各不相同，甚至互相矛盾，应选择那些与本组织信念和发展利益相同或相近、其利益与组织的生存发展密切相关的个人或集团，作为公共关系的重点对象。同时，也要兼顾其他公众的权利和要求。

第三，注意了解目标公众的特殊要求。因为不同的目标公众总是从各自的特殊视角，来观察组织的形象。因此，在进行公共关系活动时，必须确定本组织的主要关系对象及其特殊要求来制订公共关系的特定目标。

例如，蒙牛集团董事长牛根生在思考"牛奶饮料为什么不可以是一个时尚饮品，就像可口可乐一样为年轻人在日常生活中喜爱和饮用"这一问题时认识到：思路决定出路，把目光从餐桌移开,也许可以找到答案。湖南卫视举办的"超级女声"其实就是"超级女生",其对象都是"年轻人"这个时尚一族。而蒙牛要将牛奶饮料变为时尚饮品,必须适应年轻人对时尚疯狂追求的时势。蒙牛邀请第一届超女季军张含韵为酸酸乳产品的形象代言人,并为其量身定做广告曲《酸酸甜甜就是我》出现在电视广告、广播以及一线二线城市的灯箱和路牌上;蒙牛的一切活动,如产品包装、海报、电视广告、网络广告、广播广告都与"超女"挂钩。根据当年6月份某营销咨询公司的调研组在上海的调查数据,蒙牛"酸酸乳"已经成为"酸性乳饮料"的消费者第一提及品牌,在10～25岁女性的目标公众之中,酸酸乳的第一提及率高达45%,蒙牛当年在酸酸乳上的销售收入至少20个亿。

4.2.4 编制预算

为了保证公共关系活动的正常运行,必须对开展的公共关系活动所需的费用和时间作出预算,便于日常的监督管理,以及事后的成本核算和业绩考核。预算的内容通常包括以下三个方面。

经费预算 经费预算包括日常事务费用,如房租、水电费、电话费、办公费等;设备器材费,如设备器材的购置、租借及维修,各项印刷品、纪念品的制作费用等;劳务报酬费,如公共关系人员及相关人员的薪金、奖金、福利费等;具体公共关系活动费,如调查费、宣传广告费、各类会议费、招待费等;应急或机动费用,这主要是针对一些突发事件而事先设置的临时应变费用,从资金上保证公共关系的应变能力。

时间预算 时间预算是对实现公共关系具体目标所需用的时间进行估算,也就是为公共关系具体目标的实现制订时间进程表。它要规定出完成公共关系计划所需要的时间、各个时间阶段的具体工作内容、完成的期限以及保证按时完成工作内容的具体措施,活动安排与其他活动时间是否冲突等,以便公共关系人员按部就班地进行工作,提高工作效率。此外,时间预算也包括对最佳效果时间的选择。因为同样的活动,在不同的时间进行,其效果是不一样的。

人员预算 主要是指实施计划所需要投入的人员数量、人员结构,以及明确是否需要外借人员。这要求参与公共关系活动的人员在数量与结构上配备合理,不仅能够保证公共关系活动顺利有序地开展,同时不会造成人力资本不必要的浪费。

编制预算的方法主要有:① 按销售额分配法,即在组织年度总销售额或纯利润中,按照一定的比例提取公共关系活动的经费。② 目标作业综合法,即按照公共关系目标及其工作计划,详细列举出所有公共关系任务所需要的经费,以最后核定的金额作为预算的极限。③ 量入为出法,即按照财务状况,根据财力上可能支付的资金额度来确定公共关系的费用预算。④ 平均发展速度预测法,即运用历史资料计算出公共关系经费实际开支中的发展速度,并计算出平均发展速度,按照这一平均发展速度确定计划期公共关系活动经费预算数据。⑤ 投资报酬法,即把公共关系的开支当作一般的投资来看,根据同量资金投入获得同等报酬的原则,哪个部门投资报酬率高,它就可以获得较多的资金,反之,就只能得到较少的资金。⑥ 竞争对垒法,即根据与本组织竞争的对手的公共关系费用来确定本组织的公共关系费用,它把公共关系作为组织竞争的武器,实行针锋相对、互不相让的宣传策略。

4.2.5 选择论证

公共关系活动是创造性的活动,公共关系人员为达到某一目标,常常会提出各种不同的方案,作出各种形式的公共关系活动设计。但是,这些方案实施所需要的条件、可能遇到的风险和可能取得的效益未必相同,也可能同时采用这些方案。因此,需要通过优化和充分论证后才能选定最终的实施方案。公共关系活动方案的选择、优化过程是提高其合理价值的过程。

选择论证的内容 选定某一方案后还要对方案进行充分的可行性论证。方案的论证一般是由有关领导、专家和实际工作者对方案的可行性提出问题,由策划人员答辩论证。方案论证包括:① 公共关系目标分析。主要是分析目标是否明确、具体、可行,以及目标实现的程度如何。② 局限性分析。方案在什么条件下可以实施,在什么情况下无法实施。这些因素对组织公共关系目标的实现有多大程度的限制。③ 潜在问题的分析。预测方案在实施过程中可能出现的问题有哪些,出现的概率有多大,而一旦出现问题的危害有多大,预防和补救的可能性有多大。④ 预期结果的综合评价。从经济效益和社会效益来进行分析,判断该方案是否付诸实施。

选择论证的方法 从目的性、可行性和低耗性三个方面考虑,选择论证方案的方法主要有:① 重点法。对方案进行选择时,先分析其目的性、可行性和耗费量三个方面哪个方面的增加或减少对方案的影响最大,就把影响最大的方案确定为重点,再重点突破薄弱环节使方案整体优化。② 转变法。该方法与重点法不同,它没有从可能性上去看问题,有的方面有时看起来似乎优化的潜力很大,但是着手进行时,就会发现已经到极限了,不能再优了。如有的方案因物价原因,耗费量已经不可能再降低了,定为重点也无济于事,转变法则可以弥补这一不足。该方法的作用主要在于,在影响整体的要素中,将一个作为变量,其他的作为定量,对作为变量的要素作数量的增减,以期在其他要素不变的情况下提高合理值,直到不能再增减,然后换一个要素做变量,又将原来的那个要素与其他要素一起作为定量,直到最后合理值不能再提高为止。③ 反向增益法。此方法与转变法不同,转变法是以其他要素不变为前提,去增减一个要素的值,而反向增益法则是以一个要素的较小变动去求得其他要素的较大变动。人们通常只考虑如何降低成本,以增加利润,而反向增益法则是考虑如何增加少量成本,以求增加大量利润,取得舍寸求尺的效果。④ 优点综合法。每个方案设计出来都有优点和缺点,未被选上的方案未必就没有一点优点,被选上的方案也未必就没有一点缺点。优点综合法就是在基本确定某一方案后,将其他方案可移植的部分优点综合到被选定的方案中,使被选定的方案达到最优化。

整个公共关系方案经过论证后,其论证的结果必须形成详细的书面报告,以便指导实施传播与反馈评估。职业化的公共关系机构须建立自己完整的文书档案系统,每项具体的公共关系方案必须见诸文字。报告的内容应包括有公共关系方案制订的依据、公共关系方案综合分析的内容和公共关系方案的可行性分析。

此外,公共关系方案必须经过本组织领导的审核和批准,其目的是使公共关系计划与本组织的总体目标相一致,使公共关系活动与本组织其他部门的工作相互协调,相互配合。如果公共关系方案未经过组织领导的审核和批准,那么在组织决策时,就很难通盘考虑公共关系工作,这种方案就可能与组织管理方针脱节,在实施中得不到本组织决策层和全体员工的配合与支持,因而也就无法顺利实现公共关系活动的预期目标。

4.3 采取行动

该过程涉及针对每类公众实施旨在达到特定目标的行动和传播,以便实现该方案的目标。这一步的问题是:谁将来做和说它,以及何时、何地和如何做到这一步?

公共关系人员在公共关系方案获得选择论证通过以后就要采取相应的行动,将方案内容变成实际行动的过程。由于公共关系活动的大多数项目是针对特定的目标公众进行的信息传播活动,因而公共关系方案的实施过程也是运用各种传播方式,把预定的信息传达给目标公众,改变他们的态度和行为,创造对组织有利的舆论环境,树立组织良好形象的过程。

4.3.1 信息制作

公共关系活动主要是通过媒体的传播进行的,而传播离不开信息的选择与制作。制作科学的信息会大大提高传播的效果,有助于公共关系目标的实现。在制作信息时应注意以下几个方面。

紧密性 在制作信息时应紧扣主题。一目了然的传播信息才能迅速对公众产生心理冲击效应,吸引他们的注意。如果信息内容宽泛、结构松散,公众就会不得要领,或感到困惑和费解,甚至会产生歧义,从而大大降低传播的效果。

简易性 公共关系活动的根本目的是树立良好的组织形象并使组织在公众心目中留下深刻的印象。而通俗易懂、便于记忆的信息才能易于被广大公众所理解和接受。如果公共关系信息深奥难懂、枯燥乏味,则不会引起公众的关注,甚至会引起公众的反感。这会影响公共关系目标的实现。

创新性　公共关系信息的内容要生动活泼、不拘一格、富有创意。信息内容的选择不但要符合多数公众的理想、信念和价值观，适合多数公众的兴趣、爱好和要求，还要有创新。可以在信息的选择上结合当前的时尚文化、流行文化，适当运用一些技巧，从而获得意想不到的公共关系效果。

适应性　公共关系信息的制作要适应公众的心理需求和媒介的特点。公共关系信息的受众是组织的目标公众，他们对信息的接受程度将决定公共关系工作的成败，从而影响组织的发展。所以，在公共关系信息制作上要针对目标公众的不同需求，选择不同类型的宣传资料。而各类媒体的传播方式和传播效果也各不相同，公共关系人员需要根据公共关系方案的要求和目标，选择最适合的传播媒介，以获得最佳的公共关系效应。

此外，信息制作还要求信息传播者要有充分的信息，并且在公众心目中具有信誉度，能够运用信息渠道，把与公众的兴趣或需要相关的信息，在公众可以理解的范围内传播出去。而信息传播者作为信息传播的起点，是有效传播的第一个重要条件。信息传播者的声誉、形象对改善传播条件至关重要，表现在权威性、客观性和与公众关系的亲密性上。权威性是指信息传播者是传播内容方面的专家，其传播活动具有说服力。客观性是指信息传播者在公众心目中立场客观、态度公正，与传播内容没有利害关系。亲密性是指信息传播者应尽量缩小与公众的心理距离，要站在公众的立场上进行传播，才能获得公众的信任，从而取得理想的效果。

在本章案例中，湖南卫视举办的"超级女声"这一赛事活动始于2004年。这一场平民选秀活动，从3月初开始一直到8月底结束，整整半年时间，一直霸占着星期五的全民注意力。"想唱就唱"是"超级女声"最响亮的口号，它去掉了所有限制，展现的是一种随心所欲的参与方式，恰好符合了大众随意自在的娱乐心理，这种"想……就……"的生活方式，成为眼下这个社会时尚的代名词。"超级女声"没有定位成一个专业级别的比赛，它本质上只是一个全民参与的大众娱乐活动，"大众化"是"超级女声"品牌辞典里最核心的关键词，它主要体现在下面几个方面：

（1）赛制设计。"超级女声"赛制分为海选、淘汰赛和决赛几个阶段。整个活动的所有环节都尽量为大众提供参与平台，实践其全民娱乐的定位理念。

（2）代言人。请2004年"超级女声"季军张含韵作"超级女声"活动的代言人。张含韵原本是一个非常普通的小姑娘，就因为参加了"超级女声"活动才摇身一变，成了一个"明星"。而她以一个邻家女孩的形象，现身说法，号召大家一起来"想唱就唱"，这是对这一娱乐理念最好的宣传和对参赛者最好的吸引。

（3）评委。"超级女声"的评委基本上不是专家和权威，他们在很大程度上不能代表专业的评判，这就增加了戏剧性，体现了这次活动娱乐的本质，比如出现选手与评委之间的争吵，歌迷联名"罢免评委"事件等事端。对于活动本身来说，有争论也是好事情，无论评说者的观点是什么样的，只要能引起大众关注，引起争议，活动本身的知名度也就上去了,活动的传播效果自然也上去了。

(4) 观众参与。"超级女声"让普通电视观众做评委,真正实现了全民参与的主旨。观众不仅可以在电视机前"过把瘾",还可以通过上网、手机短信、热线电话等为自己喜欢的选手投票。更加有创意的是,活动规定,进入各赛区前十名以后,比赛结果交由场外观众短信来决定,这样,观众的短信选票便成了决定选手命运的重要因素了。这完全体现了娱乐的本意,也大大激发了观众参与的欲望,各唱区的短信支持动辄几万条。

而短信,除了带来高收入以外,更重要的是,"凡是投票的人都会以很高的忠实度去追随它,短信互动实际上是栏目跟观众关系的培养,有了培养,观众就会有保障,收视率就有保障,商业价值就有保障"。摄制组经常在各赛区的大街上随机地找到观众,听取他们对各选手的评价和希望,在比赛现场放出来,并让各"超女"听取观众的意见并满足他们的要求。这样,更加大了大众参与的机会和参与兴趣,感受到娱乐的乐趣,实现娱乐大众的目的。而且观众会觉得自己真正受到重视,会增加对这个活动的好感。

(资料来源:作者根据有关资料编写。)

4.3.2 资源整合

公共关系活动实质上是针对目标公众而进行的传播活动,与各大媒体合作,整合所有能利用的传播资源,与目标公众多渠道沟通,和目标公众建立起品牌关系,以达到传播目的。在整合资源时,应注意以下方面:

目标性 各种媒体都有自己特定的功能及优势,不同类型的公共关系目标应选择不同的媒体。如果组织公共关系目标是提高社会的知名度,则应选择大众传播媒介;如果组织公共关系目标是缓和内部矛盾,则可以通过人际传播与群体传播的方式。

针对性 组织的目标公众千差万别,不同的公众对不同的传播方式和传播媒介的接触机会和感受各不相同。为此,必须分析目标公众的年龄结构、教育程度、生活方式等情况,然后依此去选择适当的传播媒介。如果组织的目标公众受教育程度不高,就可以采取广播、电视媒介,以及人际传播的方式;相反,组织的目标公众受教育程度较高,可采用报纸、杂志等印刷品能收到更好的效果。

适用性 无论何种传播方式,哪种媒介都有其自身的特点和一定的适用范围。在整合媒介资源时,应将所要传播的信息内容和各种媒介的优缺点结合起来考虑。那些内容复杂、需要加以思索且时间要求宽松的信息,最好选择报纸、杂志、图书等印刷品,而不宜用广播、电视这种传播效果稍纵即逝的媒介。对于那些技术性强、需要人员示范的信息,宜采用人际传播进行讲解效果较好。

经济性 稳健的公共关系工作需要有稳定的财务预算的支持,各种媒体的价位有所不同,越是现代化的传播媒介,费用越高,公共关系人员应根据组织的经济条件选择媒体,争取以较少的开支取得最佳的传播效果。

从 2004 年起,"超级女声"作为一个全民选秀节目红遍大江南北,湖南卫视近几年充分了解市场,利用整合营销策略,不仅赢得了广大电视观众的热爱,更引起了业界的关注。"超级女声"在媒体宣传上可谓是炉火纯青。他们整合各种媒体资源,大力宣传"超级女声",共同打造媒体盛事。

在电视媒体方面。湖南卫视与其他电视台合作,共同宣传和打造"超级女声",如以浙江为例,他们与钱江都市频道合作,由钱江都市频道负责活动的具体组织和全程录制。这样,电视台之间优势得到互补,资源得到充分利用,使活动进行得更加有声有色,而且钱江都市频道的收视率也因此得到提升,双方实现了双赢的合作。

在平面媒体方面。"超级女声"在设赛事的城市都选择了当地人气超旺的报纸,如《南方都市报》《潇湘晨报》《东方今报》《成都商报》《都市快报》等都对活动进行了详细的宣传。

在网络媒体方面。"新浪网影音娱乐世界"、"中国湖南卫视"、"超级女声站"等各大网络媒体均出现了"超级女声"及蒙牛的整版宣传报道。网络媒体作为最新兴的媒体,其传播价值这几年已经得到充分显现,而且"超级女声"的目标传播对象更是被称为网络一代,利用网络传播的效果确实非常好。特别是网络具有非常强的互动性,这样可以与场外观众进行实时沟通,更让观众体会到参与的乐趣。

湖南卫视与各大媒体合作,整合媒介资源,共同打造了这一媒介盛事,也为我们提供了一个媒介联动的可借鉴案例。现代社会,要成功举办一次全国性的活动,靠单一媒体的力量是不可能完成的,只有与各媒介联动,实现优势互补,创造一个良好的传播环境,共同造势,引得更多媒体关注,才有可能取得全面成功。

(资料来源:作者根据有关资料编写。)

4.3.3 时机选择

时效性在公共关系活动中具有重要的意义,在适当的时机实施公共关系方案可以获得事半功倍的效果。适当的时机要求组织对公共关系时机要把握准确和及时,尽量选择那些能够引起目标公众关注,又具有新闻由头的时机。同时,注意重大的公共关系活动不要同时开展两项以上,考虑目标公众的参与性问题,考虑大众传媒使用的可能性,考虑当地的民俗习惯等问题。而组织实施公共关系活动时能够利用的时机通常包括有:① 组织创办或开业之时。② 组织更名或与其他组织合作、兼并、资产重组之时。③ 组织内部改组、转型、品牌延伸之时。④ 组织迁址之时。⑤ 组织推出新产品、新技术、新服务之时。⑥ 组织遇到突发性事件或危机之时等。

公共关系时机的选择一方面要服从组织整体公关策划,另一方面要使公众的心理期望得到满足。从公众与组织的关系角度来讲,公共关系活动实施的最佳时机是在潜在公众向知晓公众转化之前。

例如,蒙牛 2003 年品牌宣传的轨迹:2003 年 3 月伊拉克战争期间,蒙牛集团抓住央视大规模战争报道形成的收视高峰,率先进行事件营销,获得了极大成功。此后,他们与央视协商建立了一个应对突发新闻事件的快速反应机制,以确保蒙牛广告能在第一时间赢得商机;"非典"期间,很多企业纷纷停下广告,蒙牛集团不但没有撤出广告,反而加大投放,并增加了公益广告的力度,"非典"过后,马上得到了市场的回报;10月份,蒙牛又利用获得"航天员专用牛奶"称号这一机会,进行大规模"举起你的右手,为中国喝彩"的公关活动;到11月,蒙牛则一举夺得中央电视台的广告标王,再次成为社会关注的焦点。可以说,正是这娴熟的公关营销技巧使蒙牛品牌知名度和美誉度大幅提升,并由此树立起一个具有民族内涵的大品牌形象,同时,蒙牛的产品销量一路奋进,目前已由乳业第四一举上升至榜眼之位,而液态奶部分,更是攀升为行业霸主。蒙牛始终警惕转瞬即逝的市场机会,他们深切懂得机会是公关活动的基础,没有好的机会就无法承载较高的营销目标或品牌期望。在对机会的把握上,蒙牛的做法值得我们借鉴推广。

另外,在实施公关方案时,正确选择时机还应注意把握以下两点:

第一,要避开或者利用重大节日。凡是与重大节庆日没有任何联系的活动都应避开节日,以免被节庆日活动冲淡;凡是与重大节庆日有直接或者间接联系的公关活动方案,则可考虑利用节日烘托气氛,扩大公关活动的影响。

第二,要注意避开或者利用国内外重大事件。凡是需要广为宣传的公关活动都应避开国内外重大事件,以免被重大事件所冲淡。凡是需要为大众所知,又希望减少震动的活动则可选择重大事件发生之时。

4.3.4　过程控制

在公共关系方案实施的过程中,由于分工不同,公共关系人员各负其责开展工作,往往会出现多方面工作不同步的现象。为此,在公共关系活动中应注重对过程的控制,经常检查各方面工作的进度,及时发现超前或滞后的情况,协调各方面的工作,保证公共关系活动不偏离公共关系方案的目标。公共关系人员在进行过程控制时应遵循以下四个方面的原则:

目标导向原则　公共关系人员需要利用目标对整个活动进行引导、制约和促进,以把握公共关系活动的进程和方向。在公共关系方案实施的过程中,公共关系人员应密切关注环境的变化,根据环境变化随时调整方案,但是这些调整不能改变原来的目标,否则就要重新制订公共关系方案。

进度控制原则　由于公共关系人员的分工不同,能力有差别以及环境的影响,公共关系方案在实施的过程中,会出现进度快慢不一致的情况,公共关系人员就需要根据整个公共关系方案和目标,按照一定的程序进行调整,使各方面的工作同步协调。

整体协调原则　公共关系人员在对方案实施过程进行控制时,要努力使公共关系工作的各个方面达到和谐互补、配合默契的状态，一旦出现矛盾，就要及时协调，从而提高工作效率，减少或杜绝人、财、物的浪费，保证公共关系目标的圆满实现。

及时反馈原则　公共关系方案实施的环境是复杂多变的，在实施的过程中，公共关系人员必须不断地把公共关系方案的实施结果与其目标进行对照，及时发现偏差并进行相应的调整。在公共关系方案实施的过程中，这种反馈需要及时、不断地进行，直至预期目标的实现。

4.4　评　估　检　测

这个过程涉及对整个公共关系方案的准备、实施和结果进行评估。在实施这个方案的同时，可以根据它的评估反馈是否有效作出调整。在弄清楚了"我们正在进行得怎样或我们曾经做得怎样"这一问题以后，可以继续执行方案也可以停止执行方案。

4.4.1　标准与范围

公共关系评估是一个连续不断的活动，一旦进入公共关系的工作过程，评估活动就开始了。因此，从理论上讲，公共关系评估的内容应该包括公共关系活动的方方面面。但在具体操作中，公共关系评估的范围可以根据要求有所侧重。一般来讲，其评估的范围有：

公共关系工作程序评估　公共关系工作程序评估是对公共关系工作的各个步骤、各个环节的工作进行评估或研究，其评估的标准或指标可以表现在以下方面：① 公共关系活动的目标是否符合实际？② 公共关系活动的主题是否明确且富有号召力？③ 组织机构内部各方面成员对公共关系活动的目的是否透彻了解？④ 组织机构内部各部门对公共关系活动是否积极合作和大力支持？⑤ 公共关系活动的传播效果如何？⑥ 公共关系活动的信息是否产生了预期的效果？⑦ 公共关系活动的方案是否周密？⑧ 公共关系活动的预算是否得当？⑨ 公共关系活动对今后活动的影响如何？⑩ 下一步如何发展公共关系的成果？或者如何消除活动遗留的问题与隐患？

专项公共关系活动评估　专项公共关系活动评估主要包括日常公共关系活动成效评估、单项公共关系效果评估、年度公共关系活动效果评估和长期公共关系活动效果评估。其评估的标准或指标可以表现在以下方面：① 项目的计划是否合适？② 项目的目标与公共关系总体目标是否一致？项目的目标是否已经实现？③ 项目所要求的信息沟通范围是否与目标公众的范围一致？④ 在项目活动过程中是否产生了预料之外的影响？其影响方向如何？影响范围多大？⑤ 项目所有的支出是否在预算之内？是否超支？是何原因？⑥ 通过这项活动,组织的公共关系形象会发生哪些变化？⑦ 项目活动出现了哪些预想不到的问题？哪些工作做得不妥？⑧ 对于存在的问题和发生的不利于组织的事件,应如何采取措施给予补偿？如何预防下次活动发生类似问题？

在实际的公共关系评估过程中,还要对每一方面设立具体的评估指标和标准,使其具有可测量性,从而提高评估结果的准确程度。

4.4.2 方法与程序

评估本身是一项研究工作,公共关系的效果评估除了可凭主观印象,直接用文字形式来进行总结外,根据公共关系活动内容的多样性,评估也可以采取多种方法。常用的方法主要有:

自我评估法 自我评估法是指开展公共关系活动的组织对自己所开展的公共关系活动效果进行的评估。由于公共关系人员参与了公共关系活动的整个过程,对活动的开展情况相对了解直接,能够获得有关活动效果的第一手材料,通过活动方案与实践进行对比,各种统计数据的对比,自我衡量成绩与不足。

专家评估法 专家评估法指邀请有关专家对组织开展公共关系活动的效果作出客观的评估,同时对组织今后的公共关系活动的开展提供有价值的建议和咨询。可以由主持人拟好评估项目并给出评估标准,请相关领域的专家以匿名的形式发表意见,汇总后即可得出代表大多数专家意见的结论。

公众评估法 公众评估法指通过公众对组织公共关系活动的舆论和态度进行调查,开展对公共关系活动效果的评估。公众作为公共关系活动的客体,对公共关系活动的成败得失有着切身的体会,也能够作出公正、客观的评估。公共关系组织可以通过开展舆论调查的形式收集公众的意见,统一分析来自各方面的数据资料,从而确定公共关系活动对公众的影响程度。

新闻报道分析法 新闻报道分析法是组织根据新闻报道的相关情况来评估公共关系活动的效果。可以统计出新闻媒介报道的数量推断社会对公共关系组织的重视程度,依据新闻媒介的级别层次估算公共关系组织的影响范围,依据新闻媒介报道后民众关注、回应的程度推测公共关系活动的社会影响和效果。

在实际的公共关系活动中,可以根据公共关系评估标准、公共关系活动的实际情况,灵活采取各种形式和方法开展评估工作。通过定量与定性相结合、肯定成绩与找出差距相结、总结过去与面向未来相结合,使有效的评估贯穿于公共关系活动的始终,既成为推进公共关系的动力,也成为组织开创公共关系新局面的弹性准则。

对公共关系方案的制订、实施和效果要进行准确的、有价值的评估,需要遵循以下程序:

第一，统一思想。公共关系评估是对公共关系方案实施的事后思考，是整个公共关系活动的有机组成部分，可以使组织从中获得宝贵经验。因此，公共关系评估需要组织内部包括组织的管理层、公共关系人员对公共关系评估有一致的意见，认识到公共关系评估的重要作用，并将公共关系评估过程纳入到公共关系计划之中，保证公共关系评估过程顺利开展。

第二，制订方案。进行有效的公共关系评估，需要在评估开始前进行周密的筹划与安排。首先要确定评估目标，并从可观察和可操作的角度将目标具体化，通过目标细分把公共关系方案的实施过程明确化，目标确定后公共关系人员即可根据目标有针对性地收集资料。此外，将评估的有关问题如评估内容、评估方法、评估程序等予以设计和安排，并形成书面材料。

第三，收集资料。公共关系人员按照制订的评估方案，通过信息反馈、舆论调查、方案实施记录等多种形式，广泛收集相关资料，并对资料进行汇总，通过复审、分类、归纳，综合分析资料，看哪些达到了原定目标，哪些还没有达到目标，并分析其原因，以便准确、客观地反映公共关系效果，找出成功的经验和失败的教训。此外，对于在公共关系方案实施过程中产生的新问题，也要进一步分析产生这些新问题的原因。

第四，报告结果。负责评估工作的公共关系人员必须以书面报告的形式，及时、如实地将评估结果书面报告给组织的管理层，保证他们及时掌握情况，进行全面的协调。同时，也可以说明公共关系活动在实现组织目标上的重要作用。此外，也把评估报告反馈给公共关系人员，以增强他们对组织全局工作的了解，使其能够从全局工作着眼开展其本职工作。

4.4.3　结果的运用

通过以上的公共关系效果评估，可将评估结果形成正式报告，在报告给决策层、公共关系人员后建档备查。同时，还可通过新闻媒介或内部刊物加以传播，进一步扩大影响。

公共关系效果评估的最终目的还是将其用于组织决策，它可以运用在组织两个方面的决策：① 用于制订新的公共关系方案的决策。在公共关系方案实施过程中，总结出成功的经验和失败的教训，对于组织今后开展其他的公共关系活动具有一定的指导意义，而新的公共关系方案的制订将会更加完善与成熟。组织既可以利用之前获得的成功经验，增强新的公共关系方案的成功性，进一步实现组织目标，又可以避免在之前公共关系活动中所犯的错误，减少组织不必要的浪费。② 用于组织总目标、总任务调整的决策。在对公共关系效果进行评估的过程中，所发现的新问题将使组织的管理层重新统筹考虑组织的总目标和总任务，并针对新问题结合组织的内部、外部环境，调整组织的总目标、总任务。评估结果的恰当运用，将会使公共关系问题的确定及形势分析更加准确，更加符合组织发展的长远要求。

公共关系的工作步骤可分为四步，即界定问题、制订方案、采取行动和评估检测。界定问题这个步骤探寻和监控由于受到某一组织的行动和政策的影响涉及的人们，及其知识、观点、态度和行为。从本质上说，这是该组织的情报功能，它为问题解决过程中的其他步骤奠定了基础。制订方案是将在前一个步骤中收集的信息用来对公众、目标、行动和传播战略、战术和目的制订决策。它包括把从第一个步骤得来的结果作为因素纳入该组织的政策和方案之中。采取行动则涉及针对每类公众实施旨在达到特定目标的行动和传播以便实现该方案的目标。评估检测这最后一步涉及对该方案的准备、实施和结果进行评估。在实施这个方案的同时，可以根据它是否有效地评估反馈作出调整，可以继续执行方案也可以停止执行方案。

其中，界定问题是基础；制订方案是关键，是公共关系实施的指南和效果评估的标准，离开了公共关系方案，公共关系工作就会漫无目标，不得要领，难以协调统一，成效甚微；采取行动是核心，是执行公共关系方案、取得公共关系成效的具体行动，离开了公共关系方案的实施，再好的方案也只是纸上谈兵；效果评估是重要的反馈环节，也是下一轮公关活动的起点。总之，公共关系活动就是循着界定问题、制订方案、采取行动和评估检测这四个基本步骤进行的。这四个阶段是一个相互联系的整体，是一个不断重复的过程。

29 届奥运会会徽发布案例

项目主题：中国印·舞动的北京
项目主体：第 29 届奥林匹克运动会组织委员会
项目执行：第 29 届奥林匹克运动会组织委员会

项目背景

奥运会会徽是奥运会形象景观的核心元素，是当今世界最具价值的无形资产，因而构成奥运会市场开发和奥运会形象宣传的重要载体。因此，此次北京奥运会会徽发布活动是奥运筹备阶段具有里程碑意义的重大事件。会徽发布恰逢北京"非典"之后，是北京及全中国恢复国际形象的重要契机，也是中国人民恢复信心的重要时机，这无疑使会徽发布活动显得更加意义非凡。

项 目 调 研

根据北京在举办大型活动方面取得的经验,北京奥组委多次组织国内活动创意精英,就北京奥运会会徽发布方式进行讨论。从近几届奥运会来看,2000 年悉尼奥运会和2004 年雅典奥运会以及 2006 年都灵冬奥会均针对其新会徽的推出举行了发布仪式,特别是悉尼奥运会,创造出了奥林匹克大家庭团结、庆典的良好氛围。

经过深入的研究讨论,北京奥运会会徽发布活动方式确定为采用大型推广活动的形式,将会徽形态融入恢弘的、富有中国特色的表演当中。通过电视和互联网方式向全世界进行直播,体现全国各地对北京奥运会会徽的企盼以及对奥运会筹备工作的关注与支持。

项 目 策 划

- 聘请国内外大型活动和奥林匹克策划专家,组成核心创意国际团队。
- 严格保密,保证会徽发布前的悬念。
- 消息披露层层递进,以预热宣传营造强大新闻悬念。
- 整合政府、社会各方有利资源,组成活动实施团队。
- 充分做好各项预案,如天气变化预案,反复演练,确保电视直播成功。
- 聘请国际专业公关公司,确保充分境外媒体宣传。

项 目 实 施

活动准备:

A. 成立核心创意国际团队和制作团队。

B. 成立发布活动领导小组和指挥部。

C. 协调北京市各委、办、局进行任务部署和分工;提前做好场地技术保障工作。

D. 多次彩排,制订详细活动脚本,程序安排精确到秒;充分做好天气变化预案。

E. 设计并制作会徽宣传片、会徽徽宝,制作会徽纪念品。

F. 设计制作全面的媒体报道手册,制订危机处理方案。

媒体预热和报道准备:

A. 充分利用有关会徽评选过程各新闻点,组织媒体宣传,保证前期关注热度。

B. 利用多种媒体平台。提前组织记者撰写通讯《会徽诞生记》;请中央电视台、北京电视台体育节目中心提前录制专题节目;请电视台播放预告性片花;安排公关公司通过多媒体传播技术向全球媒体定向发出报道安排,使媒体关注度不断升温。

C. 发布前两周组织 9 次新闻发布和新闻访谈,激发报道热情,引起公众期盼。

现场发布:

A. 发布仪式地点选定在中华古老文明的象征性建筑天坛祈年殿,为会徽发布搭建起了一个前所未有的东方文明的背景和平台。

B. 会徽从世纪坛经长安街运送到天坛,由邓亚萍、成龙护送会徽入场,期间通过电视直播,向全世界展示了现代化北京的风采,为发布活动做了精彩铺垫。

C. 全国人大常委会委员长吴邦国和国际奥委会协调委员会主席维尔布鲁根为会徽揭幕,活动提升到了国家庆典的水平。

D. 播出国际奥委会主席罗格的电视致辞和张艺谋执导的宣传片。

E. 诠释会徽元素和理念的文艺表演。

F. 中央电视台和北京电视台对发布仪式互动式现场直播,奥组委官方网站进行网上直播。

G. 仪式后,现场举行简短新闻发布会,邀请会徽设计评审等相关人员会见媒体。

后续宣传:

A. 安排中央电视台、北京电视台各套频道在黄金时间、重点栏目于会徽发布当晚和之后一周全面推出有关会徽的专访、专题节目。

B. 组织平面媒体和电台进行后续新闻报道和专访,深度挖掘会徽诞生的故事。

C. 首届奥林匹克文化节期间,在世纪坛举行会徽展,推出会徽专题论坛,加深公众对会徽的了解。

D. 在青岛、沈阳、天津、上海等奥运会协办城市举办会徽巡展,继续扩大会徽在全国范围的影响力。

项目评估:

· 2008 年奥运会会徽发布仪式圆满成功,隆重、典雅、富有中国文化特色的会徽发布仪式得到社会各界一致好评。

国际奥委会官员在发布后举行的媒体见面会上称,北京奥运的会徽发布是奥运会百年历史上最出色的会徽发布。“中国印·舞动的北京”一夜之间深入人心。

· 媒介的热烈反响是会徽发布活动取得空前效果的最好注脚。

中国内地和港台地区媒体在头版或重点时段刊发、播出大量全面、强势的新闻报道,会徽形象深入人心。会徽发布仪式当日及第二日,国内主流报纸先后刊发报道 28 篇、图片 29 张;新华社发组稿 20 余篇,全国近 200 家媒体转载;北京市属报纸共刊发报道 56条、图片 93 幅、专版 9 块,其中头版头条报道 3 篇;香港文汇、大公两报刊发报道 14 篇、图片 28 幅。

境外媒体报道充分全面,且基本上为正面或中性报道。来自 35 个驻京境外新闻机构的 100 多名记者出席了会徽发布仪式,全球共产生了 635 篇(次)的平面和电视报道,全球各大主要电视台和广播电台反复播放现场发布的壮观场景,共实现了 37 亿人次的媒体印象。

· 会徽的成功推出,同时也为之后北京奥运会市场开发的顺利启动奠定了坚实的基础。

发布仪式第二天推出的包括衣、帽、纪念邮票、纪念邮品、纪念章、纪念币在内的会徽纪念品热销京城;市场开发计划尚未启动,国内外企业纷纷致电询问市场开发情况。

（资料来源：CIPRA. http://www. chinapr. com. cn/web/NewsCenter/ViewNews.

asp?ID=7445）

 复习题

1. 界定问题有哪些内容与方法?
2. 制订方案的内容有哪些?
3. 采取行动应把握的问题有哪些?
4. 评估检测的意义何在?

第五章．公共关系的对象

学习目的

学完本章,你应该能够:

1. 理解客户关系、员工关系、政府关系、社区关系及媒体关系的基本含义;
2. 理清以上公众关系中面临的主要问题;
3. 明确主要公众关系的目标与焦点;
4. 运用多种途径和方法协调组织与其主要公众的关系。

只有一名乘客的航班

英国航空公司所属的波音 747 客机 008 号班机,准备从伦敦飞往日本东京时,因故推迟起飞 20 小时。为了不使在东京候此班机回伦敦的乘客耽误行程,英国航空公司及时帮助这些乘客换乘其他公司的飞机。共 190 名乘客欣然接受了英航公司的妥当安排,分别改乘别的班机飞往伦敦。但其中有一位日本老太太叫大竹秀子,说什么也不肯换乘其他班机,坚决要乘英航公司的 008 号班机。实在无奈,原拟另有飞行安排的 008 号班机只好照旧到达东京后再飞回伦敦。

一个罕见的情景出现在人们面前:东京——伦敦,航程达 1.3 万公里,可是英国航空公司的 008 号班机上只载着一名旅客,这就是大竹秀子。她一人独享该机的 353 个飞机坐席以及 6 位机组人员和 15 位服务人员的周到服务。有人估计说,这次只有 1 名乘客的国际航班使英国航空公司至少损失 10 万美元。

从表面上来看,这的确是个不小的损失。可是,从深一层来理解,它却是一个无法估价的收获。正是由于英国航空公司一切为顾客服务的行为,在世界各国来去匆匆的顾客心目中换取了一个用金钱难以买到的良好公司形象。

（资料来源:熊源伟.公共关系案例.合肥:安徽人民出版社,1998.）

组织所面临的公众是一个大的群体,比较重要的目标公众对象包括客户、员工、政府、社区、媒体等。组织要同公众保持良好合作,赢得公众的理解、信任和支持,必须界定各类公众关系中的问题,确立公共关系目标,把握其焦点,通过有效途径,综合运用多种方法以协调好与公众的关系。

5.1 客 户 关 系

在公共关系中,客户关系是最重要的内容之一。任何组织都面临各种客户,即使政府也不例外——社会公众是政府永远的客户。

5.1.1 概念与问题

客户公众也称顾客公众,是社会组织的服务对象。在现代社会,客户的概念是广义的,它泛指一切物质产品、精神产品及服务的购买者、消费者。如商场中的顾客、宾馆中的住客、旅行社的旅客、电影院的观众、报纸的读者等。组织的客户一般包括个人客户和社团组织客户两类。

客户关系是指社会组织与本组织产品或服务的购买者,消费者之间的关系。客户关系属于社会组织外部公众关系,建立良好的客户关系对组织的意义表现为:

首先,客户关系是组织最重要的外部公众关系。客户是组织存在的前提,组织之所以存在,主要是外部环境对其有特定的要求。组织失去了客户,就失去了存在的前提条件。如酒店失去了房客,报纸、杂志没有读者,则这些酒店、报纸杂志就没有存在的必要。

其次,良好的客户关系能够为组织带来直接的利益。在现代商品经济条件下,组织的经济效益需要在市场上实现,而客户是市场的关键,有了客户才有市场。虽然组织与客户的沟通不能等同于市场经济中直接的商品和服务的销售关系,但良好的客户关系的确有利于组织的市场销售,能够给组织带来直接的利益。因此,客户是组织公共关系对象中利益关系最直接、最明显的外部公众,良好客户关系是组织适应市场、谋求发展的重要保证。

第三,良好的客户关系体现组织正确的经营观念和行为。组织的客户关系工作要求组织将客户的需求放在首位,通过满足客户的各种需求来寻求组织的利益。组织为了生存和发展,必须为社会提供市场所需要的产品或服务,赢得客户的信赖,组织的一切政策和行为都必须以客户的利益和需求为导向,在经营观念和行为上自觉为客户所想,为客户所思。而这种经营观念和行为必然表现为良好的客户关系,表现为组织在客户心目中良好的声誉和形象。

客户关系作为社会组织与其产品或服务的购买者,消费者之间的关系,应是一种互利互惠的协调关系。组织在协调客户关系时,可能面临以下问题:

组织知名度不高 组织及其产品和服务是否为客户知道和了解,是组织有效参与市场竞争,影响客户,争取客户购买和消费的基本前提。随着商品社会的发展和信息社会的到来,商品和服务种类繁多,千差万别,各种信息充斥市场,客户选择商品和服务有充分的余地。只有通过多种途径,采取有效方式,不断给客户介绍有关组织的信息,强化客户对组织的印象,才可能吸引客户,赢得市场。

组织形象不佳 组织形象的好坏是组织生存和发展的基础,也是客户支持和信赖组织的关键。组织的总体形象表现在外显形象和内在形象两个方面,组织的外在形象和内在形象是统一的。组织的外显形象包括组织的名称、标记、环境、建筑、设备、设施、组织行为等。组织的内在形象是通过组织的外观形象表现出的内在品质给客户留下的印象,如组织的信誉、组织的价值观、员工的精神风貌、组织的特征和风格等。组织形象的任何一方面都可能影响客户的选择,影响组织与客户的关系。

组织的客户队伍不稳 在现代商品社会,商品交换关系的畅通与稳定,对于组织具有十分重要的作用。加强客户关系管理,保持客户关系稳定,发展和壮大客户队伍,是组织拓展市场,扩大销售,获取利益的基本途径;反之,组织与客户不能通过沟通与交流来建立相互信任、相互合作的良好关系,建立一种社会"保健"机制,导致客户队伍不稳,客户流失,必然的结果是组织竞争力下降,发展前景黯淡。

组织和客户发生冲突 组织和客户发生冲突,是指组织和客户因各种利益产生不满、矛盾和纠纷。组织和客户的冲突往往表现为客户权益和利益受损,客户对组织产品、服务及有关人员的投诉。引起组织和客户冲突的因素通常是:商品质量,商品价格,服务态度,服务环境和设施,售后服务等。因组织自身的原因导致组织和客户发生冲突,引起客户投诉,如不正确对待,妥善处理,可能影响组织产品和服务的销售,使组织形象受损,有时会产生严重的后果,使组织陷入危机。

在营销界有这么一条公式:"100-1=0",意思是即使有100个顾客对组织满意,但只要有一个顾客对该组织或产品持否定态度,组织的美誉度即等于零。而且调查显示,每位非常满意的顾客会在产生相同需要时,考虑该组织或产品;当一个非常不满意的顾客出现时,他会把不满意至少告诉 20 个人,而这些被告诉者在产生相同需要时几乎都不会光顾该组织或产品。

（资料来源：何伟祥.公共关系原理与实务.大连：东北财经大学出版社,2006.）

5.1.2　目标和焦点

组织建立客户关系的目的,总体而言,是促使客户形成对组织及其产品和服务的良好印象和评价,提高组织及其产品和服务的认知度和美誉度,争取客户的理解、信任和支持,开拓和稳定市场关系,促进组织总体目标的实现。客户关系管理的具体目标包括以下基本方面:

第一,提高知名度,提升美誉度。组织公共关系部门及其工作人员应通过多种沟通渠道,运用多种方法帮助客户了解组织的宗旨、信誉、产品性能及服务方式等,争取客户的信任和好感,及时收集客户的反馈信息,不断改进产品,提高服务质量,以达到提高知名度,提升美誉度的目的。

第二,熟悉和了解组织重要客户。随着组织的发展和业务的扩大,组织的客户范围也会不断拓展。面对数量庞大的客户群体,为有效协调客户关系,组织必须对客户进行必要的划分、鉴别和分析,界定出与组织关系密切的重要客户,通过科学调查,了解并掌握他们的物质和精神需求,以保证组织的产品和服务能适应和满足客户的需要,实现组织的市场和发展目标。

第三,建立相对稳定的客户队伍。组织的公共关系部门及其工作人员应重视对客户进行消费教育和引导,协助组织有关部门疏通组织产品和服务的销售渠道,扩大组织产品和服务的市场范围和影响,以实现客户队伍稳定化、系列化。

第四,调解纠纷,寻求客户支持。组织的公共关系部门及其工作人员应加强客户危机管理,正确对待和妥善处理客户的投诉,及时化解各种矛盾和纠纷;应积极改进组织的公共关系工作,在为客户提供优质商品和服务,保持良好沟通的基础上,发展同客户的情感联系,以寻求客户的谅解、理解、信任和支持,实现组织与客户和谐发展的双赢目标。

组织发展同客户的良好关系,需要认真研究组织面临的多种问题,分析其原因,确立正确的公共关系目标。这些工作可能千头万绪,错综复杂,其中的焦点应是树立正确的客户意识:

一是坚持"客户第一"的公关观念。坚持"客户第一"的观念,就是把客户放在比组织更重要的位置上,使组织的整个经营活动都始终贯彻这一宗旨。"客户第一"的公关观念,首先体现为组织应具有尊重客户的态度。组织要通过多种方式收集客户的意见和建议,了解客户的需要,明确客户的期望,体现对客户的诚意。其次体现在为客户提供优质服务上。随着市场竞争日趋激烈,服务逐渐成为其中的焦点,特别是工商企业,服务日益成为其公关工作的基点。再次体现在以客户的需求为导向上。组织的一切政策和行为都必须以客户的利益和要求为导向,准确预测和把握客户的购买意向和发展趋势,为客户提供优质商品和满意服务,保证组织目标的实现。

二是树立"客户永远是正确的"公关理念。"客户永远是正确的"并不意味着客户在事实上的绝对正确。从公共关系的角度来看,这一观点典型地概括了组织与客户状态的最佳境界,反映了组织在处理客户关系时的基本原则。组织只有牢固树立"客户永远是正确的"的思想,才能改善服务态度,提高服务质量,也才能与客户建立良好关系。树立"客户永远是正确的"公关理念,组织应努力做到把客户的需求作为其奋斗目标,尊重客户并尽力去满足客户的需求;应把"一切为了客户"、"为了一切客户"、"为了客户一切"作为提高服务质量,改善客户关系的中心环节,不断推进组织的各项工作。总之,"客户永远是正确的"这一公关理念,意味着客户得到了绝对的尊重,客户的权益得到了真正的保护。

5.1.3　途径与方法

客户关系的管理是一个重要而复杂的过程,必须运用系统思维的观点,通盘筹划,整体协调。

组织维护和发展客户关系的基本途径和方法主要涉及以下四方面工作:

第一,尊重客户。所谓尊重客户,就是尊重客户的权益,维护客户的利益。尊重客户是组织协调客户关系的基本原则,也是组织赢得客户好感、理解与支持的基本途径。尊重客户,首先,要求组织树立正确的客户理念。要树立组织为客户所有,为客户所治,为客户所享的信念;坚持"客户第一"的思想;视客户既是"上帝",亦为"朋友"。其次,应自觉尊重客户的权益。中国的《消费者权益保护法》,以及产品"三包"服务的有关规定,从法律上对客户或消费者的正当权益给予了明确和保护。再次,要维护客户的利益,妥善处理客户的投诉。组织在提供产品和服务当中,会因某方面的工作失误而引起客户的抱怨甚至投诉,属于正常现象。发生客户权益受损,面对客户投诉,组织应自觉维护客户的利益,积极采取补救措施。

1993 年 10 月 31 日,全国人民代表大会常务委员会第四次会议通过的《中华人民共和国消费者权益保护法》规定,消费者的基本权利主要有:获得商品和服务安全、卫生的权利;了解商品和服务的权利;自愿选择商品和服务的权利;监督商品和服务的价格和质量的权利;对商品和服务提出批评和建议的权利;购买商品和接受服务受到损害时索取赔偿的权利;其他为社会公认并与国家法律不相抵触的权利。

处理客户的投诉主要应注意以下几点:

专人接待　接待投诉客户,应设立专门人员。接待人员除了要求具有良好的人际关系处理技能外,还必须具备一定的知识,富有同情心及责任心,一般以有一定头衔的中年女性为宜。接待地点最好是宁静优雅的专门接待室,以舒适的环境让客户尽快从冲动状态中安静下来。

耐心聆听　投诉的客户大都表现得怒气冲冲,情绪失控,碰上谁都发火,接待人员很容易在心理上对客户产生反感,觉得客户是在和自己过不去,或者没有教养。于是在无意中把自己和客户的关系对立起来,采取了对抗或不理睬的态度,结果只能是导致冲突的发生、升级,无助于问题的解决。其实,此时最需要的是接待人员的同情心,即站在客户的立场上去看问题,耐心听取客户对商品、服务或环境的抱怨,理解、信任客户,相信客户的抱怨是有理由的,争取在感情上与心理上和抱怨者保持一致,缩短双方间的心理距离。耐心聆听也是满足客户心理需要的一种方式,许多抱怨的客户,因为接待人员的耐心倾听,满足了其宣泄的情感要求,事后往往变得非常通情达理。

道歉、致谢　在倾听完客户的申诉后,接待人员应立即表明自己的态度,凡是因组织自身原因导致的客户权益受到的侵害,应当场向客户道歉。道歉表明了组织对客户的诚意,使客户感到了自身的价值和重要性。对不属于组织原因引起的抱怨,则应耐心、热忱地向客户作出解释。同时,要向客户表示由衷的谢意,感谢他们提出了组织在管理或服务方面亟待解决的问题,应将他们的抱怨看成是对组织的爱护与关怀。

公平、信用　听完了客户的抱怨,表示了歉意和感谢,如客户的抱怨是正当合理的,就需要通过提问,进一步收集信息,解决客户的问题。要充分征询客户的意见,针对问题的性质,提出一种公平、合理的解决办法,一般应在兼顾组织与客户双方利益的基础上,适当偏重客户利益。如属商品问题则按有关规定或退或赔或修;如属服务问题,则应让肇事人员直接致歉,情节严重的应按员工条例给予纪律处理;对部分抱怨的客户,还需要给予必要的补偿性关照,如准备一些礼品等,以表示对客户关注组织行为的一种答谢。组织在解决客户抱怨时,应注意赋予接待人员一定的权力。对一般性问题接待人员应有权直接处置,重大问题则应报请组织高层处理;对不能立即处理的问题不能"踢皮球",可转告有关部门并将处理结果尽快告知客户;要诚实守信,一旦答应的事情必须全力以赴做到,承诺无法兑现,只能引起客户更大的愤怒,可能会永远失去某一客户。

此外,发现客户投诉的内容和问题带有普遍意义,并且还有许多客户尚不明真相的情况,应视事态后果严重的程度,成立危机管理小组,妥善处理该事件,必要时尽快通过大众传媒在适当的范围内加强与客户的沟通。如接到信函投诉,则应即时将处理意见回寄给发信人,在详细说明处理意见的同时,向投诉者表示真诚的感谢。

第二,沟通客户。沟通客户即组织通过多种渠道与客户进行双向的信息与情感交流,以促进了解,增强互信。沟通客户,是组织客户关系协调的重要途径。沟通客户,首先是要求组织了解客户的各种信息,如客户的分布、构成、心理、发展趋势及客户对组织的需求等。其次,要求组织向客户传播和反馈组织的有关信息,如组织的信誉、宗旨、价值观、发展战略、商品、服务、人员、实力等与客户利益相关的信息。组织与客户沟通的方式主要有:

口头联系　包括面对面的答复及电话联系。组织根据需要,亦可建立客户免费服务热线或设立组织负责人接待日，以密切与客户的沟通。

信函联系 客户经常会写信给组织，以了解组织产品或服务情况，询问如何选择或使用产品，或者是对组织及产品进行抱怨、投诉。无论是何种情况，公关人员都应及时予以回复，详细解释有关问题，如果是本组织产品或服务有问题，一定要认真道歉。必要时也可向客户寄发一些组织新产品的介绍手册和小广告，以及在节假日主动向新老客户寄赠贺卡或答谢信等。信函联系的关键之处，是要让客户感到组织对自己的重视，以及组织工作的人性化。

客户通讯 组织自己或联合其他组织定期或不定期出版这类刊物，及时介绍组织发展情况，推出的新产品、新服务，如何选购和使用消费品，乃至组织的工作流程、生活小知识等，使客户能较详细地了解组织及其产品或服务。

视听通讯 通过报刊、电台、电视台、因特网等媒体，组织公关人员自己撰写或拍摄组织新闻，或者通过记者现场采访等，借助大众传媒在大范围内向客户介绍组织信息，以提高组织知名度和美誉度。

广告和公告 通过大众传媒和公告栏向客户介绍新产品的性能和用途，新的服务项目，宣传一种新的或更完美的生活方式等。

组织客户参观 主动联系各类社会组织和团体；组织各类客户到组织参观，让他们目睹组织的生产环境、员工的工作情景、产品生产或服务的过程，使客户直观了解组织及其产品，眼见为实，效果往往非常理想。

客户特殊活动 由组织出资赞助一些特殊活动，如运动会、社区公益活动、文艺演出活动等，通过对社会热点的关注和对社会的回报，体现组织的社会责任心和道义感，以加强与客户的情感沟通。

第三，满足客户。满足客户即组织在自己的业务领域内满足客户对组织的物质和精神需求。客户和组织的关系，实质上是由相互的利益需求驱动的，组织在为客户提供产品或服务的过程中，应体现互利互惠的原则。满足客户作为组织最终赢得客户的重要途径，需要组织作出实实在在的努力，切实改进自己的工作。满足客户，主要是满足客户对组织的产品、服务和环境等方面的需求。组织满足客户的基本方法是：

提供优质产品和优良服务 提供优质产品和优良服务是搞好客户关系的基础，也是赢得客户信赖的基本方式。没有使客户满意的优质产品和优良服务，就不可能有稳固、良好的客户关系。客户选购产品或接受服务，实际上希望得到三方面的满意：① 购买到喜欢的商品或享受到热情周到的服务。② 受到良好的接待。③ 获得心理上的满足。

提供完善的配套服务 在现代社会，服务的概念已不再是产品的附属概念了，最新的营销理论已将服务列入产品概念中的核心要素，当技术竞争、广告竞争已难分优劣时，服务是竞争的首要因素。对客户而言，无论是购物，还是就餐，与其说是在享受着商品（或餐饮）本身的感觉，不如说是在享受着一种服务。

服务一般包括三个阶段，即售前、售中和售后，每一个环节都直接关系到服务的效果。售前服务主要是让客户充分知晓和了解组织的产品（或服务），组织可通过良好的广告宣传、正确的消费观念引导和消费指导来为客户提供帮助。就售中服务而言，它涉及销售（或服务）的陈列，环境的设计与布置，组织员工与客户的接触，以及接待过程中的热忱、主动、耐心、周到程度等。售后服务则是指客户消费后的系列追踪服务，组织可为客户提供送货上门、义务维修、售后"三包"等服务项目，以及各种售后的感情联系方式，争取客户的长期支持。美国亚马逊网上书店的成功，对组织如何满足客户，进而赢得客户，给我们很多的启发。

1995 年 7 月，原美国华尔街某大公司的副总裁杰夫·贝索斯创办的亚马逊网上书店正式开张了。其战略让读者受益匪浅：亚马逊网上书店一开业，提供的图书目录就有 110 万种之多，而美国最大的图书连锁书店巴诺才只有 17 万种。

读者只要在网上选中了书，输入自己的账号、密码、住址，3 秒钟后，想要的书就能买下。也许当天，也许第二天，最迟第三天，书就会送到读者手上。只要在亚马逊网上书店买过一次书，再去买书时，亚马逊就会自动根据顾客第一次的购书经历，分析出这个人可能喜欢的书籍属于哪一类。

亚马逊网上书店不但提供最快的服务，还提供最好的服务。

1998 年 12 月，贝索斯宣布让出一部分网页空间，让出版商做新书促销广告，相互利用网页空间做广告这是网络上常见的事，可是亚马逊网上书店的这一举动，却引来顾客的强烈不满，各种电子邮件带着顾客的不满和批评，急风骤雨般地飞来，人们担心一直坚持高标准的亚马逊会受到金钱的污染。

贝索斯震动了！

第二天，他马上宣布改正。同时他向顾客公布，将实行"所有新书不满意则退款"的政策。他向顾客保证："不管书籍是否被损坏，甚至是个别读者故意撕破几页，或者你觉得内容不满意，都可以获得全额退款。"

这种独一无二的做法，不能说别人不能做，但只有贝索斯的亚马逊网上书店先说了，也做到了。他对员工说："在网络上，如果一个顾客觉得受到了冷落，那他告诉的就不会只是 5 个人，而会是 50 000 人。"

贝索斯的亚马逊网上书店，拥有顾客已达 1 400 多万人，击败了美国最大的巴诺书店——它有着 120 多年历史和 1 000 多家连锁店。

提供优质服务是获得良好顾客关系的前提，商业企业的特点决定了它在销售商品的同时，还输出了一种特殊的商品——服务。亚马逊网上书店的经营者贝索斯始终坚持"顾客第一"的公关原则，当顾客提出批评意见时，他立即改正，并且进一步提出更加优惠的服务措施，这种信守诺言、绝不欺骗顾客的服务宗旨，以及在处理顾客关系时，站在顾客角度去设身处地替顾客着想的做法，赢得了更多的顾客，也使得贝索斯的亚马逊网上书店获得了巨大的成功。

（资料来源：吕维霞.案说公共关系.北京：对外经济贸易大学出版社，2002.）

第四，引导客户。引导客户，也可称为消费者或客户教育，是指对客户进行必要的消费指导，帮助其树立正确的消费观念和消费意识，引导客户合理消费，理性消费。消费教育必须贯彻于客户购买商品或服务过程的始终。随着商品经济的发展，市场上的新的商品和新的服务会不断出现，这既为客户创造了自由选择的机会，也会给客户带来迷茫和困惑。客户往往因为不了解新产品的功能或未掌握使用方法，而导致新产品滞销或者要求退换、维修和赔偿，给相关组织造成经济损失和名誉损害。因此，组织有必要对客户开展有计划有针对性的消费教育。

组织开展消费教育的具体方法主要有：撰写更清楚易懂的产品和服务说明书；举办操作表演会或实物展览会，帮助客户认识和熟悉新产品的性能、技术等；举办各种讲习班、培训班让商品销售人员和客户掌握使用、维修和保养某类新产品的有关知识和技能；开设陈列室、咨询处、电话热线等回答客户的各种问题；利用报纸、杂志、电台、电视台、因特网等大众媒体介绍有关产品和服务的知识、有关消费趋势等信息。例如，中国广东格兰仕公司在数年前就已开发生产出了可与世界名牌产品相比，而价格仅为其一半的微波炉，但它们没有急于抢占市场，而是首先投入了巨大的人力、财力并运用传媒的力量在全国范围内对微波炉的使用特性、产品优势及维护、保养知识作细致、系统的介绍，并编制了500多例微波炉菜谱，仔细介绍微波炉的烹调技法，还派出"格兰仕小姐"到各地市场作现场演示，甚至通过听众热线、咨询电话等形式与顾客作深层次的沟通，使微波炉这一新产品很快为人们所熟悉和接受。格兰仕微波炉不仅在国内市场的占有率稳步上升，还远销50多个国家和地区。

总之，组织通过为客户提供各种免费的介绍、示范、指导和培训，引导客户消费，密切与客户的关系，形成相对稳定的客户队伍，保证组织经营目标的实现。

5.2 员 工 关 系

任何一个组织的存在都离不开员工，组织的发展都离不开员工的支持。因此，员工关系是组织最重要的关系。研究员工关系，是公共关系的首要任务。

5.2.1 概念与问题

员工是指社会组织内部的全体工作人员，包括组织的各类操作人员、技术人员和管理人员。员工关系是指社会组织与其员工之间通过双向沟通的方式,在互利互惠的原则下形成的一种和谐的管理关系。组织对员工关系最主要的责任是要实现组织管理者和员工之间的良好沟通,促使组织的决策及行为能充分体现组织和员工双方的共同利益,反映双方的共同愿望和要求,使员工个体利益目标和组织整体利益目标协调一致,达成双方的互信与合作。

员工关系不同于组织内部一般的人事关系。人事关系一般包括组织人员的选拔、培训、工作分配、考核、奖惩、人员流动以及人事制度与纪律的制定、执行等,它更多的是从制度和规范上约束组织内部员工与组织目标保持一致。员工关系与组织内部的一般劳动关系也有所不同。劳动关系一般涉及劳动者的就业稳定性,组织的工资、奖金、福利制度的安排,劳动合同的制定与执行等,它更倾向于从法律、法规和规章上明确组织与员工之间的权利义务关系。

员工关系的特征主要表现为:一是密切性,在组织资源中,人员是最重要的资源,员工关系是与组织最密切的公众关系,员工的利益与组织的利益息息相关,员工积极性的发挥程度与组织发展进程基本一致。二是可控性,员工对组织存在某种依从关系,员工在某种意义上有一种自我约束能力,组织可以通过各种制度的安排来沟通员工关系。三是日常性,组织与员工时时刻刻发生着种种联系,组织对员工的沟通也必须经常进行。

良好的员工关系,有利于把员工的言行、思想引导到组织的既定目标体系之中,使组织与员工之间能达成真正的目标一致、利益趋同;有利于建立一种以组织为中心的群体意识,产生一种无形的向心力和凝聚力;有利于对组织中每一位员工的思想观念和行为举止进行约束,使组织内部员工产生一种高昂的士气,激励员工为组织的目标而作出自己最大的努力。然而,严酷的现实使很多组织与员工的关系不够融洽,员工的积极性并不高,他们的潜能只是得到了部分的发挥。员工关系中的主要问题通常是:

第一,员工缺乏对组织的认知。员工对组织的认知,是指员工对组织及其行为的知觉、印象、记忆、想像、判断和理解等。员工对组织的认知,是员工心理活动的开端和基础,决定着组织是否能给员工留下好的印象。组织是否注意给员工良好的"第一印象",组织的产品、服务等是否具有鲜明的个性特色,组织是否增加透明度,注重与员工的沟通等,都直接影响到员工对组织的认知。

第二,员工态度消极。态度是公众对某一事物所持有的一种心理倾向,这种心理倾向包括认识、感情和意向等因素。员工态度消极,表现为员工对组织的价值观缺乏认同,不认可组织和本部门的工作目标,对组织的规章制度心存疑虑,不满组织及其管理者的某些政策和行为,不愿参与组织开展的有关活动,对待工作消极马虎,对组织的前途失去信心等。

第三,组织缺乏对员工的凝聚力。组织的凝聚力表现为在员工个人目标与组织目标高度一致的基础上,树立一种以组织为中心的群体意识,从而使员工在潜意识里对组织产生强大的向心力;组织成员对本组织所承担的社会责任和发展目标有着深刻的理解,组织目标成为凝聚组织全体成员意志的强有力的"磁铁"。组织可能由于战略失误,目标不合理,领导人缺乏魅力,规章制度不够完善,员工缺乏参与组织管理的机会,不能获得合理的工作报酬等各方面的原因,对员工缺乏凝聚力,不能对员工产生激励。

5.2.2 目标和焦点

员工关系管理的目标,总体而言,是通过组织与员工的有效沟通,促进双方的相互了解,协调双方的利益,调动员工的积极性,充分发挥员工的潜能,保证组织整体目标的实现。员工关系管理的目标,包括以下三个基本方面:

第一,促进员工对组织的认知。促进员工对组织的认知,首先,要重视组织给员工的直接印象,组织要通过多种途径,让员工亲身体验和实地了解组织的产品、服务、设备设施等,感受到组织的发展和进步。其次,要注意给员工良好的"第一印象",对组织新招聘的员工,要搞好接待、培训和教育,让他们更好地了解组织的多方面情况;对已有员工,有关组织的新产品、新服务、新设备、新工艺等信息,应及时全面地向其介绍。再次,要不断增加组织透明度,培养和强化组织的个性特色,给员工留下良好的印象。

第二,提高员工的自信心和责任心。提高员工的自信心和责任心,调动员工工作的热情和积极性,是组织开展员工公关活动的基本目标。组织公共关系部门应与组织有关部门相互配合,通力合作,通过对员工人生目标和职业生涯的设计,使员工个人目标与组织目标真正统一和协调起来,人尽其才,才尽其用,以鼓舞员工士气,树立员工对组织的信心。通过培养员工主动、积极、认真负责、勤奋不懈的工作态度,使员工具有坚强的意志,勇于面对现实和艰难逆境,不被环境所左右,不被困难所吓倒,坚守工作岗位,充分发挥自己的潜能,为实现本部门目标和组织整体目标而作出自己最大的努力。

日本企业激发员工的工作热情,提高员工的自信心和责任心的做法给我们很大启示。例如,东京西武百集团在公司所属商店的任何一间办公室中,都张贴着一幅既吸引人又令人费解的宣传画:一个巨大的人头像,头上顶着一个小铁塔,塔尖部的空中释放着许多闪电。这就是西武公司的"热情发电图",意思是,职工们对公司的热情,会化为巨大的智慧,而巨大的智慧就像闪电一样,会给公司的发展带来巨大的动力。西武公司一向以此来激励职工的"自我实现精神",即"充分发挥才干"的精神需求。为了最大限度地发挥职工才能,公司每年年底都向职工发一份"自我申告书",由职工自愿填写。申告书填写的栏目内容是:一年来的主要成绩;现有工作是否能发挥你的能力;对自己的能力进行估计,如分析能力、联想能力、表达能力、持续工作能力等;今后一两年内是否打算变换工种,变换什么工种;你将来想担任什么职务;你希望受到什么教育,或研修什么内容;你受过什么训练;主管领导意见和处理情况等。随后,公司通过培训、奖励等多种方法帮助其实现"自我实现"的愿望。公司的基本观点是:"多数情况下不是人不好,只是没用好。"西武公司的做法很值得人们借鉴。企业对员工除了给予充分的信任和尊重外,还必须为员工的成长和发展提供各种机会,这样才能挖掘员工的潜力,充分调动员工的积极性。

第三,培养组织内部融洽的"家庭式氛围"。应对员工的业务工作和日常生活的各个方面给予积极的指导、关注和关心,使员工切实感受到集体的温暖,感受到组织"大家庭"的关怀。每个员工都有经济的、社会的、心理的、精神的不同方面、不同层次的需求,只有这些需求在组织内得到基本的满足,才能促使员工勤奋工作。关心和照顾好每个员工的工作和生活,是组织员工公共关系工作应尽的责任与义务。从员工的角度而言,也只有在融洽的"家庭式氛围"中,他们在日常工作中产生的焦虑和面临的压力才能得到缓解、消除;同时,这种家庭式的情感需求的满足必然促使员工形成强大的工作动力,把组织营造成为一个坚强团结的集体,以卓越的事业绩效去赢得社会各界公众的信任和支持。

培养组织内部融洽的"家庭式氛围",日本企业做得很有特色。第二次世界大战之后,日本经济迅速恢复与崛起,公认的结论是,它将欧美先进的科学技术与本民族优秀的文化传统相结合,从而成功地开创出一条以"和为贵"为核心的"儒家资本主义"式的现代化发展道路,用日本人自己的话来说就是"和魂+洋才"。所谓"和魂",是指以传统的儒家学说为核心的家庭士族理论,它构成了当今日本组织精神的基本信条,是当代日本各类组织从事组织管理和开展员工公共关系活动的基石。儒家"和为贵"的主张在今天已扩展成为和睦相处、团结协作的集体主义思想。在日本的组织里,"和"成为人们向往并努力争取达到的一种公共关系状态和目标。员工们在日常工作中强调集体主义,相互配合,互相仁爱,彼此亲如一家,反对个人主义和内部倾轧,尽量避免无谓的内耗,使组织成为真正意义上的荣辱与共的命运共同体。

员工关系的管理,需要面对和解决多种问题,其工作的焦点是造就组织与员工良好的价值观。

组织价值观是指组织评判事物和指导行为的基本信念、总体观点和选择方针。它的基本特征表现为:一是调节性,组织价值观以鲜明的感召力和强烈的凝聚力,有效地协调、组合、规范、影响和调整组织的各种活动;二是评判性,组织价值观一旦成为固定的思维模式,就会对现实事物和社会生活作出好坏优劣的衡量评判和肯定与否定的取舍;三是驱动性,组织价值观可以持久地促使组织去追求某种价值目标,这种由强烈的欲望所形成的内在驱动力往往构成推动组织行为的动力机制和激励机制。组织价值观具有不同的层次和类型,优秀的组织总会追求崇高的目标、高尚的社会责任和卓越创新的信念。如IBM公司强调"为职工利益,为顾客利益,为股东利益"以及"尊重个人,竭诚服务,一流主义";三菱公司主张"顾客第一";长虹集团以追求"产业报国,民族昌盛为己任"。

培养和造就组织与员工良好的价值观,对于组织形象的塑造和组织的发展具有重要作用。首先,良好的价值观赋予员工日常工作以崇高的意义,促使员工把日常工作与高层次的价值目标联系起来,超越低层次的狭隘眼界,获得精神动力,为组织共同的目标和任务精诚合作。其次,良好的价值观赋予组织以重大的社会责任,促使组织从文明进步和社会责任的角度出发,来指导和校正自己的行为,不仅仅只是强调追求组织自身的局部利益。再次,良好的价值为广大员工提供了日常行为的指南,促使员工个人围绕组织共同的价值目标,自觉调整自身行为;促使组织全体员工在目标一致、利益一致的基础上形成一个强有力的集体,自觉调整局部利益与整体利益、目前利益与长远利益之间的关系,保持员工思想言行的正确方向和组织运行发展的健康协调。

组织价值观作为组织重要的凝聚力,主要通过组织文化表现出来,即通过形成本组织人员都恪守的一套行为方式、工作信念、特有的用语、专用的服饰、独特的环境等,使组织员工一方面可以感到同社会其他组织之间存在一定的差别(优越性),同时因本组织拥有这些令人敬仰和羡慕的特点而自豪,并努力遵循它、维护它。因此,培养和造就组织与员工良好的价值观要同组织的文化建设协调统一起来,通过组织文化的建设来促进组织与员工良好价值观的培育。

5.2.3 途径与方法

组织维护和发展员工关系的基本途径和方法主要涉及以下四个方面:

第一,尊重员工。尊重员工是指承认和尊重员工的个人价值。尊重员工,要求组织树立以人为本的管理思想,以礼待人,真正把员工作为组织的主体,组织的工作围绕和服务于组织与员工的共同发展。组织在这方面的主要做法是:密切组织管理者和下属人员的关系;完善各种奖励制度;遵守劳动合同法有关工资、社保等规定,完善组织的劳动管理;让员工参与组织的日常管理活动等。

例如,美国迪斯尼公司非常注意处理员工关系,其宗旨是:使员工有高度的满足感。公司把每一位员工都称为"主人",如"饮食主人"、"保安主人"、"市容主人"等,为的是增强员工的使命感,让游客有宾至如归之感。公司不像其他大企业那样日常称呼先生、小姐,而是彼此称呼名字,不分等级,令游乐场充满友善和无拘无束的气氛。迪斯尼的行政人员必须每年参加为期一周的"交换角色"节目,他们担任游乐场爆米花或收票的角色,亲身体验员工的工作情况。迪斯尼公司之所以在员工关系上花这么大的精力,原因就在于它知道服务业所推销的纯粹是员工的表现。对顾客而言,公司员工就是公司的化身,如果员工心境不佳,视工作为糊口,终日板着面孔,无疑是自绝客路,受损害的是公司自己。相反,员工对身为迪斯尼一分子感到骄傲,热爱工作,善待游客,迪斯尼公司的业务一定会一天天发展。

第二,关心员工。首先要关心员工的物质利益。员工的物质利益主要包括工资福利待遇、劳动条件和工作环境等。改善这些物质条件,使员工得到满足,是维护员工关系的基础。组织公共关系部门及工作人员应积极协助有关领导和部门,解决好涉及员工切身利益的各项工作。

关心员工,公关部门可通过以下做法发挥其应有作用:一是为员工收入合理化提供决策信息。组织公共关系部门通过认真研究国家劳动合同法等有关法律、法规,领会国家政策的有关精神,参考同行业的相关做法,充分考虑本组织实际,向决策部门提供科学的决策信息。二是为改善员工的福利待遇建言献策。员工的福利待遇涉及员工的生、老、病、死、婚、嫁、衣、食、住、行等切身利益和实际困难,组织公共关系部门可为改善员工的福利待遇提供建设性的意见和可行性的方案。三是为改善员工的工作环境作出努力。安全、舒适的工作环境,有利于保证产品和服务质量,提高劳动效率,培养员工对组织的感情。组织公共关系部门及工作人员可通过多种渠道收集员工对安全生产和文明工作的要求和建议,协助组织有关领导和部门建立和健全劳动管理的各项规章制度、操作规范;定期和不定期地开展安全生产的宣传和教育活动;策划、组织和参加有关劳动保护、安全生产、文明环境的检查、评比、宣传等活动。在关心员工方面,内蒙古鄂尔多斯市东方路桥集团丁新民总裁的"亲民"意识值得组织借鉴。

内蒙古鄂尔多斯市东方路桥集团在总裁丁新民的带领下,成立仅短短三年时间,就以每年实现利税近亿元的营业规模,形成了一个拥有10个子公司、资本达8亿多元,位居全国民营企业500强前列的综合性集团化企业,这其中丁新民总裁的"亲民"意识功不可没。每年元旦、春节施工休整期间,他都分期分批地安排员工到北京、上海、广东、广西、香港、澳门以及新(加坡)马(来西亚)泰(国)、美国和欧洲等地参观学习和考察,学习其他省、市和国外在公路建设等方面的先进经验,激发员工热爱公司,积极为公司发展献计献策和贡献力量的热情。丁新民总裁还始终把改善员工生活条件放在心中。他要求每个成员企业都要建立只收一半成本费的员工自助食堂,伙食要做到物美价廉、花样翻新。每月不足100元的伙食开支,使员工每日饱食三餐,深受员工欢迎。为了解决员工上下班交通困难,他为东杨公司管理工区专门配备了通勤面包车,按时接送员工上下班。在集团经济效益稳步增长的同时,员工的工资每年以10%~20%的速度递增。2000年,他投资建起了每户建筑面积为108平方米的住宅楼,62名员工住进了新楼房;2002年年初,丁新民又投资100多万元,为道班工人建造砖混结构住宅楼,每户建筑面积80平方米。他还准备推出轿车入户计划,分期分批地帮助员工实现拥有私人轿车的梦想。

(资料来源:赵庆禄.中国工商时报,2002-11-1.)

第三,沟通员工。组织维护和发展员工关系的基本途径之三是加强与员工的双向沟通。员工作为组织一员,如果对组织的情况不了解,特别是对与自己切身利益相关的消息知之甚少,必然会产生猜疑、烦恼、对抗的心理和行为,从而造成员工之间的隔阂、争斗和内耗。组织加强与员工的双向沟通,既有利于形成组织内部良好的人际关系,也是为了使员工在认识与行为上与组织的根本目标保持一致。

组织与员工沟通的有关信息,主要涉及以下几方面的内容:向员工介绍本组织在生产、销售、技术、质量等方面的困难,竞争对手的挑战与影响,外部公众对本组织的评价和反映,以求增加员工的危机感和紧迫感,增强员工的斗志;介绍组织的新产品、新服务、新技术、新设备和新工艺,组织所取得的成就,领导和先进人物的工作业绩,以增强员工对组织的信心、光荣感和使命感;介绍本组织的财务状况,领导层的人事变动,工资、奖金和福利政策,以求得员工的理解和支持。另外,组织要搜集和了解员工的有关信息,包括员工的情绪、牢骚、意见、建议和要求等。

组织与员工的信息沟通是多流向的,既有纵向的信息传递,又有横向和立体交叉式的信息传递。组织与员工加强信息沟通,常用方式主要有:内部刊物,如组织的小报和通讯,定期印发的小册子等;黑板报和墙报;组织内部的广播、闭路电视和网络系统;热线电话,接受员工的投诉、意见和建议;意见箱;领导接待日;员工顾问和专门委员会;定期和不定期的会议;家访;集体娱乐活动;展览会;员工俱乐部及员工集体娱乐活动,如郊游、观看演出、体育活动、舞会等。

第四,培育员工。培育员工,即培植员工的"参与意识",培养员工的主人公精神,激励员工的工作热情,发挥他们的工作潜能。培植员工的"参与意识",发挥员工的工作积极性,可通过建立和完善组织内部的合理化建议制度和采用多种激励方式来进行。

建立和完善组织内部的合理化建议制度的具体方法是:列举有待建议的问题;确定建议的方法和形式,如可采用提案、口头或书面的形式等;设立评奖委员会,确定奖励标准、日期,对提出合理化建议的员工进行必要的奖励等。

组织对员工进行激励,常用的方法主要有:目标激励,即通过加强组织的目标管理来激励员工;民主管理激励,让员工参与组织日常经营管理来调动员工的积极性;奖惩激励,通过奖励或惩罚,肯定员工的合理动机和正确行为,使之发扬光大,否定员工的不良行为,使之收敛和改正;榜样激励,组织通过对先进人物和典型事迹的宣传和表彰,以先进带动后进;领导行为激励,组织有关部门的管理人员在领导作风、领导水平、领导方法等方面作出表率,以感染、鼓舞员工;情感激励,即注重与员工的情感交流来调动员工的积极性等。日本公司培育员工的做法可给组织很多启示。

一次,松下幸之助召见他的销售经理,问道:"松下公司是生产什么产品的公司?"

经理不假思索地答道:"这还用问吗?是生产电器的嘛!"

松下幸之助勃然大怒,当场训斥了这位经理,说:"松下电器公司是培育人才的公司,兼做电器商品的生意。"

这就是松下幸之助"制造松下产品前,先制造松下人"的一贯思想。

在日本,几乎所有的企业都在十分显眼的地方张贴"社训",条文简单明了,内容丰富,含义深远,激励人心。

日立神奈川工厂的社训是:

● 要生产出世界第一流的电子计算机产品;

- 要站在顾客的立场考虑问题；
- 要提高自己的人格，以高度责任感完成任务；
- 要有一个保证健康、使人愉快的工作环境；
- 要进行彻底的成本核算，消灭废品。

松下公司的社训是：

彻底认清从事产业的使命，谋求社会的改善与进步，进而贡献于世界文化。

惟有全部员工和睦相处，共同协力，才有进步和发展的可能，应本着至诚、团结一致的精神，为社会尽力。

这些社训，绝不是装饰品，而是治厂的格言和经营的灵魂，全公司的职员都要经常温习这些训言，记在心上，体现在自己的工作实践中。

松下公司还为此专门编了社歌，每天早晨，遍布世界各地的松下公司分工厂，都无一例外要在上班前高唱社歌，使职工每天都保持高昂的精神状态。

（资料来源：周安华，苗晋平.公共关系理论、实务与技巧.北京：中国人民大学出版社，2007.）

5.3　政府关系

5.3.1　概念与问题

政府公众，是指政府各级行政机构及其工作人员，是组织与政府沟通的具体对象。政府公众对象是一个庞大复杂的体系结构，包括国家的中央政府和组织利益触角所及的各级地方政府、政府组织机构的职能部门及其各类工作人员。以中国为例，政府组织部门有工商行政管理、劳动人事、市政、交通、治安、商检、卫生检疫、环保、财政、税收、审计等。

政府关系，是指社会组织为了获得政府的理解与支持，通过与政府的双向沟通，树立组织良好形象、协调关系，并试图影响政府公共政策的制定、实施与终止的公共关系活动。

政府作为国家和地方的行政管理机构，拥有相当的权力和多种功能，对社会组织的生存和发展具有重要的甚至决定性的作用，组织开展政府公共关系的意义主要体现在以下三个方面：

首先，政府是重要的信息数据中心。在知识经济时代，信息对社会组织的发展具有重要的意义。政府制定法规、方针、政策及有关金融、外贸、海关、价格等方面的具体规定，政府部门的这些信息具有权威性和巨大的影响力。这些信息对一个组织，尤其是工商企业组织关系重大。中央政府和各个地方政府的统计局，收集处理的有关社会政治、经济、文化等各个方面的统计数据以及发布的一些未来社会需求、社会发展的预测数据，社会组织都必须十分重视,没有这些信息和数据,社会组织不能顺利地发展。

其次,政府的认可和支持具有高度权威性和影响力。政府掌握着制定政策、执行法律、管理社会的权力职能,具有强大的宏观调控力量。政府作为全民利益的代表,可运用经济、法律以至必要的行政手段对社会组织进行管理、协调和监督。一个组织的政策、行为和产品如果能够得到政府的认可和支持,无疑将对组织产生重大影响,甚至使组织的各种沟通渠道畅通无阻。

第三,政府能够为社会组织创造、提供、改善发展的良好环境。一个社会组织正常的发展需要良好的环境。例如,一个工商企业的生存发展需要交通、能源、金融、人才、社会治安等环境要素,离开了这些环境要素,组织的生存和发展必然会受到影响,而政府可以在这些方面发挥它的职能,创造、改善和提供组织所需要的环境要素。

组织在开展政府公关活动过程中,面临的主要问题通常是:

第一,对政府机构缺乏了解。政府是一个复杂的系统,划分为不同的层次、不同的职能部门,每个部门又有不同的办事机构、工作范围和工作权限。组织公共关系人员不熟悉政府机构的内部层次、工作规则和办事程序,人为造成"公文旅行"或"踢皮球"的现象,导致办事效率低下。

第二,缺乏与政府工作人员的良好关系。组织公共关系人员因各种原因,不能建立与政府工作人员的良好个人感情和工作关系,不能保持与政府工作人员的经常联系。

第三,缺少政府部门的正常工作支持。组织公共关系部门和人员不注重收集来自政府的各种信息,组织活动缺少政府的各种政策支持;组织不善于发挥政府的影响来协调纠纷和解决问题,不善于借助政府来开拓市场和寻求发展。

第四,不注重组织对政府的影响。组织公共关系部门和人员缺乏与政府部门及其工作人员的沟通,不重视对政府的"院外活动",施加组织对政府政策的影响。

5.3.2 目标与焦点

组织与政府保持良好关系,总的目标是争取政府各职能部门对本组织的了解、信任和支持,从而为组织的生存和发展争取良好的政策环境、法律保障、行政支持和社会政治条件。组织政府关系管理的具体目标包括以下基本方面:

第一,熟悉政府机构和职能。即熟悉政府机构的内部层次、职权范围、工作规则和办事程序,提高办事效率。组织经常交往的政府机构通常有党政机关、司法机构、经贸系统、财政部门、工商管理机构、卫生防疫部门、能源供应单位、交通通信及环境保护部门等。熟悉这些政府机构及其职能,是组织公关人员开展政府公关的基本目标之一。

第二,发展与政府工作人员的良好关系。通过建立和发展与政府工作人员的良好个人感情和工作关系,保持与政府工作人员的经常联系,保证组织政府公关的正常开展。

第三,争取政府的认可和支持。随着市场体系的逐步确立和政府职能的转换,依法行政成为政府管理的主要手段,政府管理的方式将以经济和法律手段为主,辅之以必要的行政手段。政府的认可和支持,主要体现在政府的法律和各种优惠政策支持上,如减免税收、政府鼓励发展的产业和项目的特别的法律和政策倾斜等;政府的直接的财政支持,如政府财政转移支付等;政府的行政协调和行政支持等。

组织在开展政府公关活动过程中,应把握的焦点是:做政府的模范公民,它是组织开展政府公关活动的前提,是组织赢得政府各职能部门对本组织信任和支持的基础,也是组织作为社会公民应有的人格和职业操守。做政府的模范公民,组织应注意做好以下几方面的工作:

首先,要处理好组织利益与社会利益的关系,使组织利益与社会利益协调一致。组织追求自己的利益无可厚非,但这种对自身利益的追求必须与社会利益趋于一致,才能得到政府公众的认可,获得政府公众的信任和支持。当代政府,都十分重视维护公民的健康和安全、环境保护及可持续发展,如果组织的产品和服务符合这一代表社会利益的要求,必然会得到政府的认可和支持;反之,如果违背这一要求,不注重公共卫生和食品安全,破坏生态环境的平衡,损害社会的可持续发展,组织不但不能获得政府公众的信任和支持,而且肯定会受到政府的处罚,组织形象将由此招致严重的损害,组织的生存和发展也可能会发生危机。例如,南京冠生园因为"陈馅月饼"事件,老字号的美誉毁于一旦,令人扼腕。因此,社会组织要自觉地把组织的目标利益与社会和政府的目标利益统一起来。

日本的社会组织十分重视保持组织利益与社会利益的一致性来协调与政府公众的关系。如日本著名的大银行住友银行在招考职员时有这样一道试题:"当本银行利益与国家利益发生冲突时,请问阁下将采取何种对策?"应考者大致有以下三种代表性的回答:

第一种回答说:"当双方出现这种冲突时,我将坚决维护本行利益。"

第二种回答说:"当双方出现利益冲突时,应当无条件地服从维护国家利益。"

第三种回答说:"我如果遇到此种情况,一定想方设法去淡化与调和这一矛盾。"

住友银行的主考官对这三种回答分别进行了评说。

他认为:第一种回答的人不清楚政府公众作为权力机关和代表社会利益的重要性,企业如果用硬性抵触的方法来处理与政府公众的关系,即使银行获得了一时的利益,但最终必将使银行的利益受到严重的损害。这些人也许会给银行带来不必要的麻烦,因此不能录用。

对第二种回答的人,主考官认为:这种人不顾及银行的利益,甚至无条件地牺牲银行利益,他们可以去政府机构任职而不应在银行上班。

对第三种回答的人才是银行真正需要的人才,他们具有公共关系的意识,懂得协调政府关系的重要性,而且把银行利益也放在心中,这些人可以在银行的公共关系部门任职,相信他们能帮助银行与政府公众之间建立良好的关系。

(资料来源:褚云茂.公共关系与现代政府.上海:上海大学出版社,2006.)

其次,要遵纪守法。现代政府是通过法律、法令、政策、条例来实施对社会的宏观管理,规范组织和个人的各种行为,以实现经济发展、社会稳定、人民安居乐业的目标。社会组织作为一个团体公民,它的所有活动和行为必须在法律法规所允许的范围内进行,对政府的公关不是阴暗地拉关系,而是阳光下的产业,对政府公众的公共关系活动也必须合法。社会组织要做遵纪守法的好公民,如生产合格的产品,提供良好的服务,依法按章纳税,保护生态环境等。如果一个组织无视国家的法律和政府的政策,为了小团体的利益从事违法违规活动,如生产假冒伪劣产品、偷税漏税、行贿受贿、违章作业等,必然会受到法律的制裁和政府的处罚。此外,由于中国已参加了许多的国际公约,成为 WTO 等国际组织的成员,中国的社会组织还必须遵守这些国际法、国际条约的规定和国际惯例。在海外的社会组织也必须遵守当地国家政府的法律和规定,甚至一些乡规民约。这样才能与当地政府关系融洽。

最后,要自觉服从政府的管理,主动配合政府公众的工作。如政府号召援助灾区人民、资助社会公益事业、维护社会治安等活动,社会组织应根据自身实际情况,力所能及地积极参与这些活动,为政府公众分忧,为民众解难,以赢得社会的好评和政府公众的赞赏。例如,美国福特公司 2001 年在中国投入巨资设立环保奖,并授予荒山造林 270 万平方米的河北农民李荣"福特汽车环保黄河奖"。当然福特公司也得到了它想要的,因为在环保奖的启动仪式上,原林业部副部长董知平,原全国人大环境与资源保护委员会主任委员曲格平都高度称赞了福特公司的环保贡献。福特中国公司总裁程美玮坦言,这样的公关活动既增加了政府对组织的信任,又增加了品牌的美誉度。

5.3.3 途径与方法

组织开展政府公共关系工作,争取政府各职能部门对本组织的了解、信任和支持,基本的途径是加强与政府的双向沟通。

一方面,组织的公共关系部门应详尽地分析、研究政府的方针、政策、法规及政府机构的职能,提供给本组织领导及各个部门参考,使组织的一切活动都在政策法规许可的范围内进行,并随时按照政策法规的变动来修正本组织的政策和活动。另一方面,组织的公关部门应及时将实际工作部门的具体情况上传至政府有关部门,致力于向政府公众展示组织的实力,宣传组织实际存在的优势和良好的形象,并根据本地区、本行业、本部门的特殊情况,主动地提出新的政策设想和方案,通过适当的渠道进行说服性的工作,协助发现并纠正政策执行中出现的偏差或失误。

加强与政府的双向沟通,组织公共关系部门和人员可运用以下方法和技巧:

安排组织领导人与政府官员会面 组织领导人与政府官员会面,可以借助政府官员的影响力,扩大组织的影响。同时动员组织参与政府公众举办的社会活动,如参与政府举办的各种公益活动、文化活动、体育比赛等,并尽可能地安排组织的领导者出席、参与这些活动。

主办各种社会活动 如由组织出面主办关于法律知识、科普知识的大奖赛,赞助或参与某个媒介组织举办的歌咏比赛、征文活动等,以赢得政府公众的关注和青睐。

邀请政府公众访问组织 可以利用组织的周年庆典,新技术、新产品新闻发布会,大楼、大厦和厂房的开工与落成典礼,组织与社区的重大联谊会,组织参与的大型体育文化活动等场合与时机,邀请政府领导人和职能机构的负责人等出席和主持典礼仪式,让政府公众客观、全面地了解组织,展示组织形象。

运用大众媒介与政府公众沟通 社会组织可以借助印刷媒介(报纸、杂志、宣传手册等)、电台、电视台、互联网与政府公众实现间接和直接的沟通。

院外游说 社会组织自己出面或通过专业的机构和人士对政府公众进行游说,以争取对组织有利的法案获得通过或不利的法案被取消。

游说是加强政府关系的主要手段。

开展游说活动时应注意:

● 要认识到现代游说活动是建立在对所要讲的问题进行充分研究的基础之上。事前应邀请有关专家、管理人员对问题进行深入研究,提出完整的论点和充足的依据。

● 在向有关人士阐述自己的观点时,论点要简明,措词要慎重,最好能集中于有争议的或有疑问的问题上。对所要表达的内容应有事前的熟练准备。由于政府管理者的公务都较繁忙,他们没有时间也不愿意来听取不着边际的夸夸其谈。

● 要了解问题的对立面。通常政府官员及立法人会要求游说者简要谈谈处于疑问中正反两方面的理由。一位素质良好的游说人员应对此有充分的心理准备,并能以不致削弱自身理由的方法进行表达。对此,游说人员应保持直爽坦诚的态度,以免造成对信誉的损害。

● 要了解你的游说对象的背景,他所代表的机构、政法团体及其一贯的政见。根据不同的对象,来确定游说所要达到的期望目标、应采用的方法、诉求的重点等。

● 如果游说对象赞同你的主张,就不要再占用对方更多的时间,一有可能,马上就结束会见。

● 在会见结束时,应留下一份有关组织对所谈问题的观点、态度的文字报告书。不应期望每一位官员或立法人都能完全记住你的主张,提供事前预备好的研究报告或资料,有利于这些人士事后与其同事进行研究,为他们做决策提供依据。但这种资料一般不宜太长,这与提交给各种专门政策研究机构,或在有关方面的审议中,列席阐述自己见解的详细材料应有所不同。

● 在会见的基础上应进一步做的工作。在你的建议或报告的信息已送达政府有关人员之后,要密切注意被游说对象对这一问题所作出的各种反应。如果某些对象已决定推动你所提议的问题或事实,仍要与其保持密切的联系,应继续采用寄送各种文章或其他各种新的、切题恰当的文件资料,以保持这种接触关系的发展。

● 在游说活动中，公关人员应时时注意交往的礼节，表现出良好的礼仪风貌。如果被游说对象愿意倾听你的意见，会见后就应立即以书面信件的形式，向其及各位有所帮助的助手、智囊人员表示感谢。

（资料来源：何伟祥. 公共关系原理与实务. 大连：东北财经大学出版社，2006.）

5.4 社 区 关 系

在中国，社区是近些年流行的新概念。任何一个组织，总是处于一定的社区之中。社区关系如何，关系到组织能否得到社区的支持，对组织的发展具有重要意义。

5.4.1 概念与问题

社区，指人们共同生活的一定区域，如村庄、街道、小区、城镇等。社区公众指组织所在地的区域关系对象，包括当地的政府、企事业单位、左邻右舍的居民等。

社区公众关系，指社会组织与自己所在地域内的居民、有关社会群体和社会组织之间的睦邻友好关系。如与周围相邻的工厂、机关、学校、商店、旅馆、医院、群众团体以及居民等的友好关系。

社区是组织的重要外部环境，组织与社区之间客观存在着相互制约和相互依存的关系，社区关系的好坏直接影响到组织的生存和发展。一方面，社区是组织生存的基础，良好的社区环境是组织赖以生存和发展不可或缺的基本条件。社区可以为组织提供良好的社会服务、优美的生活环境、充足廉价的劳动力资源、稳定的顾客关系和友善的社会环境等。另一方面，如果没有社区中各组织的发展，社区的繁荣和发展同样也是不可能的。社区的发展与繁荣也取决于各种组织增加投资、扩展业务的兴趣和信心，良好的社区环境需要全体社区成员的共同努力。

组织在发展与社区之间的良好关系时，主要面临以下两类问题：

组织的公众形象不佳 社区公众涉及当地社会政治、经济、文化的各个方面和阶层，类型繁多，涉及面广，对组织客观上存在着各种不同的要求和评价。由于处在同一社区，对组织的某一个评价和看法极容易相互传播，形成区域性的影响，从而形成组织的某一种公众形象。组织因为各种内外环境和条件的限制，或决策失误，或没能把握机遇，导致自身发展受到影响，组织形象存在这样或那样的问题；组织的公众形象不佳，更多的原因可能在于组织的理念落后和政策失误，没能承担应有的社会责任和义务，乃至损害社区的利益，以致引起社区公众的不满。

组织的生存环境不良　社区如同组织扎根的土壤,没有良好的社区环境,组织就会失去立足之地。尤其是地方性的组织,其活动直接受社区的制约,需要依靠当地的资源来发展自己。组织的生存环境不良,主要表现在两个方面:一是本地区的政治、经济、文化发展滞后,经济实力不强,市场体系不完善,劳动力素质不高等;或是新发展起来的经济区域,必要的基础设施和相应的配套服务不够健全等。二是因各种原因,组织没能建立起与社区公众的良好关系,得不到社区提供的多方面的良好服务和支持。

5.4.2　目标与焦点

组织发展与社区公众的良好关系,是希望保持组织与社区环境的协调,从而得到健康发展。具体而言,社区关系的基本目标包括两个方面:

一是争取社区公众的好感、理解与支持,为组织创造一个良好的生存环境。组织通过不断调整自己的政策,把事情做好,使组织的行为符合社区公众的需要,争取社区公众对组织的积极评价。美国通用公司为了培养与社区公众间的“准自家关系”,他们将组织自身的服务设施和娱乐设施,如医院、汽车俱乐部向社区公众开放。为减少误会,公司还专门编印了一本指导手册,详细介绍了开放组织的意义及工作中的注意事项,其细致程度无可挑剔。长此以往,员工与社区公众的关系变得更为和谐了。

二是体现组织对社区的责任和义务,扩大组织的区域性影响。组织作为社区“大家庭”的一员,应积极关心和参与社区建设,塑造社区良好公民形象,努力扩大组织的区域性影响,发挥组织应有的作用。例如,美国安塞公司在员工中就倡导对公共事业的热心态度,由员工自愿组成的“抢救队”,每周 7 天,每天 24 小时,无论何时发生天灾、人祸,随时出动,无偿为社区居民提供救助,已达数十年,成为社区建设的中坚分子。

组织发展与社区公众的和谐关系,需要开展多方面的公关工作,其中的焦点是:做社区的好公民。这是组织开展社区公众关系的前提和基础。组织作为社区的成员,要融入社区大家庭,必须“入乡随俗”,遵守社区政府的有关政策和规定,维护社区公众的利益,认真履行组织应尽的职责和义务,为社区的发展作出应有的贡献,成为社区的好公民。如在西班牙出现的中国鞋被焚烧的事件,一个很重要的原因就是中国温州客商没能处理好与当地社区公民的关系,只注重赚取利润,不注重与当地客商共同发展,没能为当地的公益事业发展作出必要的贡献。微软公司在中国的发展也值得我们深入反思。

自 1975 年微软公司创立以来,在短短的 27 年时间里,比尔·盖茨创造了一个又一个现代神话,建造了童话般的“微软帝国”。木秀于林,风必摧之。把市场“蛋糕”切掉一大块揣入自己的腰包而欲独吞的微软公司,不可避免地成为众矢之的。没有对手的微软,多年来一直感受到四面楚歌的孤独。以微软中国为例,近十年来,微软中国的公众形象除了“巨无霸”之外就是太张扬。舍我其谁的强势文化在微软中国的身上也深深地打上了烙印。人们在为微软的先进技术所折服的同时,也被它的过分张扬和霸道所激怒。最为可悲的是，2001 年 12 月 28 日，有史以来中国政府软件采购最丰盛的一顿圣诞大餐摆上桌面时，六家国产软件厂商产品全部中标，而令人奇怪的是，当今最强大的软件公司微软却未能分到一杯羹，这对微软来说不啻一记闷拳。

称霸世界软件业市场 20 多年，一贯骄横傲慢的微软经过一番包装后，忽然变得"温顺"多了。为了战胜竞争对手，微软公司内部到处可以听见"成为顾客信任的企业"口号。在中国市场，打开微软中国公司的网页，有几行谦恭的话语令人耳目一新："微软中国公司深知自己的成功离不开政府部门的支持、业界伙伴的信任和广大用户的厚爱。翘首未来，微软愿与中国信息产业携手，继续努力，共同迈向更加灿烂的 21 世纪。"

微软中国新任总裁唐骏一到任，就以三个著名论断代替新官上任三把火。一是中国方式论："既然我们已在这里安家，当然要做一个优秀的企业公民。我们要用中国的方式跟政府打交道，政府是我们的领导，我们要服从领导。"二是合资友好论："合资是一种友好，一种形象。"三是想做雷锋论："要通过加大对中国社会的回报来改变微软形象，学习雷锋做好事。"

尽管这一切都悄无声息，润物无声，但这个世界上最强的企业以及其在全球拥有的 5 万名员工，都在切切实实地发生着变化！因此，任何社会组织都不能忽视与政府、商业伙伴、客户及当地其他公民的关系。协调好社会组织与社区公众之间的关系，常常会给社会组织带来意想不到的效益。

（资料来源：周安华，苗晋平.公共关系理论、实务与技巧.北京：中国人民大学出版社，2007.）

5.4.3　途径与方法

组织发展与社区公众的良好关系，基本途径和主要方法涉及以下五方面工作：

第一，维护社区环境。组织作为社区的一员，应自觉地保护环境，有效地控制"三废"，防止社区的空气、水源、土地受到污染。此外，组织还可通过文明生产，美化厂区，种植树木花草，搞好社区绿化，修建文娱设施，创造舒适怡人的休闲场所，修桥筑路，改善社区交通等，维护和美化社区环境。

第二，支持社区公益事业。发展社区的公益事业，除了地方财政拨款外，主要依靠社区的各类组织。组织可以通过提供资金和劳务等形式来创办和支持各种公益事业和公益活动，如集资、捐款兴建教育、医疗、体育、卫生、福利等设施；赞助某项文化、体育、娱乐活动；参加社区各种义务劳动等。作为组织的公关部门，应该结合本组织的实际情况，做好资助和捐款预算，发挥组织应有的作用，扩大组织的区域影响。如索尼公司"以技术贡献社会，做优秀企业公民"之类的发展理念，坚持在教育、文化艺术和环境保护等诸多领域开展驻在地的公益活动。索尼在中国的公关活动，开展的社会营销，明确指出其目标就是做中国优秀企业公民，索尼在中国市场提供优质产品的同时，还努力在音乐、影视和教育等领域推动中国文化、艺术事业的发展。2001 年，索尼不仅继续支持第四届北京国际音乐节活动，音乐家出身的索尼公司董事会主席大贺典雄先生还亲自指挥日本东京爱乐乐团在音乐节中的两场演出,为树立索尼的"好公民"形象大做文章。

第三,促进社区的安定与繁荣。组织可为社区提供就业机会,帮助社区消化待业人员,增加社区和谐亲善的气氛,减少不安定因素;可设立一些专门的治安保卫组织,如消防队、救护队等,协助和配合社区处理一些突发性的灾难事故,为社区救死扶伤,排忧解难。

组织还可以充分发挥本组织的人员、技术和经济等方面的优势,帮助社区发展经济,推动社区社会、文化、体育、卫生事业的发展,促进社区繁荣。例如,在美国市场日趋饱和的情况下,可口可乐公司的第二任董事长伍德鲁夫提出了一个惊人的设想,就是"要让全世界的人都喝上可口可乐"。为了打开国外市场,赢得各国民众的认可,伍德鲁夫制定了"当地主义"战略。他在当地投资建厂,招收当地的工人,在缓解当地就业压力和推动当地经济发展的同时,也轻松赢得了当地人的认可和接受。当地人也对可口可乐公司给予了极大的支持和协助,为其创造了良好的发展环境。可口可乐就这样在攻下了一个个社区堡垒之后,完成了"全球可乐王国"的组建。

第四,为社区增添荣誉。如果社区中有成功的企业,生产著名商标产品的工厂,不断创新的高科技企业,财力雄厚的银行,世人瞩目的高等学府,购物方便的百货公司等,也一样会令社区居民感到荣耀。组织作为社区的公民,应该努力为社区争得荣誉和骄傲,使社区居民为有这样的"家庭成员"而感到无比欣慰和自豪。

第五,加强与社区公众的信息和情感交流。加强与社区公众的信息和情感交流,是组织维系和发展社区公众关系的基本途径,组织可选择以下具体方法与社区公众沟通:

组织可通过社区大众传媒组织有关刊物、布置展览和陈列等向社区公众传递组织运作信息;可以敞开大门,邀请社区各界公众前来参观,如通过开展"开发日"活动,增进社区公众对本组织的了解和信任,消除其对组织的误解和偏见,树立本组织的良好形象;邀请地方政府官员、工商企业、其他社会组织和团体,以及居民中的意见领袖一起聚会,广结朋友,沟通信息,增进了解,促进合作;通过放映电影、录像,举办音乐会、舞会以及体育活动等,丰富社区的文化生活,扩大组织在社区的影响;访问社区机构,组织可在某个特定的节日,主动拜访社区有关机构,如学校、福利院、地方政府机构等,向他们表示慰问或感谢,加强与社区公众的情感交流。

5.5　媒体关系

在信息社会,媒体承载着传播信息的重任。它可以使一个默默无闻的组织一夜成名,也可以使一个声名显赫的组织一夜之间名誉扫地。在一定意义上说,媒体关系的好坏对于组织的发展具有极为重要的意义。

5.5.1 概念与问题

　　媒体公众亦称新闻界公众,是指新闻传播机构(包括报社、杂志社、广播电台、电视台和网站)以及新闻界人士(记者、编辑等)。新闻媒体是当今社会影响、引导社会舆论最有力的工具之一,媒体公众是公共关系工作对象中最敏感、最重要、最特殊的一部分。媒体公众具有两重性:一方面,媒体公众是组织必须特别重视的公众,具有对象性;另一方面,媒体又是组织与其他各类公众实现有效沟通的渠道,具有中介性。

　　媒体关系指组织与新闻传播机构(包括报社、杂志社、广播电台、电视台和网站)以及新闻界人士(记者、编辑等)的关系。组织发展同媒体公众良好关系的意义表现在两个方面:

　　良好的媒体关系有利于形成组织良好的公众舆论环境　在现代社会,媒体公众有着巨大的影响力,他们是社会权力的第四极,是"无冕之王"。新闻传播机构和新闻界人士是社会信息流通过程中的"守门人",他们往往决定着各种社会信息的取舍、流向和流量,确定着公众舆论的中心议题,具有"确定议程"和"授予地位"的特殊功能。组织的优良产品、特色服务、先进人物、典型事迹如果能为媒体所报道,便会被组织有关公众所关注;如能成为舆论的中心议题,则会迅速扩大组织的影响,获得较高的社会知名度和美誉度,赢得公众的理解和信任,形成良好的公众舆论环境。

　　良好的媒体关系是组织运用大众传播手段的前提　组织与公众只有很少的机会进行面对面的沟通,要使组织的信息实现大范围、客观公正的传播,最佳的途径就是借助媒体。组织的有关信息是否能被有关媒体报道,以及报道的时间、频率、角度等,一般均由媒体决定。与媒体公众建立广泛的、良好的联系,组织有关信息被报道的可能性则会大大增加,良好的媒体关系是组织成功运用大众传播手段实现与公众有效沟通的前提。

　　组织发展与媒体的关系,面临的问题主要有三方面:一是缺少媒体界的朋友,组织公共关系部门和人员因为工作的局限性,或者是个人的原因,媒体界的朋友较少。二是缺乏媒体的支持,组织因不注重与媒体的沟通,或组织的有关政策和行为不良,需要与公众沟通的某些活动得不到媒体的配合与支持。三是不善于发挥媒体的影响,由于缺少必要的策划,组织有关活动不能被媒体所关注、报道或曝光,以至需要扩大影响的活动没能被公众关注和了解,需要解决的问题不能得到政府和公众的同情和支持。

5.5.2 目标与焦点

　　组织之所以要发展同媒体公众的良好关系,其目的主要有两个:一是寻求媒体的支持与合作。争取媒体的支持,反映在组织的产品、服务、人员、设备设施,组织开展的有关活动等能得到媒体及时和客观的报道;加强合作,可通过与媒体联合开展某些社会性、公益性活动,提升组织的形象。二是运用媒体发挥组织的社会影响。如组织通过媒体开展商品性和公益性广告宣传；策划某些专题活动引起媒体的注意，进行免费的新闻报道；通过对某些事件的曝光和再曝光，揭示事情的真相，寻求社会的同情、理解和支持，以调解纠纷，协调利益，扩大影响等。

媒体关系作为对组织具有双重意义的特殊的公众关系，其协调的焦点是：尊重、理解和支持媒体的工作。这反映了组织开展媒体工作的出发点和基本思路，有利于明确工作的方向，解决工作中的问题，加强与媒体的合作。尊重、理解和支持媒体的工作，主要应遵循以下媒体关系工作的"三要"、"四不"原则：

要以礼相待　应以主动热忱的态度对待各新闻媒体，积极配合，为采访或报道工作提供方便。即使是可能会对组织不利的采访，也应如实相告，承认自身问题，并及时改正；应将此作为一个发现问题、更正错误的机会，不能恶言相对。

要以诚相待　应主动与传媒建立和维护相互尊重和信任的关系，严格遵守公共关系基本准则："将事实真相告诉给公众"。以诚实赢得朋友，既不掩盖事实，也不夸大事实，确有难言之隐也需向传媒作出说明，求得对方谅解。

要平等相待　对不同级别、不同层次的传媒应一视同仁，不能厚此薄彼；对传媒人员，不管是资深记者还是见习通讯员都要平等对待；不管是对组织业绩的正面报道，还是不利新闻都要一样以礼相待。

不要"一厢情愿"　不能向媒体提出不切实际的要求，更不能强迫记者按组织意愿撰写新闻稿。

不要"以利相交"　与新闻媒体保持正当的联络，不能用庸俗关系，更不能以利益贿赂。组织在与新闻界关系中如采取了不正当手段，一旦被曝光，组织的形象就会严重受损。

不要"变相交换"　如有的社会组织以广告投入换取新闻媒体的正面报道，搞有偿新闻，这种利益制约关系是不可能换来新闻媒体对组织的全面了解与长期支持的。

不要"临渴掘井"　与传媒的交往是靠平时保持一份君子之交而逐步积累起来的，那种招之即来，挥之即去的实用主义态度和"平时不烧香，急时抱佛脚"的做法，只能损害与媒介的关系。

美国公共关系专家斯各特·卡特里普等人在《公共关系教程》中提出了媒介关系的五项基本规则，并指出："只要从业人员遵循了这几个基本原则，这种关系就可能得到最佳实现。"这五项规则是：开诚布公；提供服务；不要乞求或吹毛求疵；不要寻求封杀；不要大水漫灌媒介（这包括尊重记者的新闻标准和在与每个媒体联系时将资料只发给一位新闻记者）。

5.5.3　途径与方法

组织发展与媒体良好关系的基本途径是：加强与媒体的双向沟通。加强与媒体的双向沟通，组织应综合运用多种方法做好以下工作：

熟悉新闻媒体的运作规律　公关人员必须了解新闻界人士的职业尊严、职业特点，尊重他们的职业道德；熟悉各种新闻媒介的报道方向、版面特色、编辑方针、出版（或播出）周期、读者（或受众）对象等；要掌握基本的新闻写作知识和技巧。

结交媒体界的朋友，保持良好的工作关系　组织应本着热情友好的态度对待记者的来访，实事求是地为他们提供有价值的组织信息；组织也可主动邀请媒体人士来进行参观访问，创造条件让他们增加对组织各方面情况的感性认识，向他们提供宣传报道的第一手资料；通过主动撰写新闻稿，举行新闻发布会，为媒体提供有价值的新闻素材；通过与媒体界的朋友开展各种形式的文体娱乐等联谊活动，沟通双方信息，促进了解，发展友谊，保持合作。

正确对待媒体的曝光与批评　当新闻媒体发表了不利于组织形象的批评报道后，组织应虚心接受并及时采取补救措施，以挽回影响，切不可对媒体的批评不闻不问、我行我素，甚至反唇相讥。如果媒体的批评有失实、失当之处，应该诚恳地反映情况，澄清是非，而不可"剑拔弩张"，激化矛盾。

积极吸引新闻媒体的注意　公关人员要学会"制造新闻"引起新闻界的注意。组织公共关系部门在"制造新闻"时，应遵循真实、新颖、可行、贴近大众的原则，以正当的手段，有意识地采取既对自己有利，又使社会和公众受惠的行动，以引起社会公众和新闻界的注意。否则，制造假新闻，故意炒作，必然会招致政府的干预和社会舆论的谴责。如网上炒得沸沸扬扬的陕西林业局"周老虎"事件还没平息，湖南平江又出现了"疑似华南虎"的"吴老虎"事件。2008年3月20日，湖南经视台播出了平江出现"疑似华南虎"的新闻，湖南平江电视台记者吴某在平江县石牛寨调研时，在野外无意中拍摄到了"疑似华南虎"。"虎落平江"这一爆炸性的新闻立即引起了媒体、政府和社会公众的广泛关注。这一次有关部门反应迅速，很快确认"疑似华南虎"实则马戏团的东北虎，这一事件纯属平江县石牛寨旅游开发公司为炒作风景区而策划的虚假新闻。3月25日，石牛寨旅游开发公司不得不在媒体上公开致歉。3月26日，有关部门对当事人作出了严肃处理，平江县旅游局局长被撤职，当事记者被开除留用察看一年并吊销记者证，其他当事人也被严肃处理。

大多数美国企业都希望通过媒体经常与其公众保持联系，向他们介绍企业目前的进展和未来的发展方向。由于高科技产品设计、生产和销售周期的关系，企业不可能每天、每周甚至每个月都有新产品和技术问世或盈利报告的出台（美国上市企业的盈利报告按规定必须每季度公布一次）。那么企业应怎样让媒体在没有新闻时继续对自己关注呢？

以下这些可以帮助公关从业人员在企业新闻淡季时向媒体推销：

提供企业专家对市场热门话题的评论和看法；

案情分析（顾客、消费者等使用企业产品后解决实际问题的案例）；

提供市场动态、预测和趋势；

企业的专访（例如，某一产品的研发、生产等工业过程；企业原先在某一市场默默无

闻,后来赶超领先等);

带有人情味的题材(如工程师因研究成果而获某一大奖,专利得到应用的过程等);

如发现媒体在报道自己的竞争对方,要求参与或提供材料,帮助媒体达到全面公正的报道。

（资料来源：贺红扬.我在美国做公关.北京：清华大学出版社,2004.）

小 结

组织公共关系的主要对象包括客户、员工、政府、社区、媒体等,寻求与公众的良好合作及和谐发展是组织开展各类公众活动的目标,亦是组织公众关系面对的挑战。

组织客户关系面临的问题可能包括：组织知名度不高,组织形象不佳,组织的客户队伍不稳,组织和客户发生冲突等;其焦点在于组织能否真正树立"客户第一","客户永远是正确的"的公关理念。协调客户关系的目的是为了熟悉和了解组织的重要客户,寻求客户支持,建立相对稳定的客户队伍,开拓和稳定组织的市场关系。尊重客户权益,满足客户需要,加强与客户的沟通是维护良好客户关系的基本途径;组织可通过对员工进行客户意识的灌输,开展客户调查,为客户提供满意的商品或劳务,妥善处理客户的投诉,开展多种活动联络客户感情,来发展与客户的良好关系。

员工关系、政府关系、社区关系、媒体关系的协调各有特点。组织协调员工关系的目的在于充分调动员工的积极性,以保证组织总体目标的实现;协调好员工关系,要求造就组织与员工良好的价值观,较好地满足员工的物资和精神需求。政府关系管理的目标是争取政府各职能部门对本组织的了解、信任和支持,为组织的生存和发展争取良好的政策环境、法律保障、行政支持和社会政治条件;其焦点是组织应努力做政府的模范公民;实现政府关系管理目标的基本途径在于加强与政府的沟通。协调社区关系的目的,主要是为组织创造一个良好的生存环境,扩大组织的区域性影响;社区活动的关键是组织能否为社区发展作出必要的贡献,做社区的模范公民。而媒介关系的协调要求组织尊重、支持、理解媒介,加强与媒介的沟通。

亚柯卡的公关艺术

日货冲击,对手倾轧,石油危机,财政枯竭,25个副手各占山头,数万辆劣质车积压满库。1978年，美国第三大汽车公司克莱斯勒内外交困，危机四伏。就是在这样严峻的形势下，亚柯卡为克莱斯勒的一片诚意所感动，毅然放弃百万美元的退休年金，出任克莱斯勒董事长兼总经理。他决心以自己的知识、经验、胆识挽救这艘摇摇欲坠、满目疮痍的企业界"万吨巨轮"。

有"野马之父"荣称的亚柯卡出生于美国宾夕法尼亚州的艾伦顿市，他以出色的管理才能闻名于世，是汽车经营业不可多得的天才。

亚柯卡深知打铁先得自身硬的道理，所以上台伊始，他的"三板斧"就首先砍向企业内部：

撤裁冗员。23名副经理和大批管理人员被裁减，公司内的优秀分子得到提升。

广招贤才。一些大公司包括福特、通用内的不得志的业务能手，被招到克莱斯勒麾下。

协调内部公众关系。向工会、员工解释自己的打算、计划，倾听他们的建议，让员工成为公司股东。为了建设"共渡难关"的意识，他还降低了自己的年薪。

在亚柯卡出任总经理的当天，克莱斯勒的股票就猛涨，升幅达35％。而新官上任的三把火，不仅使其内部团结一致，而且赢得了相关公众的赞许。经过一系列的调整，克莱斯勒当年就扭转了企业亏损的局面。

对企业自身的问题，亚柯卡可以快刀斩乱麻。但对于财政枯竭及全球性的萧条，亚柯卡也没有太多招数，于是他想到了政府担保贷款。

谁料此言一出，立即招来众多非议。不仅通用与福特百般挑剔，实业界、金融界、新闻媒体也纷纷来凑热闹，说此举有违自由企业精神。看来，想让受舆论影响甚多的国会批准贷款，必须从舆论着手。

1979年，亚柯卡搞了一次大规模的宣传活动。他自己常常开着克莱斯勒车出没于闹市，还动手拍了46部广告片，以轻松幽默、妙趣横生的情境，营造出"克莱斯勒与以前不同了"的形象。然后在报纸上大登企业形象与公共关系广告：

失去了克莱斯勒，对美国有好处吗？

在自救方面，克莱斯勒是否已尽力为之？

克莱斯勒，问题多得解决不完吗？

⋯⋯

回答了公众最想知道的上述问题之后，亚柯卡邀请供应商、销售商、记者参观考察克莱斯勒，增加其生产、经营的透明度。经过一系列公关活动，社会舆论开始转向同情克莱斯勒，报纸也开始替它讲好话了。

克莱斯勒趁热打铁，开始了对同业、金融界、实业界进行一系列的公关游说活动，向他们指出克莱斯勒不过是沿用旧例罢了，如果以前政府能为4 000亿美元贷款担保，应该说，克莱斯勒要求12亿美元的政府担保贷款并不违背自由竞争精神，不让政府批准才是不公平的。同时,他向同业指出,由于经济萧条,也许在明天,也会有人像克莱斯勒这样需要政府担保,如果不给克莱斯勒这个有能力还债、只欠贷款的企业一个机会,将堵死其他企业的退路。这样一来,反对他的人便偃旗息鼓。

而在国会上,他通过演说指出:克莱斯勒的要求不仅是合理的,而且是为国家担当重任。如果不给克莱斯勒以支持,它的倒闭将使失业率一夜之间上升 0.5%,与它同生死的供应商、销售商的萎缩也将使国人丧失大量工作职位,同时给纳税人增加 160 亿美元的重担。此外,失业民众对所在地区的议员也将改支持为反对。而仅需 12 亿美元,克莱斯勒将会承担起这个重任。

亚柯卡的游说活动取得了极大成功,得到经济帮助的克莱斯勒开始出现盈余。即便在这时,亚柯卡也没有放松公关工作。"一个企业的再生"始终吸引着众人的目光。到 1983 年,克莱斯勒即已还清贷款。而到 1986 年,克莱斯勒的股票从 1980 年的 5.3 美元上升到 35 美元。这在全美企业中是涨幅最大、涨速最快的。

（资料来源：周安华,苗晋平.公共关系理论、实务与技巧.北京：中国人民大学出版社,2007.）

 **复习题**

1. 什么是客户关系？组织为什么要树立"客户第一"的理念？
2. 试述客户关系管理的途径和方法。
3. 处理员工关系的途径和方法有哪些？
4. 政府关系管理的焦点是什么？组织怎样才能协调好政府关系？
5. 媒体关系协调的焦点是什么？建立组织与媒体良好关系的途径和方法有哪些？
6. 组织为什么要协调与社区的关系？如何处理好社区关系？

第六章 部门公共关系

学习目的

学完本章,你应该能够:

1. 理解企业公共关系、政府公共关系、政党公共关系及非营利组织公共关系的基本含义;

2. 理清以上各部门公共关系中面临的主要问题;

3. 明确以上各部门公共关系的目标与焦点;

4. 运用多种途径和方法开展企业、政府、政党及非营利组织公共关系工作。

案　例

罗氏制药的公共危机

2003 年 2 月,当非典型肺炎(SARS)疫情在广东尚未明了时,上海罗氏制药公司于 2 月 9 日在广州假日酒店约见记者,声称广东发生的流行疾病可能是禽流感,其产品"达菲"在治疗该疾病方面疗效明显。随后,罗氏的医药促销人员也以"达菲能治禽流感"为由,四处游说各大医院进货,于是"达菲"在广东的销量陡增。据当时媒体报道,2 月 8 日前"达菲"在广东省内的销售仅为 1000 盒,而在 2 月 9 日之后则飙升到 103 万盒。

很快,南方一家媒体发表文章,指责罗氏制药蓄意制造谣言以促进其药品的销售。随后,罗氏公司的商品诚信和社会良知受到公众质疑,形象一落千丈,直接后果是"达菲"销售直线下跌,更有消费者提出了退货的要求。在这次事件中,业内用"拙劣"二字来评价罗氏公司的公关能力。

(资料来源:刘世昕.中国青年报,2004-2-25.有删改。)

罗氏制药面临着怎样的公共关系问题?它应该确立怎样的公共关系目标?其工作的焦点又是什么?应通过何种途径,采用哪些方法来解决此类问题?这正是包括罗氏制药在内的有关企业单位、政府部门、政党及其他非营利组织在开展公共关系时所要回答的,也是本章要着重探讨的内容。

6.1　企业公共关系

无论是在公共关系的发源地美国,还是在改革开放中的中国,企业公共关系都是一马当先,充当了公共关系发展的先锋。在市场经济条件下,企业公共关系永远是公共关系的主体之一。

6.1.1　概念与问题

企业是指为了满足社会需要从事生产经营活动的独立核算的经济组织。按从事经济活动的类别不同,企业可分为工业企业、农业企业、商业企业、交通运输企业、建筑企业、金融企业、服务企业等。盈利是企业的共同目标和本质特征。

企业公共关系是企业为了获得企业内外公众的好感、理解与支持,通过与公众的双向沟通,让公众了解企业组织,同时不断调整自己的政策,使之更符合公众的需要,从而使企业与环境协调发展的一系列政策和行动。

企业公共关系除具备公共关系的一般特点外,还具有其自身的特点:功利性。企业作为在市场上追求利益最大化的经济组织,在开展公共关系的过程中,都会十分关注公共关系的成本与收益。企业公共关系部门作为企业的重要职能部门,应充分发挥公共关系作为一项重要的管理职能和管理艺术的作用,积极协调企业与其内外公众的关系,致力于新型的竞争与合作关系的建立和商业生态系统的培养,努力争取客户的支持,保持市场销售渠道的畅通与稳定,保证企业经营目标的实现。

企业公共关系中存在的问题主要有两个方面:一是企业的形象不佳。企业形象不佳,表现为企业及其产品和服务的知名度不高,企业的美誉度较差。二是企业的公众环境不良。公众环境不良,表现为企业内外公众对企业的态度冷漠或敌视,不认可企业的价值观,不赞同企业的政策,不支持企业的市场及相关活动,公众与企业发生误会和冲突等。如本章开头的案例里,媒体指责罗氏制药蓄意制造谣言以促进其药品的销售,公众质疑罗氏公司的商品诚信和社会良知,罗氏公司形象一落千丈,产品"达菲"销售直线下跌,消费者提出退货的要求等,即反映了罗氏公司形象不佳和公众环境不良的问题。

6.1.2 目标与焦点

企业开展公共关系活动的基本目标是以下两个方面:

塑造形象 塑造良好企业形象是企业公共关系的重要目标,企业公共关系部门和人员应协助企业有关部门做好三个方面的工作:一是要培育企业理念,这是企业形象塑造的核心。企业理念主要包括企业价值观、企业精神、企业信誉、企业宗旨、企业目标等。企业理念应与社会发展同步,与时俱进,要充分反映商品经济、民主社会、科技时代和构建和谐社会的要求,要体现以人为本、重视市场、注重科技、注重社会价值的时代精神。二是要建立健全企业的各项规章制度。三是要对企业的外在视觉形象进行必要的设计。塑造企业形象,关键是要创立企业产品和服务的特色,以特色产品和服务吸引公众的注意,"越是民族的,越是世界的"就是这个道理。企业产品和服务要体现地方特色、行业特色和企业自身的特点,如交通运输企业要强调安全、快捷;饮食服务企业要注意卫生、环境幽雅;电子信息企业应注重创新等。同为可乐饮料,可口可乐注重自身历史和美国的可乐文化,提出了"永远的可口可乐"的口号;百事可乐则重点吸引年轻的消费群体,强调"新一代的选择——百事"。

营造环境 即营造"人和"环境,保持企业与内部和外部公众关系的和谐,争取企业内外公众的好感、理解与支持。"天时不如地利,地利不如人和",只有"人和"的环境,企业内部公众才有向心力和凝聚力,才能同舟共济,共创辉煌。"人和"环境是企业生存的可靠保障,是企业发展的坚实基础。"人和"环境,首先要内求团结,即在企业内部形成团结一致的融洽关系,激发内部成员的士气和工作热情,内部"人和"环境,是建立、协调和改善外部关系的必要前提和基础。企业外部的"人和"环境,是企业发展的决定性因素,加强与外部公众的沟通,建立、发展和改善外部关系,是企业公共关系活动之所以必要的前提,也是企业公共关系活动最主要的工作目标。

企业公共关系的焦点即企业公共关系活动中应注意的核心工作。企业开展公共关系活动,协调内部和外部公众的关系,需要做好一系列的工作,其中的焦点是:加强企业的形象管理。它涉及两方面的工作内容:一是形象塑造,即给企业内外公众一个良好的企业形象;二是形象维护,即关注企业形象建设中的问题,保持和完善良好形象。

加强企业的形象管理,需要做好两个方面的工作:一是要开展全员公关,通过组织全体成员的公关教育与培训,树立全员的公关意识,提高全员公关行为的自觉性,加强整体的公关配合与协调,以塑造和维护企业形象。二是要处理好各种危机事件,通过分析危机产生的原因,危机的性质、影响程度、可能的后果等,采取强有力的措施,化解危机,维护和完善企业形象。

6.1.3　途径与方法

企业公共关系的基本途径和方法主要涉及两方面工作:一是协调企业内部全体员工的各种关系,二是协调企业外部公众的关系。

协调企业内部公共关系的基本途径,一是培育良好的企业文化,二是加强与内部公众的沟通。企业开展内部公共关系的具体方法有:

培养内部全体员工良好的价值观,通过公共关系部门与企业领导及有关部门的配合,由企业领导倡导,全体员工参与,结合企业各项工作,开展各种形式的活动,以形成内部全体员工良好的价值观;培育"家庭式"的文化氛围;协调好内部的各种人际关系和工作关系;开展多种形式的文体娱乐活动培养群体意识,如通过举办庆典活动、体育竞赛、知识竞赛、文化沙龙、工作郊游、周末舞会等联络内部全体员工的感情,增进友谊,促进合作。美国杜邦公司的"方格管理"值得企业公共关系工作者借鉴。

杜邦公司的管理者们深深懂得,员工与产品两者是相辅相成的。即使研制出新产品,假如员工缺乏积极性,也不能保证新产品能及时成批投产,或投产后不能确保产品质量,结果同样将使企业陷入困境。

他们在实践中摸索出一条实施企业内部公关的规律,即要调动员工积极性,就得关心员工,他们将这称为纵线;而将提高新产品的研制速度称为横线。纵横交叉,构成"方格管理"。

那么,企业应该怎样构成并实施"方格管理"呢?公司董事博尔顿通过经常参加员工的社交活动找到了答案。这个答案就是正确处理好企业内部的重要人际关系。他认为:

——必须下大力气去争取下级自觉服从上级的筹码。有些部门的经理,在下达生产任务时,片面强调的是服从,失去了民主商议和亲和的态度,结果一些员工伪装服从或被动服从。服从权威的结果是员工精力涣散、上班走神、完成工作质量下降、工作时间延误。在博尔顿看来,这些弊端应在领导者与被领导者之间产生冲突之前就加以消除。作为下级服从上级的交换筹码,让下级得到高工资待遇的同时获得尊重与关爱,下级就会积极主动完成指定性工作。

——要让下级明白自身在企业中的位置,即在企业这部运转的机器中,明确个人的职责、程序,每个人必须在达到自己的管理目标中自觉积极地去扫除各种障碍,争取以较快的时间获得劳动成果。

——上级下达指令时,如果遇到下级不理解或抵触情绪,应该以"小型座谈会"的形式进行双向沟通。这种沟通不过是完成目标管理的润滑剂。上下级之间也许一时很难做到谁说服谁，但是彼此暂时性妥协却能换来工作速度和理想效率，即所谓"磨刀不误砍柴工"。

——要奖励提合理化建议的员工。员工的合理化建议能够避免重复工作和呆滞操纵机器，同时更可以降低生产成本，切实提高劳动效率。

杜邦公司的"方格管理"，有效地调整了企业内部的人际关系，成为企业提高效益的主要动力。公司上下很快形成一股强大凝聚力，企业也不再是单一生产产品的厂家，而是一个充满活力和动力的团队。

（资料来源：何伟祥.公共关系原理与实务.大连：东北财经大学出版社，2006.）

企业内部公共关系的基本途径和方法，基本的思路包括三个方面，即"听"、"说"和"做"，"做得好，然后说得好"。协调企业外部公共关系也是如此。根据企业的性质和特点，企业外部公共关系的基本途径：一是为外部公众提供优质的商品和服务；二是加强与外部公众的沟通。企业开展外部公共关系的具体方法有：

收集各种不同公众的信息　通过各种座谈会，接待公众来访，派出人员走访不同的公众，联系各级消费者协会，组织社会公众来厂、来店参观等，收集各种不同公众的信息。对外部公众的信息要及时地处理，或公开答复处理结果，或是进行必要的解释。

举办展览会　通过实物和图片，运用现代科技手段，展示新产品、新服务，宣传企业的发展。

参加社会公众的有关集会　如参加一些知名人士的集会、企业家俱乐部、产销联谊会等，以联络感情，宣传企业形象，收集信息。

参加各级政府组织的活动　响应政府的号召，赞助政府开展各种公益活动。

印刷各种宣传资料　介绍企业的宗旨、信誉、目标、经营管理状况、主要产品或服务、对社会的贡献、科技创新成果等；企业也可以在逢年过节向社会有关公众邮递纪念卡片等。

举行记者招待会　向新闻媒体提供本企业有关信息，主动热情地接受记者采访，尽量给予方便，也可以主动请新闻媒体来企业参观访问。

倡导与支持社会的公益活动　如发起环保、关注福利事业等，并尽可能地给予经济赞助。

举办文艺体育活动　如赞助文艺体育事业，支持与赞助文化活动等。

为商业伙伴提供帮助　协助企业的相关企业、协作企业解决困难，支援它们渡过难关，平时业务交往中尽量给它们提供方便等。

运用大众媒介与公众沟通　如运用大众媒介开展广告宣传，报道企业的有关新闻，联合媒体共同开展征集、竞赛等各种社会活动。

在1995年8月24日视窗95推出市场之前,微软公司并没有对该产品做过任何付费的广告,但在首发式那一天,视窗95却人人皆知。这就全赖于微软公司通过公共关系,广泛利用各种宣传推广手段。据《华尔街杂志》估计,在6月1日到8月24日之间,各种媒体发表了宣传视窗95的新闻3 000条,报道6 852篇,共约300万字。微软公司在世界各地的公关小组还策划了各种各样争夺人们注意力的宣传推广活动。例如,微软公司从加拿大多伦多大西洋中部航空公司塔楼上挂出了一条长达600英尺(1英尺＝0.308 4米)宣传视窗95的条幅标语;美国纽约的帝国大厦被笼罩在视窗95标识语的红、黄、绿色彩中;微软公司购买了当天载有视窗95投放市场消息的日发行量150万份的全部《伦敦时报》免费派送给公众。在上市一周结算时,视窗95仅在美国的销售额便达1.08亿美元,这对一个仅售90美元的产品来说应是很不错的业绩了。

(资料来源:蔡新春.国际市场营销学.广州:暨南大学出版社,2004.)

6.2　政府公共关系

政府肩负着公共管理的重任,是世界上最大的组织,面对的公众也是最多最复杂的,政府公共关系的重要性不言而喻。因此,与企业公共关系相比,政府公共关系的重要性有过之而无不及。

6.2.1　概念与问题

政府的含义,有广义和狭义之分。广义的政府包括立法、司法和行政三大部门;狭义的政府仅指行政系统,即国家行政机关,如中国的中央政府和地方人民政府以及它的下属机构,总统制国家的总统及其下属机构,内阁制国家的总理、首相及其下属机构等。这里所谓的"政府"是一个广义的概念,既包括不同行政层次,如中央政府和各级地方政府及其下属机构,也包括立法和司法部门。

所谓政府公共关系,就是政府与民众之间的互动关系,即政府为改善行政环境,赢得民众的支持、信任和合作,有效推行政务而与民众进行的双向信息交流等系列活动过程。

政府公共关系属于公共关系的一个组成部分,除了具备公共关系的一般性特点以外,还具有一些自身的特点:

主体的权威性　政府公共关系的主体是各级政府,而各级政府的权威来自法律,因此政府公共关系也就具有一般公关活动所不具备的权威性。政府为依法管理国家和社会事务,可以制定政策,颁布法令,强制管辖范围内的民众执行这些政策、法令,即政府公共关系可以由政府强制推行。

客体的复杂性　政府公共关系的客体,即政府公共关系的公众对象。政府辖区内的任何人都是政府的潜在公众,既包括政府机关内部工作人员等内部公众,也包括人民群众、社会组织等外部公众。这些公众对象不仅数量庞大,而且还显现出复杂的结构,分为不同的利益群体,政府必须有针对性地开展公关活动,重视和加强与各类公众之间的沟通,运用各种协调职能理顺各种社会关系。

传播的优越性　政府公共关系与企业、社团等其他组织的公关活动相比,在利用媒介进行信息传播方面独具优势。政府掌握了大量的大众传播工具,在中国,新闻、出版单位和广播、电视、报纸等大众传播媒介都受政府管理,这在客观上给政府公共关系传播计划的顺利实施提供了有力保障;政府组织的公共关系传播严密有效,政府机构虽然庞大复杂,但组织严密,信息的传输网络四通八达,其信息能传输到社会的每一个角落,上传下达,畅通无阻。

公关领域的广泛性　政府管理涉及社会生活的方方面面,涉及政治、经济、文化、卫生、教育、科技等诸多领域和国防、交通、商业、金融等诸多行业。政府公关活动的参与部门通常包括整个政府系统,如消防、卫生、安全、交通、医疗、通讯以及警察、部队等单位,需要集体协作和快速反应。

目的的社会性　政府所进行的活动大部分是公共行政活动,公平与社会效益是政府的价值取向,政府公共关系既是政府为了全心全意为民众服务的一项行政管理职能,也是民众议政、参政的一种实现方式。因此,政府公关要始终如一地维护社会的公平、公理、公德,维护社会正义。

政府公共关系是全球化时代的客观要求,随着经济、政治和文化全球化的发展,政府必须改善形象,做到透明、法治、高效、廉洁、以人为本、社会共治,以保持国内政治稳定,加强国际经济合作;政府也需要运用各种媒体,诸如电影、电视、因特网和对外出版物来弘扬本民族的文化,抵制外来文化的侵蚀,促进本国政治、经济和文化的协调发展。政府公共关系也是防控重大社会风险的客观要求,风险社会的来临需用一个更有领导力的政府。面对各种重大社会风险和危机,现代政府负有不可推卸的责任,政府必须提供私人或社会团体无力或不愿提供的,却又与公共利益相关的非排他性服务。政府必须向纳税人提供可以化解公共危机的服务以保障其安全,否则将面临合法性危机。重大危机通常影响范围广,破坏能力强,容易造成重大的人员伤亡和财产损失,只有手中集中了大量可配置公共资源的政府,才可以承担起防险救灾、化解公共危机的重任。深圳市政府首创公共关系处充分反映了特区政府对政府公共关系必要性的深刻认识。

设置公共关系部门早已不是什么新鲜事,可在政府里成立公共关系处却尚无先例。深圳市政府办公厅公共关系处已经成立并开始动作,据有关专家介绍,此举在全国又开风气之先。

2005年6月2日人大会议上，深圳市政府工作报告中首次提出"公共关系"概念，定义为市民与政府沟通的问题，这是采纳外国专家的意见后正式在报告中首次提出的。8月30日，许宗衡走进深圳电台"民心桥"直播间，在电波中与市民交流时透露，新的一届政府班子还将成立一个公共关系处，以此加大与市民的沟通，保证沟通渠道的畅通。

深圳市政府公共关系处悄然开始工作。无独有偶，同年12月21日，深圳市南山公安分局成立了警察公共关系室。公共关系室由4名民警组成，职能定位为：定期通过新闻媒体向社会公布警务信息；提前介入并正确导向涉警危机，树立警察良好公众形象；有计划组织警民联谊活动，密切警民关系；定期举办警察论坛，营造良好的警察文化氛围。

专家认为，政府公共关系处的设立，反映政府与公众的关系发生了变化，不再是管理者与被管理者的关系。深圳大学公共事务管理专家马敬仁教授认为，深圳市成立公共关系处，是建设"服务型政府"的重要举措之一，形成了"政府、企业、社会、公众"良性互动的局面。政府要面对公众确立"顾客导向"，也就是说要把公众当作顾客来看待。

（资料来源：杜创国.公共关系实用教程.北京：清华大学出版社，2007.）

政府公共关系面临的问题通常有以下方面：

第一，主体的公关意识缺失。政府行政人员作为政府公共关系的主体，对政府公共关系的正确认识和理解至关重要。主体公关意识缺失，反映在政府公共关系实践中，政府行政人员将政府公共关系虚无化和庸俗化。持虚无化观点的人认为，公关只是钻营之术，政府公共关系是没有多少意义的，习惯于"政府权威"意识和"官本位"思想，高高在上，发号施令，使民众感觉到政府部门办事，是"门难进、脸难看、话难听、事难办"，导致政府形象受损。持庸俗化观点的人将政府公共关系与"请客送礼"、"拉关系"、"走后门"等同起来，认为搞好公关"凭的是脸蛋儿，耍的是嘴皮子，使的是手腕子"，政府公共关系是"高档享受＋时髦应酬"。这些对政府公共关系的错误认识本身就败坏了政府形象。

第二，公众的政治冷漠。公众的政治冷漠，是政府公共关系一个普遍存在的问题。政府信息偏重于保密，政务公开的内容不够，公众参政议政的渠道不畅，公众的意见、建议或提案不被政府重视和采纳等，造成公众的挫折感和对于各级政府无力干预的普遍心态，不愿介入政治，导致公众的政治冷漠；现实中的官僚主义、家长制作风，"人治"的思想和等级观念等也极大地抑制了公众的主体地位和主体意识，这些因素也助成了公众的政治冷漠。政治离不开公众的参与，公众的政治冷漠不仅会造成政府与公众之间的隔阂，也会导致政治系统内耗增大，政府行政效率低下。

第三，公众对政府合法性的质疑。政治制度化程度不高，各种参与、沟通渠道不畅，难以容纳众多社会成员直接、有效的政治参与；新旧体制转型时期，失业人数增加、贫富差距拉大、刑事案件突出、社会治安恶化，以及腐败问题的泛滥等，导致公众对政府的不满情绪增加，政府权威弱化，构成了公众对政府权威合法性的质疑。

有学者分析，当代中国政府的合法性危机表现为：一是公众对政府权威的认同危机，主要体现为政府角色的转换跟不上市场经济的发展要求,从而使政府的信用度下降。二是过程信任危机,主要体现为人民开始怀疑自身利益表达、利益综合和政策制定中的程序正义性,以及利益被代表的满意程度。政府腐败问题挫伤了人民对政府原来的信任,人民开始怀疑政府代理行为的合理性。三是政策信任危机,政府在政策实践过程中,没有顾及多元化的利益特别是社会弱势群体的利益,导致贫富差距和社会阶层的分化,公众开始出现心理抵触情绪。四是文化信任危机,中国单一的政治文化的变迁不能适应社会主义市场经济条件下各个利益集团发展的需要,从而引起冲突,至少是不一致。

6.2.2 目标与焦点

政府公关的目标依据各国不同的政体通常会有所不同,一般而言,政府公共关系活动至少有如下四个目标:

第一,维护公众的知情权。政府基本上就是为人民服务的,政府所有的活动都是用纳税人的税金来进行的,因此,政府有义务向人民传达政府机关的活动,例如,政府首长的公开访问行程、立法机关的开会日期、重大政务工作的准备情况或推动进展等。政府向公众报告它的活动,也是政府存在的合理性的前提。随着民主的发展,政府向公众告知其活动的内容、范围、方式将越来越丰富,越来越多样化。2002年,中国政府提出了"执政为民"和"权为民所用、情为民所系、利为民所谋"的执政思想,使得公众的知情权有了更多的保障。

第二,争取公众对于公共政策的支持和合作。现代代议制民主政体的基本原则就是"主权在民",所以任何政策的实施都必须要获得公众的支持,方能在实质上合法。如果某项政策引起了广大公众的强烈反对,即使这项政策在程序上是合法的,在实质上也是不合法的,甚至会引起政府的合法性危机。政府公共政策问题的确定、议程的设立,一定要引入政府公共关系的公众原则,坚持问题从公众中来,解决问题是为了公众利益这一出发点,只有这样,才能保证政策的公众性与权威性。在政策方案的抉择过程中,也需要开展政府公共关系活动,政府应广泛听取专家学者的意见,充分考虑公众的意见和要求,保证政府决策的合理性。

例如,美国总统布什在2002年进军伊拉克之前,不断通过各种公开场合,宣传"攻打伊拉克就是向恐怖主义宣战",以期获得民众的支持,大量的政策宣传使布什获得了五成以上的民意支持率,有效地化解了来自国会的反对,实现了攻打伊拉克的计划。武汉市政府委托媒体征集市民建议的做法也值得各级政府借鉴。

武汉市政府再次委托《楚天都市报》征集市民建议,为下一年的工作重点提供决策依据。《楚天都市报》将开通热线,倾听、集纳市民建议、意见,并将在整理后提交市政府有关部门。《楚天都市报》还将聚焦市民热点,评出"市民十大满意事"、"市民十大期待事"、"十大热心市民"。

政府委托媒体征集市民建议,是政府公关意识增强的表现,对于塑造政府形象具有重大意义。政府公关,是为了在公众中树立良好的形象,争取公众的支持和理解而运用各种传播手段,与公众进行相互交流、相互适应的社会沟通活动。不过,就中国的许多官员而言,政府公关观念极为淡薄,既没有认识到政府公关活动的重要性,更谈不上将其上升为一种价值观和管理哲学,渗透到政府工作人员的日常行为之中,表现在缺乏自觉利用传媒手段进行形象投资、形象管理、形象塑造的形象观念。因此,武汉市的做法在当前的中国具有示范意义。

公众有知情的权利,政府有告知公众的责任,政府需要得到公众关于国家政策和社会问题的信息,有效的行政管理应保证公众的参与和支持。这是政府进行有效管理,争取广大公众信任和支持的前提条件。武汉市通过媒体征集市民建议就是争取做到政府和公众互动的表现。

武汉市征集市民建议,也是重视舆论监督的反映。舆论监督是现代社会保证政府决策科学化、民主化,防止随意性、失误性的有效途径,也是发扬民主、体现政府决策活动透明度的重要手段。

（资料来源：http：//www.51tr.com/articles_1188531839116302.html）

第三,动员公民参与政府活动。政府任何政令的实施都离不开人,都需要公众的配合遵守,否则就难以推行。在公共政策决策之后,为了顺利推行政府政令,通常在颁布政令的同时,要进行政策宣传,借助强大的传播力量,多渠道、全方位、多层次地把政策传播到公众之中,以被公众所感知、认识、接受,进而产生行为的趋同。如政府决定对某个地段进行拆迁,就需要政府通过各种渠道来进行政策宣传,取得百姓的理解与支持,否则就难以推行。中国有些城市在城市拆迁的过程中发生被拆迁户强烈抵制拆迁的情况,使得拆迁工作进展缓慢,难以推进,很重要的原因可能就是政府的政策宣传不到位。

第四,塑造良好政府形象。政府作为行政组织所具有的政治性、社会性、法制性等特点,决定了政府公共关系相对于其他社会组织的公共关系而言,其直接目标就是塑造良好的政府形象。一般而言,政府形象是政府在社会公众中获得的总体印象和综合评价,是政府的理念、行为及效果的综合表现。作为一种特殊的政治资源,政府形象是构成政府影响力的基本要素之一,对政府的目标、意图能否顺利实现起举足轻重的作用。同时,只有塑造了良好的政府形象,政府才能更好地行使国家权力,才能追求和实现社会发展的整体利益和目标,才能更好地为公民服务。

随着经济、政治和文化全球化的发展,世界各国政府也都很重视对外宣传,树立自己良好的国际形象,从而得到国际社会的理解和支持。例如,中国虽然还是一个发展中国家,但是在国际舞台上树立了良好的"大国形象",这与中国领导人重视对外宣传,开展政府公共关系的努力是密不可分的。

政府公共关系作为政府改善行政环境,赢得民众的支持、信任和合作的系列活动过程,需要开展多方面的工作,其中的焦点是:加强政府的形象管理。

政府形象作为社会公众对政府的理念、行为及效果等诸因素的总体印象,其形象的好坏直接关系到政府的目标、意图能否顺利实现。开展政府公共关系,必须加强政府的形象管理,建立和改善政府形象。加强政府的形象管理,主要涉及两方面的公共关系工作:

一是政府形象的塑造,即塑造公众满意的良好政府形象。建设服务型政府,把政府工作重心从现行的社会管理转变到公共服务上来,实现从管理型政府向服务型政府的转变,是当代政府形象塑造的基本内涵。所谓服务型政府,是在公民本位、社会本位理念指导下,在整个社会民主秩序的框架下,通过法定程序,按照公民意志组建起来的以为公民服务为宗旨并承担服务责任的政府。

建设服务型政府,首先,要树立"以民为本,依法行政"的政府服务理念。政府公务人员要摒弃官本位思想和权力型、领导型、管理型政府的观念,树立群众利益至上的思想和服务观念与服务意识。其次,要切实转变政府职能,缩小、分解政府的管理权限和范围,合理界定各级政府、政府各部门的职能边界,行政权力从社会的"私人领域"和"公共领域"收缩,从公众权利的行使空间收缩。实行"小政府,大社会"。再次,确立"公众至上"意识,塑造以公众为导向的政府服务文化。在行政决策、行政执行、行政监察中奉行"以民为本,以客为尊"的服务理念,加强公务员的责任心、爱民情、效能感及亲和力。树立政府工作人员的"公众至上"意识,主要从三方面着手,即树立"公众选择意识"、"契约意识"和"政务公开意识"。树立公众选择意识,就是要关注公众需求,倾听公众呼声。

近年来,中国一些地方政府推出了以"承诺制"为特色的规范服务,就是契约精神和公众至上意识的体现。"承诺制"实质上是政府部门在深刻认识自己与公众之间"契约关系"及自身所承担的服务职能的基础上提出的一系列优化服务与自我要求、自我约束的规范。加强政务公开意识,实行政务公开,体现了政府的"公众至上"意识和真心实意为公众服务的态度。中国当前政府形象塑造,有一种不良倾向,就是将政府形象简单化、庸俗化,认为政府形象塑造就是要"装门面"、"摆气派",大搞形象工程,好大喜功,劳民伤财,引起百姓反感,最后反而有悖于政府形象塑造之本意。

20世纪80年代,天津市政建设跟不上,人民群众生活存在许多实际困难,"坐车没有走路快,自来水腌咸菜(因海水倒灌,自来水是咸水),临建棚(地震后的临时住所)拆的没有搭的快",群众意见很大。市政府决心为群众办实事,一件一件地解决落实。1983年,首先为市民工办了10件实事,从1984年开始每年坚持为城乡人民办20件实事,到1989年已为人民办了130多件实事。如新建、改建了3 000万平方米的住宅,相当于新中国成立以来前30年建房总数的3倍,使一半以上的家庭改善了居住条件和居住环境;花两年时间完成了民用气化工程,使民用炊事煤气化的普及率高居全国之首;花一年零四个月完成震惊中外的引滦入津工程,彻底改变了天津人喝咸水的历史;新铺城市道路2 137公里,建起由10来座立交桥和中环线、外环线构成的"三环十四射"的城郊道路网络等。广大人民群众对市政府、市领导的满意程度分别达 92%、99.4%，形成了齐心气顺、政通人和的社会政治局面。

（资料来源：刘用卿.公共关系学.重庆：重庆大学出版社，2003.）

二是政府形象的维护，即关注政府形象建设中的问题，保持和完善良好政府形象。影响政府形象的因素很多，如政府的执政理念，战略目标，政府是否廉洁，政策是否民主、科学、高效，政府领导人的素质，公务员行为规范程度乃至政府建筑物等。政府形象的维护，需要政府开展全方位的公关活动，其中比较重要的是处理好影响政府形象的各种危机。政府公共关系所需要解决的危机通常有：

政治性危机 主要包括战争、革命、政变、武装冲突、腐败、政府重要政策的变迁、大规模恐怖主义活动、民族分裂主义活动、意识形态变革。如中国台湾民进党的分裂主义活动等。

经济性危机 主要指宏观经济波动带来的危机。例如，恶性通货膨胀或通货紧缩，国际汇率和利率的不确定性变动，股票市场的大幅度震荡，失业率居高不下或上升等。如亚洲金融风暴，美国的次贷危机等。

社会性危机 主要包括社会骚乱、罢工、游行示威；公共卫生领域的突发事件，食品药品安全、流行病的传染和核污染带来的风险，如疯牛病、核泄漏、禽流感、流行性感冒、鼠疫等。2003 年发生在中国的 SARS 事件即是典型的公共危机。

自然性危机 主要是指那些给人们的生命和财产造成严重损失的自然状况的突变，包括干旱、洪水、泥石流、地震、台风、海啸以及其他自然灾害等，如印度洋海啸，2008 年春节发生在中国南方的雪灾。

公共危机对于政府而言，既是挑战，也是机遇。政府可以利用突如其来的危机，采取强有力的措施，化解危机，树立强有力的政府形象；反之，如果政府对公共危机不能妥善处理，则会极大地损害政府的形象。

布什政府对公共危机的处理就是一个很好的例证。美国总统布什在"9·11"恐怖袭击之前，因国内经济下滑，失业增加，民意支持率一路下降。"9·11"事件发生后，布什政府反应迅速，立即投入救灾工作，多次发表电视讲话，谴责恐怖行径，鼓舞国民士气。通过一系列政府危机公共关系的处理措施，充分展示了布什政府坚强勇敢的良好形象，布什的民意支持率也空前高涨，"9·11"事件让世人看到了一次成功的政府危机公关。同样是布什政府，2005 年席卷美国新奥尔良的"卡特里娜飓风"，则向世人展示了一次极度失败的政府公关。飓风过后，新奥尔良市一片混乱，布什政府反应迟钝，不能及时动用紧急预案，采取有力措施，导致事态失控。社会上各种谣言四起，灾区盗匪横行，抢劫、强奸、杀人、放火等犯罪行为嚣张，新奥尔良一度陷入无政府状态，变成了一座人间地狱。媒介一致批评政府的无能，布什政府因此而丧失了民众对其的信任，形象大损，民意支持率也陡降。

6.2.3　途径与方法

开展政府公共关系工作的途径与方法主要有：

第一，创新政府行政理念。要树立并坚持"以人为本"的行政理念，保持政府与公众之间的和谐关系，构建和谐社会。创新政府行政理念，要做到以下几点：一要从权力行政转变为权利行政，坚持回应性、透明性行政理念。行政机关不是国家权力的所有者，而是基于宪法规定，依照宪法履行国家管理职能的公共权力的行使者，政府必须在合法的范围内以合理的方式行使权力，以维护并实现民众的各种民主权利为最终目的。二要树立并坚持公正的行政理念，"公平正义"是社会和谐的基本要求，政府行政人员要有正义感，坚持公平、正义的行政理念。三要坚持平等行政的理念。从法理上讲，公民与政府处于契约双方的平等地位，政府必须平等执法，平等地适用法律，禁止对待不同公民的法律歧视。四要坚持诚信行政的理念。政府的诚信是政府权威存在的基础，政府与公民之间只有互相信任，才能够对社会进行有效的治理，才能够构建政府与公民的和谐关系。

第二，优化政府行政行为。优化政府行为是政府公共关系工作的基本途径，优化政府行为要做到民主行政，政府依法行政，切实转变政府工作作风。民主行政即行政机构和人员向公众负责，让公众参与和控制行政过程，使行政能够服务于公众的共同利益。行政公开是民主行政的主要方式。行政公开包括两个方面的内容：一是政务公开，即公开政府的行为及其结果；二是公众具有建议和反对政府政策及行为的自由。政务公开的前提是先搞好政治民主建设，实施政务公开，必须健全政务公开的各项制度，使政务公开规范化、制度化、法治化。政务公开的内容包括办事主体、要件、信息公开；热点问题公开，要把人民群众普遍关心、涉及人民群众切身利益的问题作为政务公开的重要内容；办事程序公开；办事结果公开；举报、投诉方式公开等。

第三，完善政府沟通网络。要通过健全和完善政府与公众的沟通渠道和传播网络，保证政府和公众之间的双向沟通，及时、广泛地了解舆情民意，鼓励公众积极地参政、议政。政府与公众沟通的渠道与方式主要有：

信访渠道　即公众通过写信、访问的形式向政府有关部门反映问题、意见或提出要求，以便得到政府的有效答复和解决。建立和完善信访工作制度，是政府公共关系工作的一个重要方面。在信访工作中，处理来信时应注意：及时拆封，详细阅读，认真登记，妥善处理，检查督促，认真回复，同时将处理意见和方法记录备案。接待来访者时，要热情接待，认真听记，恰当处理，重点回访，对有影响的来访者可重点回访，深入地征询意见。信访工作的形式是不断发展的。随着各种信息沟通媒介的发展，信访形式逐渐多样化，如市长电话、各种专项的热线电话、市长专邮、传真通信、电子邮件等。为了使一般民众能有机会与政府领导人沟通，也可以建立行政首长接待制度如市长接待日、局长接待日等，或专访接待制度如离退休人员专访日等。

民意测验　政府可通过民意测验来了解公众的基本态度和意见,为决策提供更充实可靠的根据。为了使民意测验的结果更加客观、公正,最好委托中立的专业机构来进行,如专业的调查研究公司和民意测验机构、传播媒介和舆论研究机构。

基层访问和典型调查　政府的有关负责人或专门机构的工作人员,直接深入社会基层,到民间察访,了解民情,倾听各类公众的呼声;或到某一地区或单位"蹲点调查",研究典型。

新闻发布会　通过建立和完善政府新闻发言人制度,实行例行的新闻发布,定期召开专题的记者招待会。新闻发言人制度是新闻发布会的最主要形式,也是政府公关的主要手段。新闻发言人一般为专职,其职责是在一定时间内就某一重大事件或时局的问题,举行新闻发布会,或约见相关记者,发布有关新闻或阐述本部门的观点立场,并代表有关部门回答记者的提问等。

安排专访　就重大的议题,邀请或安排有特别影响力的媒体作独家采访,对高层官员作深度访问。政府的新闻官员要为专访做好一切准备工作。

社会协商对话　围绕公众关心的重大问题,由政府有关机构的负责人,与有关的公众或团体进行平等的、直接的、公开的对话,面对面地听取公众的意见,回答公众的问题。

公众议政活动　围绕公众关心的热点问题,运用大众传播媒介,动员公众献计献策,集思广益,也是政府公共关系的一种形式。如,广州市委、市政府先后举办过直接为市长当参谋的"假如我是广州市长"征文活动,为政府职能部门献策的"房改方案千家谈"、"菜篮子工程千家谈"等"千家谈"系列活动,讨论广州市风和广州人精神的"羊城新风传万家"、"羊城居委会新形象"等大型公关活动等,运用报纸、杂志、广播、电视等媒介,动员了成千上万的市民参政议政,各抒己见,收到了很好的社会效果。

公众投票公决　投票是公众表达个人意见的一种民主方式,这种方法的参与代价较低,因此参与面较广。投票不仅仅用于选举代表,也可用于表决重大的社会政治问题。某些重大问题交由全体公民投票公决,是公众参与政治的重要形式。

第四,改善政府官员形象。政府领导者是整个政府的代表和核心,也是公众和舆论始终关注的焦点。领导者的言谈举止不仅仅是代表其个人,也代表整个政府。从某种意义上讲,政府官员形象是政府形象的重要体现之一。如前国务院总理朱镕基坦诚亲善,气度恢弘潇洒的个性特征,一往无前、百折不挠的改革雄心,以及鞠躬尽瘁、死而后已的敬业精神,为政府树立了一个极好的形象。改善政府官员形象,除了依靠国家的法律手段和行政监督手段之外,还要形成社会监督的机制,发挥公众舆论监督、新闻媒体监督的作用。政府可定期向公众公布政府人员的政绩,公布政府人员尤其是领导干部的经济待遇和福利标准,并适当向公众介绍政府官员的日常工作和生活情况,一方面使官员直接置于公众和舆论的监督之中,另一方面也使公众有机会正确了解政府官员。总之,改善政府官员形象,是塑造廉洁、务实、高效政府形象的有效途径。

6.3 政党公共关系

现代各国大多实行政党制度。不论政党制度的内容有多大的不同,政党在国家政治生活中发挥的作用都是十分重大的,因而政党公共关系也是十分重要的。

6.3.1 概念与问题

政党本质上是特定阶层利益的集中代表者,是由特定阶层中一部分最积极的分子组成的,具有明确政治主张,为夺取、影响和巩固政权而开展活动的政治组织。

政党是现代国家中有着特定政治理念的社会团体,通常有特定的政治目标和意识形态,针对国家和社会问题有各自的主张。政党区别于一般社会组织和利益集团的特征是:政党的目标是通过竞取政府职位而赢得政府权力;政党是一个拥有正式会员的较为稳定的组织机构;政党对政府政策的每一个问题都给予广泛的关注;政党以一定程度的共同政治偏好和意识形态为基础。

政党公共关系是指政党为了改善活动环境,赢得民众的信任和支持,竞取政府职位,赢得政府权力而与民众进行的双向信息交流等系列活动过程。

政党公共关系是现代民主政治和法治社会的客观要求,民主即"人民当家做主"已经成为人类社会普遍的价值观念,成为现代文明国家的根本原则。民主政治其本质和核心是人民当家做主,国家的一切权力属于人民。大多数国家都在宪法中明确规定"主权在民"、"一切权力属于人民"等类似的原则。民主政治是人民参与政治,政治参与是民主政治的必然要求。在现代民主政治下,民众是国家事务的最终决定者,决定权力的使用,决定直接执行权力的人选,实行公民选举、候选人进行竞选,对施行权力者进行监督等。任何政党要取得权力和进行统治,必须与民众进行双向的信息交流,开展政党公共关系活动,以得到民众的认可和支持。政党公共关系除具备公共关系的一般特点外,还具有以下几个基本特征:

组织的专业性 即由专门机构操作政党公共关系活动。政党公共关系不同于一般社会组织的公共关系。为了竞取政府职位,赢得政府权力,其活动往往由专门机构、专业班子操作。政党的各种宣传活动从策划到实施均由专业人士完成,媒体专家由于具备应对媒体的专业才能逐渐进入决策内圈,权威日重。如美国大选公关运作基本由候选人的班底一手设计,英国媒体谋士则是权力内圈的关键人物。目前,西方政党一般都有专门的竞选公关宣传活动班子,有的在大选临近时组建,有的一直都存在,如英国工党设在密尔班克的竞选总部自 1996 年后长期存在,已帮助其赢得 1997 年、2001 年和 2005 年大选。这些机构拥有众多专业人才,如有创意的设计家、作家、广告评估家、高水平的政治顾问及民调分析家等,其中部分是党内成员,部分从外部雇佣,其职责是制定竞选宣传战略,解释民调舆论,制作政治广告,寻找竞选宣传主题,提供联络支持等。

活动的规模性 政党公共关系一般以大众媒体为基地与公众进行宣传联络。大众媒体影响的日益发展及对选举政治的广泛渗透,使其成为政党联络公众的重要渠道。特别是大选阶段的公共关系活动,政党要员全体出动,动用党的一切资源,动用一切宣传手段,通过大规模的群众性集会等公关活动,制造浩大声势,扩大政党影响,争取公众对政党及其领导人的支持,犹如发动一场战争。例如,媒体对美国政治生活具有广泛而深刻的影响,发挥着重要的政治功能。科技的发展,特别是在电视出现后,美国媒体对政党政治的影响越来越大,候选人的竞选活动以传媒为中心,政党及政党政治发生了一些微妙变化。美国媒体表面上具有某种独立性,实际则是执掌政治和经济权力者的代言人和工具。美国政党控制和利用媒体的主要途径和方式有政治约束、国家约束、军事约束、说谎和广告宣传等。

经费的庞大性 对电视广播媒体的日益依赖,加上政治运作的专业化,使竞选等公共关系宣传费用不断增加。"金钱是政治的乳汁。"为了扩大政党的影响,政党用于宣传等公共关系活动中的经费开支数量庞大,如在 2000 年美国大选中,总统候选人的费用达 6.07 亿美元,国会议员候选人的开支超过 10 亿美元。宣传经费的来源也呈现多渠道的特点,包括来源于公民直接捐款、竞选人所属的政党活动经费、利益集团的捐赠、候选人自己及其家人的资产等。

政党领导人的个人魅力 政党中央层尤其是领袖的地位作用日渐突出,出现个人化发展倾向,即将注意力集中于领袖,通过展示其魅力赢得广大公众,特别是选民对政党的支持。政党公共关系宣传活动,与选民的沟通行为等变得个人化、实用主义化,候选人个人魅力如何、政党政绩好坏、竞选纲领是否对自己有利等一些短期及表面因素对选民公众的影响加大。西方政党的公共关系活动开始脱离传统的以党员和基层组织为动员主要渠道的"劳动密集型"沟通传播,淡化以纲领为竞争焦点的"纲领党"特征,逐渐将新的联络技术、宣传技巧纳入竞选等公关活动中,向着一种以媒体为基地的个人化竞争模式发展。在 21 世纪初,政党制度中意识形态的差异对政党的地位、对政党相互关系的影响,已不如政党经费的来源、政党顾问团队的构成及素质,以及政党领导层与选民和潜在选民的沟通重要。

政党公共关系面临的问题主要包括以下两个方面:

第一,政党形象不佳。政党的形象不佳,失去民众的支持,导致执政党的失败。主要表现为以下几点：一是党的理论、纲领僵化，使党失去了赖以存在的思想基础。如苏共执政长达74年，开始时生机勃勃，后来长期故步自封，思想理论僵化保守，严重脱离变化了的现实。再后来又从僵化跳到另一个极端，搞所谓"人道的民主的社会主义"，其后果，人所共知。一个执政党不以经济建设为中心，不致力于发展社会生产力，纲领和路线不以提高人民的生活水平为根本出发点，不可能受到民众的拥护。二是重大发展战略失误，执政基础发生动摇。有一个国家的执政党曾经紧密结合本国国情制定发展战略，在长达70多年的执政中创造了经济发展的"奇迹"。但20世纪80年代以后，面对经济全球化迅猛发展，发展战略失误，结果激化了社会矛盾，引起人民的强烈不满和失望，最终在大选中败北。三是政党逐步国家化、行政化、官僚化，严重脱离民众，失去了民众的支持。如苏联及东欧国家在体制上高度集权，执政党的组织参与到政府和社会的具体事务中，不但相互扯皮，效率低下，而且腐败严重，党成为社会矛盾的焦点，党的权威急剧下降。四是党没有活力和凝聚力。一些曾经长期执政的党，要么党内缺乏民主，要么党内民主蜕变成派系活动，蜕变成严重的人身依附关系，党内形成众多的既得利益集团，互相争斗，普通党员对党的前途和命运不关心，对党没有信心，民众对党失去信任。

第二，民众对政党政治的不满。民众对政客、对执政党越来越不信任，民众中的迷信、盲从大为减少，对民主的要求越来越高，对执政者越来越挑剔，普遍的不满执政党的情绪在增加；民众的自主意识、权利意识增强；人心思变，渴望革新，反政党政治的倾向日益明显。政党是19、20世纪社会现代化的产物。随着发达国家进入后现代社会，不同的需求在积累，政治动员、政治沟通、政府管理等方面的问题更加尖锐，而作为中介组织的政党却不能有效地因应。政党存在衰退的某些趋势，如党员人数在普遍减少，投票率在降低，对政客及政党政客普遍缺乏信任，以至于选民也更加反复无常，抛弃执政党的情绪相当普遍，政党在政府中的作用被架空，等等。这些现象也许是暂时的，但也可能表明不少国家的公民的政治意识在转变。

6.3.2 目标与焦点

政党公共关系活动主要有以下四个基本目标：

第一，传播政治主张。政党都有明确、具体的政纲，即政治主张和方针政策。政党的政治纲领，可以是比较广泛的、长远的、战略性的，也可以是局部的、暂时的、策略性的。政党的政治目标，是争取和实现对国家政治生活的统治权，最低限度是干预和影响国家政治生活，以便维护自己所代表的阶级、阶层或社会集团的利益。向民众传播政党的政治主张是政党公共关系活动的基本目标之一。政党的政治主张明确、具体，能代表民众和国家的利益，这样的政党就可能获得民众的支持。政党如果不能为其所代表的人群谋取利益，就必然失去存在的意义，就必然被边缘化而无足轻重。

第二，发展党的组织。政党要想扩大影响，必须有一定的规模，有完善的组织系统，有一定数量的党员和各级领导人。因此，发展党的组织，壮大党的队伍就成为政党公共关系活动的又一基本目标。政党可通过与民众沟通，让民众了解党的政治主张，吸收民众中的优秀分子加盟，扩大党的队伍。

第三，争取民众支持。政党有明确、具体的政纲，政党的活动以实现自己的政治纲领和政治抱负为中心开展。政党公共关系活动要吸引民众的注意，同情和支持党的主张，为实现党的政治理想创造良好的民众舆论环境。

第四，赢得大选。夺取、影响和巩固政权，通过竞取政府职位而赢得政府权力，实现自己的政治理想，是政党的终极目标。政党公共关系活动作为政党活动的一个方面，其最重要的目标就是要策划多种活动，综合运用多种沟通手段和方法，加强与民众的联系和交流，争取民众的支持，赢得大选。

加强政党的形象管理是政党公共关系的焦点。加强政党的形象管理涉及以下主要内容：

首先，要树立立党为公、执政为民的政党理念。坚持立党为公、执政为民，实现好、维护好、发展好最广大民众的根本利益，充分发挥全体民众的积极性来发展先进生产力和先进文化，始终是最紧要的。只有始终坚持全心全意为民众服务，坚持立党为公、执政为民，坚持顺民意、谋民利、得民心，党才能不断得到民众的支持和拥护，才能立于不败之地。坚持立党为公、执政为民，要强化以民为本观念，政为民执、利为民谋。坚持一切为了民众，想民众之所想、急民众之所急、办民众之所需。要坚定地站在民众的立场上，把民众利益作为第一目标，把民众情绪作为第一信号，把民众需要作为第一选择，把民众满意作为第一标准。既要体现对民众长远利益、根本利益高度负责的精神，又不能忽视部分民众正当的现实利益需求。要善于兼顾各方面民众的利益，坚持一切为了民众，就要最大限度地兼顾好不同阶层、不同方面的民众利益，充分考虑民众最直接、最现实、最关心的问题，为民解难、为民创安。要通过执政决策的公开与透明，了解民情、反映民意、集中民智，正确反映、妥善协调、统筹兼顾各方面民众的利益。

其次，要勤政高效，甘当公仆。不仅要牢固树立宗旨意识和民众观点，而且要有勤政高效的行为和作为，是执政为民的基本要求。只有始终坚持勤政高效，才能适应时代的要求，满足民众的需要。例如，目前，中国一些党员干部中不同程度地存在简单粗暴、独断专行、推诿扯皮、办事拖拉等"浮、粗、骄、懒"的工作作风，不切实转变这种工作作风，势必影响党同人民群众的关系，失去人民群众的信任与支持。在新的历史条件下做到勤政高效，就要坚持勤奋工作，求真务实，真抓实干，兢兢业业地创造无愧于时代、无愧于历史、无愧于人民的一流业绩。

第三，要清正廉洁，树立政党的良好形象。勤政高效需要以清正廉洁为保证，要加强对政党腐败的治理，要制定和完善有关制度，规范政党的运作，改革政党的内部治理结构，促进政党的民主性和透明度；要发展党内民主，设立独立的党内监督机构，公开政党组织和政党领导人的收入、财产和对防止腐败有用的信息,如与某个企业或利益集团的关系的信息等。清正廉洁是政党最起码的政治本色,是政党党员必备的思想道德品格,不廉洁就必然要脱离民众,影响党的形象。例如,随着经济的发展,人们物质文化生活水平的普遍提高,生活方式日趋多样性,中国执政党有些党员受社会上消极因素的影响,心理失衡,信念动摇,"宗旨意识"淡漠,甚至以权谋私,严重损坏了执政党的形象。面对社会生活中的各种诱惑,党员同志需要日复一日做到警钟长鸣,常修为政之德,常思贪欲之害,常怀律己之心,从思想到行动、从工作到生活、从大事到小节,全方位构筑起拒腐防变的坚固防线,像焦裕禄、孔繁森、郑培民、任长霞那样,对人民怀着赤子之心,始终同人民群众同呼吸、共命运、心连心,自觉维护和树立党员领导干部甘当人民公仆的良好形象。

6.3.3　途径与方法

政党公共关系工作的基本途径和方法主要涉及以下四方面工作:

第一,创新政党的理论,优化党的纲领。创新政党的理论,优化党的纲领,是政党赢得民众支持的重要前提,是政党公共关系工作的基础,也是政党公共关系工作需要切实改进的方面。例如西方的一些执政党,作为判断执政的政治价值性的基本内容,是关于民主、共和、宪政、自由等这一系列重要的理念。这些政党要顺应和推进民主、共和、宪政、自由的发展,就要自觉地以这些政治理念作为衡量标准。如布莱尔在1994年担任英国工党领袖后,认为英国正暴露一系列深刻的矛盾:政府日益难以承受福利国家的沉重负担,效率低下,浪费严重;个人主义盛行,社会缺乏凝聚力。在新自由主义影响不断增强的背景下,工党原有的国有化、高税收、高支出政策及趋于集体主义的理念难以适应新的形势。为了应对面临的挑战,布莱尔打出"新工党、新英国"旗号,提出"第三条道路"理论。这一理论既不同于主张国家管理一切的老左翼的观点,也有别于过分重视市场经济的新右翼的观点,主张重新界定政府、市场和个人的作用,通过政府、企业、个人的共同参与,建立一个更加公开、公正和繁荣的社会。正是这个令人耳目一新的理论,很快激活暮气沉沉的工党,使它在野18年后重新赢得大选。

第二,加强政党的执政能力建设。党的执政能力,就是党提出和运用正确的理论、路线、方针、政策和策略,采取科学的领导制度和领导方式,动员和组织民众依法管理国家和社会事务、经济和文化事业,有效治党治国的本领。加强政党的执政能力建设,具体的做法是:加强政党的自身能力建设,提高党的干部队伍素质,如通过各种形式的培训,提高和增强党员、干部的素质和本领。不断提高驾驭、管理经济社会均衡发展的能力,是执政党执政能力建设的重要方面,政党要广纳社会贤才,组建高效的参谋、决策机构,通过理论学习,实践锻炼等方法不断提高政党领导人的政策理论水平,提高其管理经济社会均衡发展的能力。

第三,正确协调各种关系。政党公共关系要协调和处理好四方面的工作:一是协调好政党与社会的关系。政党以获得社会多数的支持和拥护作为基本目标,为此,必须极力宣传自己的纲领和主张,以取得民众的认同;同时,必须千方百计地协调社会各部分、各阶层、各利益集团之间的关系,支持和引导民众的民主要求,维护社会稳定。二是协调好政党和国家的关系。政党要利用各种合法的途径,对政权的组成和运作施加影响;同时,遵守国家权力运作的基本规则,依法执政,防止权力的腐蚀,通过各种渠道和手段加强对掌权者的制约和监督。三是协调好政党内部的关系。执政党要不断适应执政环境和条件的变化,注重提高执政能力,加强党的内部统一。通过调整组织结构,改善组织状况,建立制度机制,发展党内民主,保证党的政治主张得到及时有效的贯彻。四是协调好政党与其他政党的关系。政党推行自己的纲领和主张,巩固自己的执政地位,保证多数公民的认可和支持;同时,也应与其他政党进行建设性合作,吸收其他政党反映民意的主张,并在权力使用过程中接受其他政党的监督。

第四,加强与民众的沟通。政党公共关系要掌握和正确引导舆论。大众媒体的迅速发展已使其成为政党联络选民的主渠道,其中,电视是政党公共关系运用最频繁的工具。政党公共关系部门可在电视上做政治广告,安排政党领导人开展电视辩论,并将发布政策决定、发表访谈与演说、召开新闻发布会乃至领袖的个人生活都变成新闻事件。网络则是政党公共关系新的联络途径,网络具有其他媒体不可比拟的互动效果。例如,西方政党纷纷创建本党网站,很多候选人个人网页融各种功能于一体,如提供候选人个人背景,通报竞选活动安排,答复选民来信,筹集竞选经费等。利用手机短信同选民联络则是英国首相布莱尔为备战2005年大选采取的新型联络方式。此外,一些传统的方式如利用报刊、制作本党录像分发选民、给选民打电话、张贴政治广告牌等也是政党加强与民众沟通的有效公共关系活动方式。

政党公共关系部门可发展和运用新的宣传技巧与媒体密切合作。一方面关注媒体关注点及舆论走向,迎合媒体需求安排活动时间表,参与备受关注的政治事件,将适于上电视的候选人推到前台,根据媒体需要改革电视新闻宣传用语等;另一方面交替使用积极性宣传战略与消极性攻击战略,或以民调为基础选择擅长的议题,运用政治广告加深民众对此议题的印象,并更多讨论本党成就及对将来的承诺,较少讨论细节,对不利议题规避或淡化处理等,使其报道有更多关于本党正面的消息。

古巴共产党制定了领导干部定期到基层视察的制度,古巴党政官员没有统一的集中住宅区,各级领导都要参加社区组织的集体活动和公益劳动。老挝人民革命党明确规定,包括党主席在内的政治局委员每年至少深入基层三次,贯彻落实党的方针政策,指导地方开展工作。这些做法在一定程度上树立了古、老两党的亲民形象,对其在困难形势下保持执政地位发挥了作用。在西方国家,政党竞逐十分激烈,每隔几年都面临一次大选,各政党为了获取选票,赢得选举,必须自觉加强与选民的直接交流,为选民解决实际问题。西班牙人民党的议员也定期和选民见面,聆听选民的要求,解答他们关心的问题。许多党还利用因特网作为党内及党与选民沟通的"平台",使党与选民能够在网上进行方便、快捷的大范围交流。

西方国家执政党认为,市民社会组织往往代表了某个行业、领域或持有共同理念的巨大人群的立场和利益,加强与它们的对话和沟通有利于扩大自身的选民基础。不少执政党因而主动将利益集团的参与纳入决策程序,与其协商制定相关政策。法国在行政机构内设有各种由利益集团组成的顾问和咨询委员会,意大利的政府部门也有代表不同利益集团的咨询委员会。

最近越共中央政治局专门研究了如何管理新闻媒体特别是电视和网络的问题,主要采取了以下一些应对措施:第一,开展多种形式的宣传教育活动,提高人们的免疫力;第二,加强技术手段建设,如建立防火墙等;第三,在网上开展舆论战,对反面言论进行针锋相对的反驳;第四,加强对网吧的严格管理。

（资料来源：http://www.bjdj.gov.cn/Article/ShowArticle.asp?ArticleID=32837）

6.4　非营利组织公共关系

随着公共行政的改革,非盈利组织在各国大量出现,并在社会生活中发挥越来越重要的作用。在中国,这种情况已经开始发生,并呈现加速度趋势。

6.4.1　概念与问题

非营利组织,泛指所有不以盈利为根本目的的社会组织或团体。非营利组织一般是依法建立,自主管理,非党派性质的,并且具有一定志愿性,致力于解决各种社会性问题的社会组织。如推动某种社会事业的发展,普及宣传某种知识、观念,唤起公众对某种社会现象的普遍关心或是共同探讨解决某个共同的社会问题等。非营利组织通常包括教育、科研、文化、体育、卫生、社会福利、环保等系统或组织。依据其所承担的社会职能及其不同特征,一般分为公益性非营利组织、互益性非营利组织和服务性非营利组织,如学校、医院、新闻机构、图书馆、博物馆、文艺体育团体、基金会、福利和慈善机构等就属于服务性非营利组织。

非营利组织公共关系是组织通过与各类公众的双向沟通,塑造组织良好形象,促进组织与其相关公众的合作,以获取事业活动资金,推动事业发展,增进公共利益的系列活动。一般而言,非营利组织公共关系有以下几个基本特征:

第一,公关服务的非营利性。非营利组织的存在是为了改善人们的生活条件或者是一群人为了自身的利益或某种目的自愿组合而成,它们的存在都是以服务社会或群体为目的,其提供的公共关系服务和开展的公共关系活动具有非营利性。

第二,公关目标的社会效益性。非营利组织的性质,决定了它们一般确立一种高于社会认识水平和道德水准的组织形象为其公关的主要目标,不仅要努力塑造组织自身的形象,还要致力于为组织所从事的事业提高认知度、美誉度,说服公众接受、认同和支持,体现在结果上则往往是追求社会效益的实现。

第三,公众关系的松散性。非营利组织与其公众的关系不够紧密,这是因为它们之间缺乏相对固定的利益性联系,或这种利益性色彩较淡,相关性不太强,反映到具体的公共关系工作上,其目标公众较广泛,针对性较弱。

第四,社会心理基础的优良性。非营利组织在社会利益关系中处于较超脱的地位。它们开展活动一般都针对某个社会公益目标而进行,参加者多是自愿、平等的,没有直接的功利色彩,公众在心理上与其没有直接的利益冲突,对其人员和活动比较容易接受。

非营利组织公共关系面临的问题通常有以下方面:一是人员的非专业性。非营利组织公关人员一般配备较少,且多是兼职,缺少公共关系理论和实践经验,专业化水平较低;公共关系机构也多是临时性的,或附属于组织的其他部门,缺少必要的组织保障。二是经费的短缺性。非营利组织一般缺少必要的稳定的财源,虽然有些事业组织能得到政府的财政支持,但多是入不敷出,组织开展公共关系活动的经费自然有限,筹措经费本身往往成为其公关活动的目标,因此,非营利组织只能在力所能及的范围内,依据少花钱、多办事、办好事的原则,逐步累积,形成某种公关活动声势。三是活动效果的有限性。非营利组织由于人员、经费的限制,其开展的公共关系活动可能不够系统,沟通的网络和渠道不够完善,活动的策划水平不高,导致公共关系效果相对的有限性。

6.4.2 目标与焦点

非营利组织开展公共关系活动的基本目标是以下四个方面:

增强组织内部的凝聚力 协调内部关系,增强组织凝聚力是非营利组织开展公共关系活动的基本目标之一。在协调组织内部关系时,公共关系人员要配合组织有关人员培养成员的主人翁意识,在组织制定方针、战略和具体目标时,要充分征求他们的意见,使他们充满责任感和使命感。要做好精神协调,使组织成员具有较高的思想素质,对组织及所从事的事业有正确认识,并有为此献身的精神。要加强与组织成员的思想沟通,非政府组织内部成员的文化水平较高,同时对同一事物的认识、看法和矛盾相对也较多,往往容易形成冲突,内部公共关系要适时地在内部公众之间进行意见沟通,引导和协调成员达成共识。

扩大组织的社会影响 扩大组织的社会影响,即不断提高组织认知度、美誉度、和谐度。随着社会政治经济和文化的发展,公众对社会问题、公益问题的关注日益增多,对各种非营利性社会组织的要求也在提高,他们比以往更加关心有关非营利性社会组织的声誉、责任和工作成效。与此同时,许多非营利性组织彼此之间的竞争加剧。如学校在争取更多的生源,医院在吸引更多的病友等。有一些非营利组织,由于社会形象不佳或公众对其缺乏了解,被认为工作不力、不尽职责,受到社会的责难和非议。这种大趋势,使越来越多的非营利组织开始利用公共关系,扩大自身的社会影响。

改善组织的发展环境 即非营利组织通过开展有效的公共关系活动,积极争取公众的理解、信任和支持,包括社会各界的物质资助,筹措发展资金,为组织的顺利发展创造一个理想的外部环境。

倡导、推广公益理念 即通过向社会或特定公众推广某种反映时代发展要求和社会进步的观念和主张,有效地实现组织存在的社会价值。非营利组织公共关系可以在两方面发生作用。一是通过参政议政来显示自身价值,争取社会各界的理解与支持。比如科研院所一般都承担着一些社会公益项目,在这一特定的范围内,它们最有发言权。其他社会团体,如工会、妇联、专业学术团体等,它们代表着不同的社会群体的利益,最了解群众,最能反映真实情况。二是在社会各界公众中倡导和践行某种良好的社会风尚,抨击不良风气,以实际行动向公众推广其社会公益理念,实现组织价值,推动组织事业发展。例如环保主义者,经常组织各种宣传活动,向社会推广保护环境、维持生态平衡和可持续发展的"绿色理念"等。

非营利组织由于其组织的公益性和社会性的特征,决定了它们必须更多地关注社会和公众利益,以组织良好的声誉和优质的服务满足社会公众的社会和心理需求,赢得社会的尊重。因此,非营利组织公共关系的焦点是:努力塑造良好的声誉和形象。

塑造良好的声誉和形象,首先,要求非营利组织树立正确的社会理念。非营利组织广泛存在于社会文化、卫生、教育、体育等诸多领域,它们不仅担负某一特定领域的社会公益服务职责,而且还在很大程度上肩负着社会精神文明建设的重任,必须树立正确的社会理念,把精神文明建设贯穿在组织公共关系工作过程的始终。其次,要有较高的社会认识水平。非营利组织在社会中所起的特殊作用要求其成员必须有良好的素质,有较高的文化知识水平,这样才能在社会中表现出良好的角色行为。再次,要有良好的职业道德和献身精神。非营利组织作为一种社会公益服务机构和群众团体,在本质上已经同"权"和"利"分离开来,不可能为组织或成员带来权利,也不可能直接产生经济效益。因此,组织的生存与发展必然建立在群体成员的职业道德和献身精神的基础之上,必须依靠全体成员优良的服务赢得公众,依靠全体成员忘我的奉献推动组织事业的发展。

6.4.3 途径与方法

加强与社会公众的双向沟通是非营利组织公共关系的基本途径。其具体沟通的途径与方法包括以下要点。

加强与社区公众的沟通　重点应着眼于尽可能满足社区对组织的要求,争取社区公众的支持。组织公共关系人员应注意尽可能避免和减少自身活动对社区公众正常活动的影响;组织的一切活动一般应先立足本社区,满足社区公众要求,然后再扩及外地;将组织内部向社会开放的公益活动首先让社区公众分享;积极参与和承担社区内的公共事务或公益活动等。

争取政府公众的支持　通过开展对政府部门的公共关系,使政府了解组织的事业,重视组织从事的工作,为组织提供各种支持和帮助。非营利组织在争取政府公众支持时应注意:遵守政府的有关政策法规的规定;及时了解和掌握政府的重大决策和措施;积极参政议政,为政府提供信息,发挥咨询和参谋作用。

争取媒体公众的支持　非政府组织从事的是非营利事业,其活动多与社会公益有关,是新闻媒体所欢迎的题材,因而要加强与新闻媒体的沟通,充分利用媒体的影响,开展免费的新闻宣传,提高自己的社会知名度,扩大组织的社会影响。

注重对外宣传　利用一切可以利用的机会宣传组织。比如,可以为报纸、电视、广播、因特网中的社会服务性栏目投稿,或做服务性栏目专题主持,回答公众提出的有关问题,加强与公众的交流。

发起和组织社会公益活动　如发起和组织注重节约、环保、社会公德、社会捐助、关注弱势群体等活动。这类社会活动主要是围绕某个公益项目进行的,参加者自愿、平等,不能有功利色彩,在活动中非营利组织主要起发起、组织、联络等作用。

引导公众利用本组织的服务　为公众提供内容适中、文字简洁的小册子,介绍组织的宗旨、人员、设备或设施、主要活动、提供的服务等,如"图书馆指南"、"学校概况"等,以让公众知晓和利用组织提供的服务。

举办大型义务服务活动　组织为了更广泛地宣传自己,让社会各界对组织有全面的了解,注意本组织的存在,扩大组织的影响和服务范围,可以选择合适的时间、地点,举办大型的社会公益服务活动。如医院开展大型的义诊,文艺团体开展大型的义演,为灾区或希望工程募捐等。

主导舆论倾向　非政府组织在社会舆论中要根据组织的优势,积极主导舆论。针对社会生活中存在的问题和矛盾,组织可以充分地利用报纸、广播、电视、因特网等大众传播媒介,发表见解和评论,提出意见和建议,引导公众,为政府提供决策参考。如科技界、文艺体育界、大学等有关团体和组织,利用自身的专业优势,引导舆论。

举行赞助活动　非政府组织为了自身的运营和发展,也可以通过举办赞助活动筹措活动经费。赞助活动的形式可以是多种多样的,如寻求企业赞助、直接向社会募捐、通过义演义卖活动筹集资金等。

 **小 结**

公共关系作为促进组织与环境协调发展的科学和艺术,已越来越被企业、政府、政党及各种非营利组织所认识和运用。

企业的目的主要是盈利,但盈利必须建立在诚实、信用的基础上,让公众获得真正意义上的需求满足。很多企业由于产品和服务的质量较差,没有良好的价值观和正确的政策等原因,引起公众的不满,矛盾和冲突也因此而产生,导致企业的形象不佳、企业的公众环境不良等公共关系问题。解决此类问题,首先,必须确立合理的公共关系目标。一般而言,企业开展公共关系活动有两个基本目标:一是塑造良好企业形象;二是营造"人和"的内外环境。其次,要把握企业公共关系活动的焦点,加强企业的形象管理是其核心工作,通常涉及形象塑造和形象维护两方面的工作内容。成功的企业公共关系要同时协调好企业内部全体员工关系和企业外部公众的关系。协调企业内部公共关系的途径和方法包括培育良好的企业文化,加强与内部公众的沟通。企业外部公共关系的基本途径和方法主要有为外部公众提供优质的商品和服务,加强与外部公众的沟通等。

政府公共关系之所以必要,是全球化时代民主政治和法治社会的客观要求。政府公共关系通常面临主体的公关意识缺失,公众的政治冷漠,公众对政府合法性的质疑等问题;政府公共关系的基本目标是维护公众的知情权,争取公众对于公共政策的支持和合作,动员公民参与政府活动,塑造良好政府形象;加强政府的形象管理是其公关工作的焦点;政府可通过创新政府行政理念,优化政府行政行为,完善政府沟通网络,改善政府官员形象等途径和方法赢得民众的支持、信任和合作。

现代社会,政党和非营利组织与其他社会组织一样,也面临着公共关系问题,它们同样要确立合理的公共关系目标,把握公共关系活动的焦点,通过多种途径,采取有效方法加强与公众的沟通,以保证组织总体目标的实现。

 **阅读资料**

大连名片——让世界了解大连,让大连走向世界

从20世纪90年代开始,大连市政府通过政府行为成功地运用了一系列的公关策略和手段,改善了城市的内外部环境,为城市经济的腾飞带来了巨大的推动力。

体育名片使大连名扬国内外。大连是中国的足球城,是中国第一个足球特区,大连万

达(实德)是大连市的骄傲。这支足球队在甲A联赛中七年五夺冠,这一骄人的成绩,为大连赢得了荣誉。大连是著名的"田径之乡",坐落在大连开发区的"马家军"训练基地,为中国培养出王军霞、曲云霞等中长跑世界冠军。此外,大连的游泳、自行车等项目在国际国内处于领先地位,随着陈妍、扈晓雯等游泳名将和王艳、姜翠华等自行车世界冠军的名声大振,他们的家乡大连的声誉也不断提高。

"大连国际服装节"是大连市又一张"亮丽的名片"。每年一届的国际服装博览会,吸引了大批的海内外宾客,尤其是国际上的政界、外交界、服装界、艺术界、体育界的知名人士光临,每年接待国内外10万人次左右的参展、观展客商。借"节"造势,提高大连的知名度和美誉度是政府公关的又一特色。

"花园城市"是大连最"漂亮的名片"。地处渤海之滨、辽东半岛最南端的大连,近年来,政府在城市建设上花了大手笔。城市的绿化、美化、亮化、空气的净化及建设通透式的花园广场,不仅改善了城市的居住环境,也创造了良好的投资环境。目前,大连40%的城市面积为绿地和树木所覆盖,人均公共绿地8.3平方米。空气污染指数在全国处于最低水平,而城市绿化、美化则处于全国最高水平,不仅享有"全国绿化先进城市"、"全国环境综合治理十佳城市"、"国家级园林城市"等殊荣,而且在历届国家卫生城市的评比中均名列榜首。

这些亮丽的名片,为大连带来了前所未有的经济和社会效益:外商投资显著增加,第三产业(尤其是商贸、旅游产业)蓬勃发展,国有企业走出低谷,城市居民安居乐业。

(资料来源:吕维霞.案说公共关系.北京:对外经济贸易大学出版社,2002.)

 复习题

1. 什么是企业公共关系? 企业公共关系的目标和焦点是什么?
2. 企业开展公共关系活动的途径和方法有哪些?
3. 政府公共关系通常面临什么问题? 其公共关系目标是什么?
4. 政府公共关系活动的途径和方法有哪些?
5. 政党和非营利组织公共关系的目标和焦点分别是什么?
6. 政党和非营利组织公共关系活动各有哪些基本途径和方法?

第七章 公共关系传播

学习目的

学完本章,你应该能够:
1. 了解网络传播的技巧及网络传播在公共关系中的运用;
2. 了解举办新闻发布会的程序、新闻稿的撰写及内部报刊编辑技巧;
3. 了解演讲的基本要求及演讲稿的写作方法;
4. 了解公关广告的功能及运用策略与技巧。

2007 年大事件中的公共关系

2007 年,运用网络媒体进行传播达成公关目标,是中国政府部门的一个鲜明景象。

2007 年年底,国家法定节假日调整引起了社会的广泛关注。这个涉及所有国人切身利益的调整方案,无论如何设计,都会几家欢乐几家愁,难免出现舆论嘈杂的现象。为此,国家发改委设计了国家法定节假日调整方案网上调查问卷,从 11 月 9 日到 15 日,在新华网、人民网、国家发展改革委等网站上公布方案并开展民意调查。此举引起社会强烈反响,155 万多名公众参与了调查,还有几十位专家学者参与了方案的在线访谈。从调查结果看,公众基本上对该方案持肯定态度。尽管存在一些不同意见,然而无论如何,这个具有广泛民意基础的方案的最后敲定,已经通过网络传播的公关手段,有效规避了舆论风险。

如果说国家法定节假日调整方案的网络传播运用是一种公关手段的话,在此事件中,我们看到公众通过网络传播表达意见和汇聚舆论,政府也运用网络传播来疏导和化解公众情绪。网络传播在法定节假日调整方案中,得到了大规模的创新性应用。

同年 7 月 23 日,由四川省政府新闻办公室主办、四川新闻网站承办的全国网络媒体首届"完美中国·魅力四川"网上行大型采访活动正式启动,邀请新华网、人民网、中国网和三大综合门户网站等近 40 家网络媒体赴蜀进行为期 8 天的采访。8 天内,受邀网络媒体推出 30 余个专题,采编稿件近 1 200 篇。巨量网络传播使四川省社会经济、旅游产业等发展情况得到了外界广泛认知。"完美中国·魅力四川"网络公关活动,也让我们看到了网络媒体在政府主动组织传播中的充分应用。

从 2007 年热点事件中可以看出,这种对于公关专业来说具有颠覆性创新意义的变革,已从商业组织渗透进政府组织。

(资料来源:http://www.17pr.com/html/30/1430.html)

7.1 网 络 传 播

英国未来学家彼得·考科恩曾说过:"如果你不上网,就没有人知道你的存在。"20 世纪后期,互联网络迅速崛起,发展成为我们这个时代最新颖、最重要、最具有国际性的信息传播系统,给传统的大众传播环境带来了革命性的变化。互联网络的兴起,预示着一个崭新的网络传播时代的到来。它带给人类的影响,我们现在还无法估计。

互联网络是将人际传播、群体传播、组织传播、大众传播等各种传播形态集于一身的一种新兴的信息传播媒介,但它更是一个传播或交流信息的平台。借助它不仅可以向全社会进行开放性的大众传播,而且可以作"点对点"的人际传播(如电子邮件、网上通话、网上短信)、小范围的群体传播(如讨论组、聊天室等)、组织机构或单位的组织传播(如群发电子邮件、各单位内部的局域网运作)。通过互联网络进行的信息传递、交流和利用,从而达到其社会文化传播的目的称为网络传播。

纵览历史,人类传播的历程,就是为了更好地交流和沟通而寻找更丰富、更有效的传播媒介的革命历程。从语言、文字、印刷术、广播电视,一直到当代最有影响力的发明——互联网络,似乎正验证着施拉姆的断言:"人类传播的每一次重要发展总是从传播技术的一次重要新发展开始的。"而每一种传播科技的出现与发展都在缩短着时间和空间,或者说,在改变着时空概念。

7.1.1 网络传播的特点

纸质媒体一直是信息传播的主要渠道,但近年来随着网络传播的蓬勃发展,公关传播纸媒为王的格局大有改变。借助互联网络这个平台进行的网络传播,是一种完全新型的信息传播活动,这种传播模式呈现以下的特点:

信息汇聚多元化 互联网络具有汇聚超大量信息的能力。各家网站信息量庞大的数据库以及新闻文献仓库为人们寻找全面翔实的资料提供了很大的帮助,并且互联网络中功能强大的超链接将无限丰富的相关资料向公众立体式地发布。

网络传播中不仅可以平等地发布信息,还可以平等地开展讨论与争论。报纸可以通过座谈的形式开展讨论,电视也有了话题节目供观众现场摆擂台,但这些讨论一不是任何人都可以参加,二不是随时可以参加,三不是所有话题都可以讨论,四还不能完全给参与者以"言者无罪"的保证。然而,关于这个世界的所有话题,用户都可以在电子论坛里找到,并随时参与发表意见。新闻组作为互联网络上个人向新闻服务器投递电子函件的集合,可以随时把公众的文章或帖子向世界公布。至于可以进行实时讨论的聊天室的功能,就更是传统媒体所不及的了。在聊天室里,每人都可以有一个化名,一群人就像入坐酒吧一样,七嘴八舌,各抒己见。正如麻省理工学院教授尼葛洛庞蒂所言:"在网上,每个人都可以是一个没有执照的电视台。"

表现形式立体化 多种传播方式并举,是网络传播的一大表现特点。网络传播不仅能够显示文本信息,而且能够显示图形、图像和声音等多媒体信息,表现形式立体化。

互联网络是电脑、电视、录音机、电话机、游戏机、传真机、打印机等性能的总汇。它将传统的各自独立的单一性的传播方式综合在一起,又将文字、口语、音响、图表、图片、图像等各种传播形式汇于一体,而且可以根据需要自如地从一种形式转换到另一种形式,或者让几种形式并举,做到图、文、声、像并茂,真正实现多媒体的传播。

与传统媒体形式相比,网络传播为读者提供了更为广阔的信息量及阅读空间。它一方面通过内容安排、结构选择等方式,使信息达到了"最佳状态",便于读者获得立体认识,更清晰、更深刻地了解新闻;另一方面,读者的意见或态度可及时反馈给传播者,读者与传播者之间形成了一种互动关系,从而使信息的立体传播效果在网络传播的环境下,得到了更为深刻的演绎。

传播超越时空化 传播范围受限于地域,是传统媒体的一大困惑。而网络媒体的出现,则彻底改变了这一切。网络传播不受地域限制,公众遍及世界各地。时效性上,网络传播是全天候新闻报道。

在网络媒体中,我们往往看不到头版头条新闻在哪儿,新闻内容总在不断滚动更新,借助数码摄录设备和手机等现代化影像处理和通讯工具,网络记者可以进行事件现场直播,在网络上图文并茂地以第一时间、第一速度报道出来。特别是对突发事件,网络比电视编辑的时间更短暂、更迅速,公众在网络上可以即时看到事件的每分钟的发展情况。而网络后台的编辑们还可以迅速调出与事件相关的背景图文资料,让社会公众更全面、更客观地了解事件真相、新闻后面的故事或细节。

互联网络这种超越时空的特点,缩短了信息传播的周期,拉近了公众与信息传播者或某一事件的"距离",因此,比较成熟的公关人员非常善于运用网络传播的这一特点,保持与其公众之间的实时"交流",以使组织或机构赢得公众的信赖。

传播双向互动化　相对于传统媒体的"一言堂",网络传播能够实现传者与受者之间的互动。信息传播的双向互动,是网络传播的本质特征和社会意义的集中所在,也是网络传播最鲜明的特点之一。

在网络传播中,传受双方存在很大的交互性,它们的角色位置可以方便地、频繁地交替互换。任何一个网络公众者都可以成为信息发布者,改变了传统媒体你说我听的方式。如在网上浏览、检索的一般用户,固然是受传者,但他们不仅有很大的寻觅信息的主动权,而且随时又都能充当信息的传播者。他们可以通过电子邮件向别人传送信息和观点,可以向新闻讨论组、向公告板传送信息或观点,还可以设立个人网页,发布信息或观点,吸引他人来访问。

双向互动式传播具有三个重要特征:一是信息的传者不再享有信息特权,与公众一道成为真正意义上的平等交流伙伴;二是网络用户不仅可以平等地发布信息,还可以平等地开展讨论与争论;三是舆论监督功能在网络振荡中不断放大,具有无比的威慑力量。可以这样说,在网络传播中不再有信息传播的控制者,而只存在信息传播的参与者。

服务个性化　众所周知,传统媒体有公众定位,它不是针对某个人的,而是针对某个特定的群体。报纸有它确定的读者群,电台划分出了为不同人群服务的各个波段。因此,传统媒体很难在所有时间、所有节目中满足所有人的愿望。而网络媒体在这方面就具有显著的优势。由于网站多如牛毛,网上信息浩如烟海。强大的网络搜索功能,使网民可随时上网查找所需的信息,享受网络提供的个性化很强的服务。

过去,企业是利用媒介向消费者或用户传递一致的信息,而网络传播使组织与公众建立起"一对一"互动的新型关系。在"一对一"的接触中,了解公众在使用产品或接受服务时遇到的问题和对产品或服务的意见和建议,实现组织对公众的个性化服务,以此来进行有效的市场运作,甚至拓展新的市场需求。另一方面,也使得消费者得到了来自组织的更大需求满足,两者相互促进,形成组织与公众良好的动态循环。这不仅大大提高了传播效率,也使得企业发现和锁定最具潜力和价值的客户成为可能。同时,分众化(一对一)的传播也有助于增强客户的满足感和归属感。

网络传播融合了大众传播(单向)和人际传播(双向)的信息传播特征,在总体上形成一种散布型网状传播结构。在这种传播结构中,任何一个网结都能够生产、发布信息,并以非线性方式流入网络之中。同时,网络传播具有人际传播的交互性,公众可以直接迅速地反馈信息,发表意见。公众接受信息时有很大的自由选择度,可以主动选取自己感兴趣的内容,突破了人际传播一对一或一对多的局限,是一种多对多的网状传播模式。

7.1.2　网络传播的技巧

网络传播与平面媒体、广播电视媒体的传播相同,也是在解决"传播什么、向谁传播、在何处传播"的问题。

第一,确定传播内容。"传播什么"即传播内容。取决于传播目的。网络传播目的存在于两个层面:一是组织层面,提升组织的知名度,塑造良好的组织形象;二是产品层面,宣传组织的产品特色、优势,促进产品销售。

第二,选定传播对象。"向谁传播"即确定网络传播的公众。网络传播的公众分为两大类型:一种是围绕组织由利益驱动形成的垂直型网络用户,包括投资者、供应商、分销商、顾客、雇员及目标市场中的其他成员;另一种是围绕某一主题形成的横向网络用户,包括竞争对手、行业协会、联合会等。网络传播的公众范围由于互联网传播的全球性而更加广泛,正是网络媒体的双向互动性,使传播的对象更加明确、具体,公众更细分。

目前网络传播逐渐成为组织与内外公众沟通的主要方式。通过内部网络,组织可以及时向内部发布各方面的运作情况,并广泛征求员工的意见和建议,反馈给领导决策层,从而增强员工的责任感和组织的凝聚力,提高组织的生产效率。组织的外部公众会随着组织规模和经营范围的扩大而越来越难以把握和沟通,网络传播的广泛运用使这个问题迎刃而解。

第三,选择合适方式。"在何处传播"是方式选择的问题。一般来说,网络传播的媒体是互联网,但是为了取得最佳传播效果,目前许多企业组织采取网络媒体与传统媒体相结合的方式。两者结合有两种模式,一是先传统媒体后网络媒体;二是先网络媒体后传统媒体。常用的是第一种模式。

先传统媒体后网络媒体的模式是:传播从少部分平面媒体开始,到网络媒体的转载。通过网络高强度的传播力,把消息迅速扩大,从而引发相关媒体的关注和跟踪,形成又一轮的平面媒体聚焦和"逆向二次传播",实现最大的传播效果,使网络媒体避免以转载平面媒体报道为主,原创内容比较少的短处,充分发挥了其互动性强、时效性强、传播形式多样、公众广泛等优势。

以企业为例,同一个企业的新闻题材给多家传统媒体发,可能会被拒绝,难以形成大范围传播。如果先选择传统媒体做独家新闻,随后网络媒体大量转载,通过传统媒体和网络媒体的配合,利用传统媒体的攻心力和网络媒体的传播力,既扩大影响又节约成本。

先网络媒体后传统媒体的模式主要用于特殊事件和信息。如尚未最终核实的事件或太新太快的信息,可以先寻找合适的关键信息,在最恰当的网络媒体上发布。通过专业网站的第一时间发布,随后报纸等其他传统媒体根据网络开始新闻跟踪,一周后周报、周刊刊登综合评述,月刊则会从不同角度有故事性地报道相关内容,期间网络又不断转载反馈实现传播的最大化,成为一段时间的聚集热点。

网络传播主要有两种渠道:一是建立组织自身的网站,二是利用其他新闻服务商和媒体。组织拥有自己的网站,便等于拥有了一个具备很强自主性的宣传媒体,依靠这个网络,可以发布组织信息,及时与其公众进行互动交流等。但组织的站点建设需要不断地维护、更新,添加能够吸引公众的新鲜内容才能达到最初的建站目的。由于公众对事物的认知需要一个过程,在组织网站建立初期,可以在相关宣传媒介上(如内部报纸、产品说明书、产品宣传活页等)来推广自己的网站,这一时期的网络传播可以借助专业门户网站或影响大的综合性网站来进行,依靠这些网站的人气来提升组织的认知度,并且为组织的网站聚敛人气。

网络传播的形式主要有:

一是发送新闻。通过在组织本身网站、有影响力的门户网站或是与传统媒体相结合发送新闻来实施网络传播。

二是论坛。论坛是网络上一种广泛应用的信息交流工具,不论是公开浏览方式还是管理严格的远程登录方式,对公共关系而言,都具有特殊的传播沟通功能。这种功能表现在以下几个方面:首先是信息发布功能,组织和公众都可以通过 BBS 发布信息;其次是非实时讨论功能,组织可以将要发表的信息写成文章,以比较条理和完整的方式发表在 BBS 相应的讨论区;最后是实时讨论功能,组织可与公众在"聊天区"进行实时交流,拉近组织与公众之间的距离。一则新闻在论坛的新闻库里保留很长时间,选择在与组织相关的论坛上贴新闻,可能会带来长达几年的效益。

三是新闻组。新闻组中聚集着有共同主题的公众,他们就共同感兴趣的问题进行讨论、评论和分析。新闻组可以建立和巩固组织与新老顾客的关系、开展公关所需的市场调查研究,通过信息监测可以进行危机预防与控制。目前新闻组已成为国际公关界交流中最重要的一个渠道。

四是电子邮件。电子邮件现在已经成为很多组织内部沟通的常用工具,被用来发送时事通信和公告等。管理人员可以在不离开办公室的情况下表达对下属的表扬与关怀,极大地改善了组织内部的沟通状况。电子邮件快速省力,轻松地取代了传统的印刷出版物和传真,可向包括消费者、投资者和媒体在内的外界发送个性化的电子邮件增加人情味,实现一对一传播,相当受欢迎,并且非常有效。

五是网上监控。互联网络具有轻松登陆和造访的特性,这给组织带来了一系列全新的挑战。公关人员必须随时监控网上可能出现的关于组织的负面甚至威胁性的评论。由于网上存在着一些专门以谩骂组织而出名的"无赖网站",所以有必要对这些网站、聊天室、论坛等实施定期监控。

另外，网络社区论坛的发展培养了"口碑"传播的土壤，博客的出现带动了"全民"写日志的风潮，播客的涌现激起了普通人的影视创作热情。随着新的网络交流平台的建立，更多新的传播手段应运而生，每个人都能成为"记者"、"导演"和"法官"，甚至出现了全部新闻都是普通公众采写上传的"民间"新闻网站。"晒客"、"网络追杀令"成为新的社会流行词汇。

网络正通过各种传播方式影响着大众的生活。这些都是互联网络给公共关系实务带来的变化和发展。

7.1.3　网络传播在公共关系中的运用

网络传播对于公共关系公司和大多数企业都不陌生，它从网络诞生的那天起就被企业广泛地应用到了公共关系领域。从企业网站、搜索引擎的排名、网络新闻的发布、产品评测推广、网络论坛到近几年的博客和播客等多种网络公共关系传播方式被广泛采用。

运用网络传播进行公共关系活动，主要围绕主题活动、新闻发布、危机管理等内容进行运作。

近年来通过网络引发的恶性事件和公关危机的频繁发生，使得越来越多的企业开始关注网络上的企业危机管理。同时，通过"好男儿"、"舞林大会"等活动的网络推广模式的示范作用，网络传播越来越受到重视。网络以其强大的推广能力和快速的传播速度已成为公关的必争之地！

大公关的意义在于聚众而谋。组织在网络上抛出一个问题，吸引各个方面的参与和关注，开放交互式的环境，能够满足各方言语的喜恶，展示各方的不同观点。对于企业，正好展示了其开放胸怀和与公众共生存、同发展的态度。这样的企业势必会引发公众的好感，也能对企业发展过程中的症状进行多方会诊。在开放的，平等和公平的条件下汇聚全社会的力量，面向公众，达成公众和企业之间的某项合作，以求得双方利益的互惠，这本身正是一种公关。

中国有2亿多互联网络网民，最有购买力的人群就在这2亿多人中。在网民激增和广告日益被人们厌倦的今天，浪费的广告费不再仅仅是一半，而是大部分甚至全部。有什么秘诀可以让一个新产品或企业在一个陌生的市场迅速地扩大知名度？又可以让这个知名度转化为美誉度呢？

下面是"红牛能量之旅"网络传播的资料。

一根线索　新浪网汽车频道出现了一则广告——红牛能量之旅，这个活动包含有三个部分：哈巴雪山行、行者无疆、晒游记。大概的意思是在"十一"期间，征集车友攀登哈巴雪山，然后让大家在各自的博客和论坛上发布游记、照片等，同时还设定了奖项。行者无疆是驴友将各自旅游的照片上传到网站上，进行评选；晒游记大致意思也雷同。

两则数据　新浪网的数据显示，"驴友"、"大漠，孤城，金色的湖"的博客点击量达到75 000 次左右，该活动网站的总点击在 300 万次以上，300 万人同时关注一个"红牛能量之旅"，似乎的确值得庆幸。另一则数据不得不提，搜索引擎 google 对于"红牛能量之旅"的收录量为 117 000 条，有效链接 340 条；baidu 为 82 500 条，有效链接 340 条。数据显示也是很好的结果。

第三方分析　"艾瑞网"A 对于网民的行为研究数据显示：中国网民截至 2007 年达到 2.2 亿人，相当于韩国和日本的人口总和还出头。数据同时显示，中国网民 74％以上具有大学学历。这说明网民和红牛的目标群是非常吻合的。或许这是"红牛能量之旅"得以成行的基础。

若干"水手"　在 google、baidu 搜索上，我们可以看到大致三个类型的稿件，分别为：红牛能量之旅活动征告、红牛能量之旅印象后记、艺人参与红牛能量之旅。根据媒体特性来分析，艺人参与该活动是活动的亮点之一，并且首先在《成都晚报》曝光，引发了大量转载（姑且不论转载是主动还是被动）；印象后记一般出现在论坛上，题目相同，baidu 的搜索引擎显示大约有 260 篇文章，基本上可以判定是"水手"之作。

一个篱笆几个桩　"红牛能量之旅"网络广告专题、网络新闻发布、论坛传播，还有少量的播客和博客传播作为传播的支撑"桩位"，选择的传播媒介是线下报纸和线上媒体互动，线上造势，线下实施。"桩"与"桩"之间的联系颇为紧密，这在策划上是见功力的。（略）

"冰火两重天"　不在沉默中爆发，就在沉默中死亡，是红牛能量之旅的写照。在活动的本身，我一直在思索，是什么让能量之旅如此不具有争议？事件、媒介、公益？对，就是公益。同样一个远足的活动，由于具备了"去珠峰捡垃圾"这样一个响亮的公益口号立即引起了媒体、参与者的热情，直到现在依然在津津乐道。红牛的活动是以截止点为变更线，活动中与活动后体现了"冰火两重天"。

鸡蛋可以有几个"骨头"　一则广告不可以没有卖点，一次公关活动不能没有"争议"，文似看山不喜平，红牛能量之旅爬的是哈巴雪山，话题的争议性却平得可以。"红牛能量之旅印象后记"这样的话题没有几个网民的眼球可以"消费"得起。

一句谎言说了若干遍也就成为真理，脑白金的实践证明可以成功三四年，事实上，红牛并不擅长此道，或者说，红牛的脸皮还不够厚，它一直就是一个颇有力量的谦谦君子。但是，在传播上，印象后记这样的文章可以同时在 100 个左右的论坛进行"灌水"，这些水手们虽有苦力，却缺乏了智力。（略）

新浪是媒体，不会有人否认。新浪是何种媒体？如何使用才能效果最大化？预计也没有几个人可以说完整，新浪活动专区茕茕孑立，和红牛自主网站茕素不搭，其原因也大概只是代理商认为将"鸡蛋"从红牛的口袋掏到了自己的口袋即可。

赛事营销五大派　在红牛的营销跑道上,体育营销是红牛的亮点之一:从 2000 年起,红牛连续多次赞助中国青少年三人篮球赛(TBBA),在校园中培养红牛拥护者。2003 年,红牛正式成为 NBA 中国战略合作伙伴,多次在中国为广大球迷开展"全明星票选活动"。2004 年,F1 大奖赛首次在中国开赛,红牛大力推广 F1 赛车运动。从 2005 年开始,红牛与 NBA 大篷车活动紧密合作,穿行于中国的许多城市,作为 NBA 大篷车官方合作伙伴,红牛的冠名活动"红牛能量大灌篮"是 NBA 大篷车最激动人心的活动之一。2007 年,红牛将目光转向了网民,联手新浪网开展"红牛能量之旅"活动,在网民中引起较大反响。

事实上,基于体育赛事的营销,受于"五力":参与者、媒体、组织者、商业赞助者、政府。就赛事本身而言,参与者是商业赞助商最为关注的元素,这些人是赛事和赞助商品牌的体验者,他们的评价就是口碑传播的雏形。从红牛的目标消费者而言,红牛饮料的消费者主要存在于白领等高收入人群,青少年三人篮球赛的参与者显然不太吻合,NBA 大篷车也依此类推。

可堪关注的是红牛对于 F1 赛事的赞助,这个赞助很好解决了参与者与红牛目标消费群的契合;但凡参与体育营销的公司知道,在 F1 类型的体育赛事中,政府的干预很深,这也必然削弱赞助商的隐性营销和口碑效应。

(资料来源:http://www.17pr.com/html/24/63724-41631.html 有删改。)

得民心者得天下,是古代天子勤政爱民的一句古训。以上案例足见红牛对网络传播的重视。一个能够汇聚高人气的网站满足了红牛公关传播的需求。与此同时运用网络工具,一个帖子,一些积极主动的回应和面对普通消费者的质疑,如此"兴师动众"的背后,被人记住的不仅是企业的品牌,还有企业开放的胸怀。即便被称为炒作,但炒作的背后丝毫不存在恶意,而企业的威信得以更好宣扬,红牛集团可以说深谙此道。

作为企业,巧妙选择网络媒体进行公关传播非常必要。网络不仅是一个营销的平台,更是实施公关传播的舞台,网络平台的交互性和平等性,能够最大限度地体现企业公关中所谋求的真诚、沟通和互惠原则,能够收集来自社会各方最直接的建议和意见。在网络时代,这样的合作势必会带来双赢。

"如果你爱一家企业,那么你把它放到网上传播,因为网络是天堂;如果你恨一家企业,那么你把它放到网上传播,因为网络是地狱……"

7.2　新闻传播

新闻传播是企业常用的媒体公关方式,一篇对企业的正面新闻性报道远比十几篇广告的宣传效果要好得多,因此深受企业的欢迎。对企业来说,新闻传播就是借助大众媒体、以新闻报道的方式把企业目标信息传播出去。新闻传播是一种营销形式,是营销以新闻形式的表现。正是这个原因,新闻传播又被称为"新闻营销"。它不是通常意义上所说的新闻。

新闻传播具有五大显著优势:

第一,新闻具有及时传播特性。一个企业发生了具有对外宣传价值的重大事件,就必须在第一时间把信息传播出去,否则就失去了新闻价值,此时,只有启动新闻传播才能实现这个目的。事实也是这样:微软收购雅虎、联想收购 IBM PC 业务,这些重大企业事件都是通过新闻抢先发布出去的。

第二,新闻具有完整阐释功能。新闻报道可以把企业要传达的目标信息传播得更准确、详尽。

第三,新闻传播具备危机公关职能。为什么许多企业发生危机事件后,第一时间想起的就是启动新闻传播?因为新闻传播具有危机公关的职能。

第四,新闻传播具有高性价比优势。一般来说,同样版面的企业新闻传播,成本只有广告的五分之一,甚至更低。为什么格兰仕很少投放广告而喜欢炒作新闻?因为和广告相比,新闻传播具有高性价比的优势。

第五,好新闻具有二次传播特性。所谓二次传播,就是一个媒体首先发布出来之后,别的媒体纷纷转载,这样的事情屡见不鲜。

新闻传播的五大优势,决定了它在市场推广中不可替代的位置。

7.2.1　新闻发布会的举办

新闻发布会是指借助媒体的公信力对企业进行宣传的一种传播途径。它主要有三种形式:新闻发布会、记者招待会和酒会或舞会。

酒会自由随意、非正式一些,气氛也相对轻松。它可以单独召开,也可以附属于其他形式,比如,有的在招待会后举行酒会或茶会。记者招待会一般是专题性的,以答记者问为主要特色。通常新闻发布会由公关负责人执行,而记者招待会一般则需有更高层次官员出席。以上三种形式中,新闻发布会是目前企业采用较普遍的一种形式,而记者招待会、酒会和舞会的形式则一般在政府行政单位采用较多。

作为一种重要的公关传播方式,新闻发布会应用频率非常高。无论是公司成立、战略发布,还是新品的推出,或是项目的签约、开通等具有里程碑性质的事件或者其他类型的信息发布,都必须有一个正式或非正式的途径通知新闻媒体,新闻发布会便成了一个常见的、甚至是必不可少的手段。新闻发布会除了用于发布新产品等重要新闻以宣传组织形象外,也常常被视为企业展开危机公关的重要一环。有的新闻发布会不仅能够提升企业品牌的影响力,甚至还能够对行业的发展产生深远的影响。一些大型企业每年都要举行几场新闻发布会,新闻发布会是企业公共关系策划中必不可少的专题活动。

新闻发布会也是媒体所期待的一种新闻信息获得渠道。在全国性的媒体调查中发现,媒体获得新闻最重要的一个途径就是新闻发布会,几乎 100%的媒体将其列为最常参加的媒体活动。由于新闻发布会上人物、事件都比较集中,时效性又很强,且参加发布会免去了预约采访对象、采访时间的一些困扰,所以通常情况下记者都不会放过这些机会。

那么,一个成功的新闻发布会,有哪些要素构成呢?

确定主题 新闻发布会往往是有重大消息需要向外界发布时采取的比较主动而快捷的途径。开新闻发布会之前,需要精心提炼主题,有没有新闻点对能不能引起媒体的注意和最终见报很重要。

首先要对本次新闻发布的主题进行准确定位。这有两层意思:一是新闻点的寻找与挖掘,二是新闻传播标语的确立。开新闻发布会首要的条件是要具备新闻兴奋点,一场新闻发布会的成功与否关键在于企业对要宣传对象的新闻点进行深度挖掘。

新闻发布的主题大致有三大类:一类是发布某一消息,一类是说明某一活动,再有一类则是解释某一事件。

发布会的标语有多种取法,常见的是直接出现"×××新闻发布会"字样,也有的有一个大的主标语,下面为正题,或者是两者的结合。由于发布会标语将出现在现场的背景板、请柬、会议资料、会场布置、纪念品上,传播媒体也将高频率地提到,所以应简洁、上口,字数不宜太多。如:"某某企业 2008 新品信息发布会"。

中国对新闻发布会有着严格申报、审批程序,对企业而言,没有必要如此烦琐,因此直接把发布会的名字定义为"××信息发布会"或"××媒体沟通会"即可,尽量避免使用"新闻发布会"的字样。

拟订方案 "凡事预则立,不预则废。"筹办一个新闻发布会牵涉方方面面,所花费的精力、人力和时间比较多,而且各项工作相互联系,彼此交叉,必须统筹安排,发挥团队的力量去完成。因此,成立一个新闻发布会的临时工作小组是非常必要的。

然而这样一个工作小组该有哪些人来参加呢?依据的标准是什么?一般来说,新闻发布会都可以分为:活动策划与资料准备、人员的邀请与沟通(主要包括官员专家、新闻媒体、经销商甚至一些社会知名人士)、产品讲解与展示、后勤与会务、现场布置等几大块。建立组织时就应该依据这些职能来进行人员甄选。

要使这样的团队成为一个高效、团结、战斗力强的组织,必须运用项目管理的原则来运作。一是"专业原则",专业的人做专业的事,知人善任。比如,新闻界的沟通与资料的准备是公关部门人员的专业特长,但对于经销商的沟通,市场销售部门却是对口部门。二是"平衡原则",因事设组,每个组的工作量相对平衡。三是"分工原则",分工应该明确,职责分明,以防止互相推诿的现象,另外,隶属分工和横向协作都要明确。四是"扁平原则",一般在大型的活动中有多层次的"金字塔"结构,但在中型的活动中,不宜层级太多,以保证灵活机动,人员不要太多,精干、高效为要;五是"制度原则",尽管是临时性组织,但一旦加入组织机构,人员就应受规章制度的约束。

拟订方案,是新闻发布会成功召开的基础性工作。如制订出一个明确的新闻发布会的执行方案,把每一步流程规定好:从目标媒体邀请、嘉宾邀请、发布会场外景、接待处、会场布置、发言安排及顺序、专访安排等都事先考虑周全,包括现场布置道具、背景音乐曲目、嘉宾演讲词、主持人串词、记者提问参考及回答都要有安排。

邀请人员　新闻记者是新闻发布会邀请的重头。先草拟一份邀请的名单,至少提前一周时间发出邀请函,然后电话落实。联系比较多的媒体记者可以采取直接电话邀请的方式。相对不是很熟悉的媒体或发布内容比较严肃、庄重时可以采取书面邀请函的方式。

媒体邀请的技巧很重要,既要吸引记者参加,又不能过多透露将要发布的新闻。比如在邀请函中可把会议内容作个简单的导语介绍,适当地制造悬念以吸引记者对发布会新闻的兴趣,有助于把现场效果推向高潮。如果事先就透露会议内容,用记者的话说就是"新闻资源已被破坏",记者写新闻的热情会大大减弱,甚至不想再发布。这就是西方媒体熟悉的 news embargo(新闻封锁)。无论一个企业与某些报社的记者多么熟悉,在新闻发布会之前,重大的新闻内容都不可以透漏出去。

在媒体邀请的密度上,既不能过多,也不能过少。有时一个会议,一家媒体可以邀请两个记者,有时需要严格控制只请一个。企业应该邀请与自己联系比较紧密的商业领域记者参加,如现场气氛热烈,应邀请平面媒体记者与摄影记者一起前往。如果邀请一些社会知名人士参加新闻发布会,应该考虑其权威性、专业性与时间方面的配合。

确定参会人员是一项很重要的工作,也是一个变量性的因素,而它的变化将影响到整个发布会的规格与规模,进而影响到发布会的各个因素。因此,这是新闻发布会工作控制的"关键点",宜重点来抓。

布置现场　布置现场可以分为地点的选择和现场的布置两部分。地点的选择可根据新闻发布会规模的大小,可以直接安排在企业的办公场所或者选择酒店。一般企业的新闻发布会都选择在酒店召开,这里就涉及一个品位与风格的问题。不同星级标准的酒店体现出一个企业的实力情况和发布会的内容。如:联想集团召开新闻发布会在北京可选择公司总部,在上海可选择五星级的酒店,在武汉可选择四星级的宾馆等。还要考虑地点的交通便利与易于寻找。包括离主要媒体、重要人物的远近,泊车是否方便。

现场布置需要营造出一个与行业相匹配,让到场记者感觉舒适的环境。氛围很重要,比如场景布置、灯光、音乐、主持人、会议流程、迎来送往礼仪等。一个流程专业的新闻发布会和让记者感觉舒适的参会过程,有助于实现更高质量的传播,这是一种体验的魅力。

主题背景板内容含主题、会议日期,有的会写上召开城市。颜色、字体注意美观大方,颜色可以用企业 VI 为基准。

发布会一般前面是主席台,下面的会议桌呈课桌式摆放。主席台需摆放席卡,以方便记者记录发言人姓名。摆放原则是"职位高者靠前靠中,自己人靠边靠后"。

现在很多会议采用主席台只有主持人位和发言席,贵宾坐在下面第一排的方式。一些非正式、讨论性质的会议是圆桌摆放式。摆放回字形会议桌的发布会现在也比较多,发言人坐在中间,两侧及对面是新闻记者坐席,这样便于沟通,同时也有利于摄影记者拍照。此外,注意席位的预留,一般在后面会准备一些无桌子的坐席。

发布会其他最主要的道具是麦克风和音响设备。一些需要做电脑展示的内容还包括投影仪、笔记本电脑、上网连接设备、投影幕布等,相关设备在发布会前要反复调试,保证不出故障。

酒店外围布置有酒店外横幅、竖幅、飘空气球、拱形门等,要了解酒店是否允许布置,当地市容主管部门是否有规定限制等。

确定发布会时间 新闻发布的时间通常也是决定新闻何时播出或刊出的时间。发布会尽量安排在周二、周三、周四的下午,这样可大大提高记者的出席率,以保证发布会的现场效果和会后见报效果。会议时间不宜太短和太长,1～2个小时即可,时间短了提供信息和互动不够,长了记者会犯困或者提前离场。

在时间选择上还要避开重要的政治事件和社会事件,媒体对这些重要事件的大篇幅报道任务,会冲淡企业新闻发布会的传播效果。新闻发布会尽量不要和其他类似主题发布会安排在同一时间。

准备资料 资料是新闻发布会的传播基点,可以充分表达自己的目的。提供给媒体的资料,以广告手提袋或文件袋的形式,整理妥当,按顺序摆放,在新闻发布会前发放给与会者。主要有以下几种资料:

- 会议议程
- 新闻通稿
- 演讲发言稿
- 发言人的背景资料介绍
- 公司宣传册
- 产品说明资料
- 有关图片
- 纪念品(或纪念品领用券)
- 企业新闻负责人名片(新闻发布后进一步采访、新闻发表后寄达联络)
- 空白信笺、笔(方便记者记录)

选择主持人 主持人需要反应敏捷、思维清晰、场面掌控能力强的人担任。主持人的重要性在于现场掌控。发布会一开始,除了主持人、嘉宾和记者,企业内部工作人员大声说话的机会都没有了。一旦现场出现小意外情况,主持人就起到关键的作用。比如现场背景音乐放错、灯光打错、换电脑时大屏幕无法显示、某个话筒本来好好的却临时失声之类的，这时除了台下预案跟上外，台上主持人怎么让流程继续顺畅走下来就是个挑战。

确定发言人　新闻发布会是公司要员同媒介打交道的一次很好的机会。代表公司形象的新闻发言人对公众认知会产生重大影响。如果其表现不佳，公司形象无疑也会打折扣。

新闻发言人一般应具有以下条件：公司的要职人物（新闻发言人应该在公司身居要职，有权代表公司讲话）；良好的形象和表达能力（发言人的知识面要宽，要有清晰明确的语言表达能力、倾听能力及反应能力）；执行原订计划并加以灵活调整的能力；现场调控能力。发言人是发布会主题的载体，选择一个反应敏捷、演讲能力强的发言人会使发布会达到事半功倍的效果。

互动问答　在新闻发布会上，通常有一个回答记者提问的环节。可以通过双方充分的沟通，增强记者对整个新闻事件的理解以及对背景资料的掌握。

回答记者提问及互动环节最好是能从全局考虑问题、对公司有很好了解的公司最高层来做。有的企业喜欢事先安排好媒体的提问，以防媒体涉及尖锐、敏感的问题，这样做只会使企业在媒体心目中的可信度下降。"没有不好的问题，只有不好的发言人"，应该在媒体应答上下工夫。

发布会前主办方要准备记者答问备忘提纲，并在事先取得一致意见，尤其是主答和辅助答问者要取得共识。

会后专访　安排记者专访也是新闻发布会的重要环节。发布会毕竟只能达到广泛告知的功效，如果想做深度的宣传，只有现场或者会后专访才能担当此重任。同时发布会也会激起一些媒体深度了解的好奇心，有准备、亲和力强的领导人接受媒体专访，是发布会的一个坚强后盾，可使所发布的新闻素材得到进一步的升华。

事后的效果跟进　新闻发布会最主要的目的就是通过媒体的公信向外界传播企业，新闻发布会开完后"效果才是硬道理"。而评估效果的主要指标就是见报率和社会影响度。因此，在发布会开完后，还应与记者沟通何时出稿，并跟进出席媒体的见报情况，同时收集整理相关样报以作事后评估。

在一般的新闻发布会中，网络媒体的邀请都不会占太大的比例。但是网络媒体的影响力与日俱增，其快捷性和互动性是传统媒体所不具备的，这使其可以和传统媒体形成有效的互补。在获得初步的传播效果后，有关人员需要及时联系网络媒体，有计划地安排转载，使传播效果进一步放大。

许多企业都有内部刊物，新闻发布会的重点稿件同样可以在企业内刊上转载，实现内部公关的目的。

总之，新闻发布会是一个系统工程，它充分体现了一个企业的综合实力，也是一个企业迅速提升品牌知名度的重要渠道。

7.2.2 新闻稿的撰写

新闻稿用于对公关事件的媒体发布,既有对事件的总体描述,也要表达对事件的观点,因此,我们必须了解传媒的角度,掌握他们选择新闻的原则,以增加刊登的机会。

要使新闻稿有新闻价值,就必须涉及公众利益和公众关心的议题,内容能够引起目标公众广泛而普遍的兴趣,并且具有明显的新闻视角(例如重要信息、新进展、戏剧性、趣味性、当地视角、影响等)。另外,新闻稿的写作风格应该是新闻性的,而不是营销性的。应当客观地撰写新闻稿,去"告知"公众,而不是仅仅在推销一种东西。我们可以通过以下案例来了解如何撰写新闻稿。

标题:Apollo 软件最新的 2.0 标准版发布了(除非你的软件知名度很高,否则这样的标题是没有多少吸引力的,而且这种标题过于平淡,缺乏力度)

内容:Apollo 软件是一个用于个人文件管理的软件。它可以将用户存在计算机中的文件编制成目录,保存到数据库中。它支持的文件类型包括 Doc、Xls 等。它还可以记录50 个用户最近访问过文件的名称和保存的路径,用户可以通过点击书签菜单中的项直接打开文件……(开头过于冗长,叙事啰嗦,语调平淡,缺乏吸引力。最糟糕的是,它没有指出软件对于用户的实际价值,用户必须经过思考和猜测才能发现软件的价值)

本软件的主要功能如下:……(以下列出 12 项主要功能)(在新闻中只要列出相对竞争对手本软件的超越和特点即可,一般性功能无需列出,否则会降低读者的阅读兴趣,也容易忽略真正的特色功能)

无论从哪个方面看,本软件是一款适合你的精品软件,如果你使用了本软件,你将会发现……(列出诸如节约时间等种种好处,最后给出下载地址和价格)(最后一段广告味太浓,急于替读者作出判断,有失新闻应有的客观立场,反而容易令读者产生不信任的感觉)

毫无疑问,这是一篇糟糕的新闻稿,任何一个报刊或网站的编辑都不太可能愿意发布这样的新闻。

下面是修改后的新闻稿,让我们看看有什么不同。

标题:飞快的文件查找工具 Apollo 2.0

内容:你希望在几秒钟内找到遗忘的文件吗? Apollo 可以帮助你在成千上万个文件中迅速地找到你想要的文件。借助于独特的索引技术,Apollo 成为很有价值的个人文件管理工具。与其他软件不同,Apollo 在以下方面达到了令人瞩目的性能指标(以下列出软件性能方面的主要突破)。

Apollo 具有某些独特的功能,使它成为办公室人员的助手(以下列出几项最有特色的功能)。

Apollo 由 Apollo Software 出品,他们的网址是……(列出网址)

(资料来源:Oh! Shareware 电子杂志,2006.2.24.原文有改动。)

新闻稿的篇幅一般较小,在有限的篇幅内既要将事件描述清楚,又要精确地表达观点,并不是很容易的事情。实际上,对于企业的新闻稿而言,难就难在"把可是新闻,可不是新闻的事件写成新闻"。

要写好新闻稿的"点睛之笔",首先要对企业本身、企业所在的产业和市场以及竞品有较为全面的了解和理解,并尽可能形成自己的观点。因此,在每次撰写一篇新闻稿之前,应尽量多地查阅相关的产业和市场信息,只有这样才能够较为精确地把握住新闻事件的"亮点",并对新闻事件的"意义"作出恰到好处的"拔高"!

标题格式 一般信息的阅读都是从标题开始,如果新闻稿的标题无法抓住媒体或读者的目光,新闻稿的效果将会有所减损。一个有效的标题往往意味着编辑刊发和公众点击删除新闻稿的按钮。标题不要超过一行,超过限制字数的新闻稿就会被拒收。标题要能够成为概括新闻稿内容的一种"挑弄"性的语句。因此,构思并撰写动人或凸显的新闻稿标题是影响新闻稿成效的要素之一。

写作要求 新闻不像一般体裁,不用起承转合,用的是"倒金字塔式"写作手法。先写最重要的,最吸引人的内容。这样编辑需要删短稿件时,不用重写也能保留最重要的资料,读者也能在最短时间内获取新闻的概要。

在通常情况下,我们以三个段落完成一篇新闻稿件:

第一段,称为"导言",以较为简练的语言对事件进行概括性描述。通常只要说清事件的主体、客体、时间、地点,再以一句话简单概括出这一事件的意义。新闻稿的第一段就是新闻稿的"浓缩",这种"浓缩"便于媒体记者的删改,也有利于读者的阅读。

第二段,是对第一段所描述的事件进一步的展开,包括交代事件发生的背景,事件相关的细节,重点在于阐述事件作为新闻的"由头"。并以第三人称叙述。

第三段,主要是对事件提出"观点",也就是对事件的"意义"进行"拔高"。撰写这一段的要领在于要"发散"开去写,要把这一事件放到大的市场环境、产业背景以及企业自身的发展历史中去写,只有这样,才能够在更高、更深的层面去体现事件的价值和意义。

新闻稿的撰写应当紧紧围绕主题句子,保持简洁,多用句号。遣词用句要有吸引力。长度应当在两页之内。50字以内的新闻稿则更像是广告。

整体而言,新闻稿的主题应该具有新闻性、先机性、独特性,新闻稿的撰写在标题上应该凸显,在内容上应该简、短、精。如此,新闻稿才能发挥其最大的效益。

7.2.3 内部报刊编辑

内部报刊是组织自行编辑、出版、发行的一种"准大众媒介",是另一种促进公众对机构了解的途径。

内部报刊不仅是组织与内部员工之间的信息纽带,也是在内部员工之间沟通情感、交流认识的联络桥梁,同时也是提升组织品牌形象,构建企业文化的重要媒介。

内部报刊的价值在于它是一种人力资源开发方式,以培育员工为中心,发掘组织内部蕴藏的生产力。内部报刊在对外方面担任宣传组织形象和文化的角色,公众可通过内部报刊了解该组织的情况。"在美国,估计组织出版物的数目有 10 万种至 100 万种,大概三分之二是内部的或雇员出版物,它们的影响从前认为是间接的、甚至是看不见摸不着的,而现在则被看作是直接的和可以测定的。"①中国目前内部报刊的总量虽不及美国,但是其价值功用和传播的张力已经越来越被更多的组织所认同和看好。

综观国外一些组织所创办的内部报刊发展历程,大体上可分为三个阶段:即关注自己组织,仅是组织的政策宣导之窗;关注行业,树立组织形象,追求无形资产增值;独立的媒介,关注社会经济环境,追求对社会的"人文关怀",作为回报社会之窗。目前国内组织所创办的大多数报刊尚处第一阶段,即将内部报刊视为组织的"舆论阵地",作为组织内部信息沟通的桥梁与领导的喉舌、决策的宣导者。

内部报刊的种类很多,有大型的四开甚至对开的报纸形式,如《格兰仕人》、《青岛啤酒之窗》、《希望集团报》、《荣事达》等;也有小型的"厂内简报"、"公司通讯"、"机关信息"等杂志形式的刊物,如《中兴通讯》、《宝钢经济与管理》、《三联风》等杂志;有的利用"黑板报"或"宣传栏"定期更新。根据中国一般企业事业单位的特点和能力来看,内部报刊以电脑打印的小型杂志形式的简报类为主。

要使内部报刊的编辑和发行在公共关系工作中起到有效作用,应做到以下几点:

第一,明确编辑方针。要确定为全体内部员工服务的意识,及时地将重要的组织内部情况向全体内部员工通报。

第二,有针对性地反馈员工的思想及要求。组织的每一员工都有自己的需要和想法,组织的意图能够与员工的需要和想法统一协调起来,这是最理想的。但事实上,这中间差距很大。据调查分析,在员工一般的想法中,其关心的对象序列是:奖金发放、组织盈利、组织中上层领导变动、职工福利,以及与职工切身利益直接有关的像食堂、医疗保险、养老保险等方面的情况。而代表组织的领导层考虑较多的序列是:组织运转情况,与上级主管部门的关系,与市场、原料供应单位、协作户的关系,职工福利、奖金发放等处于局部性或内部性的问题。正因为组织领导的想法与员工的想法存在差距,所以在内部报刊上要有针对性地反馈员工的真实想法,就很有益于组织领导在决策时吸取和采纳员工反映的意见。

第三,引导员工关心支持自己的报刊。信息在传播中,其大信息量的吸引力要明显大于信息量小的,人们对自己身边事物的注意力要大于时空距离的事物,这是传播法则之一。从这点来看,办好一份内部报刊有许多有利条件,它刊登的基本都是每个员工所熟悉的身边事,每个员工都可以在报刊上自由地发表自己的见解。但这只是理论上的优势,要

---

① 斯各特·卡特利普.公共关系教程.北京:华夏出版社,2001.

将这优势在具体报刊实践中发挥出来,还必须开辟更多渠道,制定更为有效的措施来尽可能地动员全体员工关心和支持自己组织内部的报刊。

第四,处理好相关的技术问题。首先是保证它发行的连续性和固定性。这就要落实稿源,并备有足够的候补材料,临时拼凑或忽停忽发的报刊缺乏严肃性,也缺乏号召力;其次是配备一定的人员(如美工、编辑)和设备(电脑、打印机等)。在一个较大型的组织内,还可考虑建立一支稳定的通讯队伍;另外,还要对办一份报刊的费用开支进行精确的预算,由于内部报刊一般是不盈利的,也无广告收入,因而财务安排如不严格控制,则很容易使报刊陷入经济困境。

第五,内部报刊的版式设计。

整体的框架 东方人的审美观以对称的和谐为最高境界,人们在长期的审美过程中已经习惯接受这种对称之美,内部报刊版式编排过程中多以此为标准进行。虽然现在一些大报大刊在版式编排上已经打破了传统,对过去很多版式规范作了大胆的创新,但考虑到传统公众的心理,以及结合本企业报刊的读者群、报刊的容量和开本等规格,"对称均衡原则"仍然可以遵循。"对称"是一个概念,而非绝对的对开,最重要的是要考虑"均衡"。在头条安排好后,后面要做到整个版面内的大小文章合理搭配使用,图片交互穿插安排,保持一种平衡的美感。设计时,既要避免左重右轻或左轻右重的失衡现象,又要防止一个版面从中间"一刀切"的现象发生。

色彩的搭配 每种内部报刊都采用一种颜色作为基本基调,这种颜色基调是根据本组织的经营理念、组织精神、组织标志等因素来确定的。在色彩选用方面尽量采用活跃色彩,同时也应避免在一处(指标题等)采用了两种以上的颜色,否则会给人造成眼花缭乱的感觉。红色的使用意在突出和强调,意在醒目。一个版面中,使用红色的标题只能有一个,即最为重要的那篇文章。

图片的使用 制作内部报刊的目的是使读者能够从中获取最大的信息量。有很多内部的报刊都习惯使用过多的图片来活跃版面,以期望给读者造成视觉上的强烈冲击,但图片太多是制作内部报刊的一大忌讳。图片的使用要尽量遵循"适用、精选"的原则,修饰图一般可不用。如果一定要用,一个版面最多不超过三个,并且对图片的大小以及位置要作把握,或作修饰花边,或作旁衬,或压底……要根据图片本身的色彩结合整个版面的颜色格调来使用。

字体、字号 字号、字体的设计除了美观外,更重要的是要醒目,要吸引读者。但过大的字号有些突兀,必将造成整个版面的不协调,因此字号的使用也以协调为宜。一般在同一个版面,各块字号、正文、标题字号均要求一致。当然也有例外,如头版头条等。字体的选用应避免标新立异,要求端庄。如一篇理论文章,内容很正统,字体就不能选用一些较单薄、较奇异的字体,否则会显得很轻浮,不严肃。

分栏 有经验的编辑都知道,栏分得越窄,对空间的利用率越高。但内部报刊一般不提倡把文字栏划分得太细,使读者的目光视野频繁地跳行、换行。一般来说,一栏字数以25～30字为宜,这比较符合人们的阅读习惯和用眼习惯。当然,对于一些篇幅短小的文章,我们可以一栏解决,对于一些篇幅较长的文章,我们则采用多栏处理,处理时各栏可以不必拘泥于均等,以产生错落有致的美感。

标题的摆放 标题的摆放灵活多样,左右竖式、半包围竖式、半包围横式、全包围居中横式、上下横式……可视具体情况而定。但应遵循"醒目、习惯、协调"的原则。

内部报刊的版式设计,可根据组织文化内涵与刊物的整体风格而进行调整。

7.3 演　　讲

演讲是公共关系工作中最常用、最普遍、最具公关效果的一种口语传播方式,是一种永远都不会过时的公关手段。

7.3.1 演讲的概念与基本要求

演讲既是一门学问,更是一门艺术。凡三人以上、有一定时间的个人讲话都可以称为演讲。

演讲,即演和讲:

演——表象——整体——非理性——艺术生命体(人格力量等);

讲——实质——道理——理性——艺术政论文(精神感召力)。

有的演讲重"演",有的演讲重"讲"。毛泽东的讲话以及他一贯的讲话风格和周恩来的讲话明显不同。列宁的演讲正如斯大林所说,有一种逻辑的强大力量。而希特勒的演讲,则有一种"迷人"的蛊惑力。宗教人物的布道往往能达到天花乱坠或单口相声一样动人心弦的程度。卡特和里根两个美国总统的竞选演讲,正好是这两种风格的典型。

演讲由演讲者、演讲的内容和演讲的听众这三大要素构成。通常是由演讲者利用一定的场合,向听众陈述某个事实,宣传某个观点和思想,鼓励某种情绪和气氛。如:

● 宣扬一个新的观点或理念;

● 扭转一种旧的思维或观念;

● 在一定背景和事件下表达个人的情绪和观点;

● 介绍自己或推销自己(竞选);

● 解释组织的意图,化解危机;

● 煽动某种情绪以鼓动人群完成某种行为；

● 某个项目或时间段的开始和总结。

组织领导人或公关人员时常会由于工作的需要，进行这种类型的公关活动，以求向自己组织的特定公众传播某些信息。因此，作为一名合格的公关人员，必须熟知演讲方面的有关知识和技巧，并能灵活地加以运用，成为一个演讲的行家。

以演讲的形式为划分标准，演讲可分为：

专题演讲 指根据事先确定的命题或范围，在有准备的基础上，所作的内容系统、结构完整、要求全面的演讲。其性质有会议专题演讲和赛场专题演讲之分；其方式有宣读式、提纲式和背诵式之分。

论辩演讲 指论辩双方就同一论题，站在不同的立场或角度，用论辩形式所作的演讲。就其性质来说，分为会议论辩和赛场论辩。

即兴演讲 指事先没有准备，根据情况临时发表的演讲。

对话演讲 指为了传播信息、解答问题、沟通思想、增进情感，演讲者通过与听众对话形式所进行的演讲。

演讲的公众面广，影响力大。所以，无论哪种形式的演讲，都要注意体现演讲的基本要求，以正确发挥演讲的职能或作用。只有达到了基本要求的演讲，才是成功的演讲。

第一，了解听众、内容正确、观点鲜明、生动感人。演讲，首先要了解听众。注意听众的组成，了解他们的性格、年龄、受教育程度、出生地，分析他们的观点、态度、希望和要求。掌握这些以后，就可以决定采取什么方式来吸引听众，说服听众，取得好的效果。

演讲必须有内容。单纯追求演技而内容空泛的演讲，只会给人留下无病呻吟或哗众取宠的印象。演讲的内容必须是正确的：一要实事求是；二要具有科学性、真实性。不能出现知识性错误，更不容许宣传迷信或反动的东西。

演讲所阐发的各种思想，必须观点鲜明。赞成什么、反对什么、提倡什么、否定什么，必须旗帜鲜明，便于听众作出明确的选择。同时，演讲所阐发的思想观点，要在人们现有的知识、认识水平和认识方法上有所突破创新，或新颖，或深刻，或独到别致，要给人以启发教益。

好的演讲，一定要感情真挚、生动感人。如果只是思想内容好，而语言干巴巴，那就算不上是好的演讲。广为流传的恩格斯、列宁、斯大林的演讲，毛泽东的演讲，鲁迅的演讲，闻一多的演讲，都是既有丰富深刻的思想内容，又有生动感人的语言。语言大师老舍说得好："我们的最好的思想，最深厚的感情，只能被最美妙的语言表达出来。若是表达不出，谁能知道那思想与感情怎样好呢？"由此可见，好的演讲，只有语言的明白、通俗还不够，还要力求语言生动感人。

怎样使语言生动感人呢？一是用形象化的语言，运用比喻、比拟、夸张等手法增强语言的形象色彩，把抽象化为具体，深奥讲得浅显，枯燥变成有趣；二是运用幽默、风趣的语言，增强演讲稿的表现力。这样,既能深化主题,又能使演讲的气氛轻松和谐,既可调整演讲的节奏,又可使听众消除疲劳;三是发挥语言音乐性的特点,注意声调的和谐和节奏的变化。

第二,材料充实、论据确凿、论证严密、逻辑性强。演讲要有一个集中、鲜明的主题。无中心、无主次、杂乱无章的演讲是没有人愿听的。演讲要靠事实说话,所占有的材料:一是要充分。既有名人名言和在群众中广泛流传的格言警语的引用,也有情节生动、感人的故事和传说的讲述,还可以列举图表、数字、图画或实物说明问题。二是要确凿。各种用以说明问题的材料,不能总是"大概""估计",而是要确实、肯定。各种材料,既应该是新鲜、有用的,又应该是典型、有力、最能说明问题的。三是材料能否发挥它应有的作用,在很大程度上取决于材料与观点的结合。所以演讲要论证严密、说理透彻,要让整个材料与观点的组合产生一种不可辩驳的逻辑力量。

第三,语言通俗明白、声音清晰明亮。演讲的语言应该是典型的大众化语言,要通俗易懂。除了一些礼仪性惯例式的演讲,讲究措辞或使用一些固定词汇、固定表达方式外,一般演讲都要做到通俗明白、深入浅出、生动活泼。一是要句式短、句型灵活、节奏感强;二是要多用那些音节流畅、直接性和渗透性好,而又表述庄重、简洁明确的口语词汇,尽量少用专门术语。列宁说过:"应当善于用简单明了、群众易懂的语言讲话,应当坚决抛弃晦涩难懂的术语和外来的字眼,抛弃记得烂熟的、现成的但是群众还不懂的、还不熟悉的口号、决定和结论。"(《社会民主党和选举协议》)鲁迅也说过:"为了大众力求易懂。"(《且介亭杂文·论旧形式的采用》)演讲语言的使用,最忌讳堆砌辞藻、文白夹杂,或行文不畅、生涩难懂。如果使用的语言讲出来谁也听不懂,那么这篇演讲稿就失去了听众,因而也就失去了演讲的作用、意义和价值。同时,演讲者的声音,必须清晰响亮,以适应"大庭广众"特定场合的需要。演讲要有波澜,主要不是靠声调的高低,而是靠内容有起有伏,有张有弛,有强调,有反复,有比较,有照应。

第四,感情真挚朴实、态势自然得体。演讲中最能赢得听众情感共鸣的是思想的火花。好的演讲,应该是既有热情的鼓动,又有冷静的分析,要把抒情和说理有机地结合起来。演讲必须"动之以情",才能"晓之以理"。但演讲中的感情流露,一要真挚,忌讳装腔作势;二要朴实,用普普通通的语言,明晰、通畅地表达演讲的思想内容,而不刻意在形式上追求辞藻的华丽。如果过分地追求文辞的华美,就会弄巧成拙,失去朴素美的感染力。

演讲中的态势语是比较丰富的,有的演讲家还以善用态势语闻名。但演讲中的态势语,要服从内容表达的需要,切忌过多过滥。有些演讲,动作过多,喧宾夺主或举止不雅、造成失态,不仅降低了演讲的效果,也给听众留下矫揉造作的印象。

7.3.2 演讲稿的写作

演讲稿具有宣传、鼓动、教育和欣赏等作用,是进行演讲的依据,是对演讲内容和形式的规范和提示,它体现着演讲的目的和手段,是演讲的内容和形式。

撰写演讲稿是一项最让人羡慕的公关技能,之所以如此被看重是因为政府和公司管理层都非常重视演讲这一重要的公关技巧。现在,几乎所有的机构管理者都需要为推行的政策进行辩护,或者就其产品价格的合理性进行说明,或对组织采用与以往大相径庭的做法等作出解释。

演讲稿没有严格、固定的格式,一般分标题和正文两部分。

标题的要求:具体、生动、有吸引力。

标题可以是:标明会议性质、演讲内容;正面提出自己的观点;前两者的结合。

正文:演讲稿的正文结构分开头、主体、结尾三个部分,其结构原则与一般文章大致相同。但由于演讲是具有时间性和空间性的活动,因而演讲稿的结构有其自身的特点。这包括:演讲稿分几层写,哪些材料先写,哪些材料后写,哪些材料详写,哪些材料略写,在哪里呼应,如何开头、怎样结尾等。所有这些问题,都要根据主题的要求,从全局着眼,统筹安排结构,合理组织材料,这就是人们常说的"布局谋篇"。要注意以下几个问题。

第一,开头要有吸引力,抓住听众。在戏剧中有句俗语:上场和下场的表演,就可以判定演员的全副本领。这句话应用到演讲上,更是恰当不过。

演讲稿的开头,也叫开场白。它在演讲稿的结构中处于显要的地位,具有重要的作用。瑞士作家温克勒说:开场白有两项任务:一是建立说者与听者的同感;二是如字义所释,打开场面,引入正题。好的演讲稿,一开头就应该用最简洁的语言、最经济的时间,把听众的注意力和兴奋点吸引过来,这样,才能达到出奇制胜的效果。

如泰戈尔在清华大学的一次演讲开头:我的年轻的朋友,我眼看着你们年轻的面目,闪亮着聪明与诚恳的志趣,但是我们的中间却是隔着年岁的距离。我已经到了黄昏的海边;你们远远地站在那日出的家乡。相对陌生而又清新雅致的诗句从诗人的口中缓缓流出,哪一个青年能不为之动情动容,继而为他的连珠妙语所吸引?他由此引发开去的保持纯净灵魂和自由精神的演讲自然就异常深入人心。

演讲稿的开头有多种方法,通常用的主要有:

其一,开门见山,提示问题。此种方法入题快,一开始就告诉听众自己将要讲些什么,迅速把听众带入问题之中,使听众立即展开积极的思考。世界上许多著名的政治家、作家和国家领导人的演讲都是这样的。

其二,由题目说起。用此种方法开头,可以使听众了解题目的来历、背景,使听众对演讲内容产生兴趣。

其三,从演讲者自身说起。采用从演讲者自身说起的方法,可以一开始就给听众以亲近感,使听众乐于接受演讲者的观点。

其四,采用抒情描写方式。用抒情描写的方式开头,有助于创造一种适宜的演讲气氛,调动听众的情绪,使听众受到感染。

其五,采用惊人事实。用惊人的事实开头,可以给听众以出人意料的感觉,使人为之一震,在心灵上掀起感情的波澜,并能产生引人入胜的效果。

其六,由当场情境说起。采用由当场情境说起的方法,显得比较自然。演讲者利用当场的情境,或将前一位演讲者的话顺手拈来作为自己演讲的开头,能活跃会场气氛,提高听众的兴趣,使演讲顺利展开。

除此以外,还有警策式、幽默式、双关式等开头方法。

第二,主体环环相扣,层层深入。主体是演讲稿的主要部分。在安排演讲稿的结构时,要运用各种手段,围绕演讲题目,进行充分的论述、说明,特别要处理好层次、节奏和衔接等几个问题。

层次 层次是演讲稿思想内容的表现次序,它体现着演讲者思路展开的步骤,也反映了演讲者对客观事物的认识过程。演讲稿结构的层次是根据演讲的时空特点对演讲材料加以选取和组合而形成的。由于演讲是直接面对听众的活动,所以演讲稿的结构层次是听众无法凭借视觉加以把握的,而听觉对层次的把握又要受限于演讲的时间。

那么,怎样才能使演讲稿结构的层次清晰明了呢?根据听众以听觉把握层次的特点,显示演讲稿结构层次的基本方法就是在演讲中树立明显的有声语言标志,以此适时诉诸于听众的听觉,从而获得层次清晰的效果。演讲者在演讲中反复设问,并根据设问来阐述自己的观点,就能在结构上环环相扣,层层深入。此外,演讲稿用过渡句,或用"首先"、"其次"、"然后"等语词来区别层次,也是使层次清晰的有效方法。

节奏 是指演讲内容在结构安排上表现出的张弛起伏。演讲稿结构的节奏,主要是通过演讲内容的变换来实现的。演讲内容的变换,是在一个主题思想所统领的内容中,适当地插入幽默、诗文、轶事等内容,以便听众的注意力既保持高度集中而又不因为高度集中而产生兴奋性抑制。优秀的演说家几乎没有一个不长于使用这种方法。

鲁迅的演讲《文学与政治的歧途》有这么一段:"北京有一派人骂新文学家,说:'你们不应该拿社会上的穷人和人力车夫做材料。你们作诗作小说应该用才子佳人的做材料,才算是美,才算是雅,你们为什么不躲进象牙之塔?'但他们现在也都跑到南方来了,因为北京的象牙之塔已经倒塌,没有人送饭给他们吃,不能不跑了……为人生的文学家,平时就很危险,到了革命的时候,死的死,流落的流落,因为他们的感觉比普通一般人敏捷,他们所看到的想到的,平常的人都不了然,他们的境遇往往是困苦的,所以能够看见别的困苦。"鲁迅一方面成功地表达了演讲内容,一方面顾及了现场调控。北京的"一派人"的话中有一句:"你们为什么不躲进象牙之塔?"鲁迅引用过来自然引起听众对演讲人如何作答拭目以待,然而只用一个"但"字转到他们不"美"不"雅"地逃到南方混饭吃,以其行驳其言,俏皮机智,令人哑然失笑,接着又用为人生的文学家的艰难处境与之对比,含蓄地予以赞扬。如果说这是一个不露形迹的情绪热点的话,那么前面的冷嘲就是有力的反衬式铺垫和蓄势。这段演讲看似漫不经心,但对材料的选择和组合对先谈什么后谈什么以及怎样说,都有精心的考虑,以求得更好地调控和驾驭听众。

演讲稿结构的节奏既要鲜明,又要适度。平铺直叙,呆板沉滞,固然会使听众紧张疲劳,而内容变换过于频繁,也会造成听众注意力涣散。所以,插入的内容应该为实现演讲意图服务,而节奏的频率也应该根据听众的心理特征来确定。

衔接 是指把演讲中的各个内容层次联结起来,使之具有浑然一体的整体感。由于演讲的节奏需要适时地变换演讲内容,因而也就容易使演讲稿的结构显得零散。直接地反映出一种形势,或是将要论及的问题,用某一件小事,一个比喻,个人经历,轶事传闻,出人意料的提问,可将主要演讲内容衔接起来。衔接是对结构松紧、疏密的一种弥补,它使各个内容层次的变换更为巧妙和自然,使演讲稿富于整体感,有助于演讲主题的深入人心。

演讲稿结构衔接的方法主要是运用同两段内容、两个层次有联系的过渡段或过渡句。

第三,结尾简洁有力,余音绕梁。对演讲来说,最能显示出演讲者熟谙演讲技艺的环节就是演讲的开头和结尾。良好的开头,能赢得听众的兴趣和注意力。而精彩的结尾,则能给听众留下难以忘怀的印象,使人回味无穷。有人用"虎尾"来形容演讲的结尾,就是说演讲结尾要像老虎的尾巴一样强劲有力。

怎样才能给听众留下深刻的印象呢? 美国作家约翰·沃尔夫说:"演讲最好在听众兴趣到高潮时果断收束,未尽时戛然而止。"这是演讲稿结尾最为有效的方法。在演讲处于高潮的时候,听众大脑皮层高度兴奋,注意力和情绪都由此而达到最佳状态,如果在这种状态中突然收束演讲,那么保留在听众大脑中的最后印象就特别深刻。

结尾的方法有很多,这里仅介绍几种常用的结尾方法。

其一,总结式结尾。在演讲结束时简洁、扼要地对自己已阐述的思想进行总结,帮助听众加深印象。

其二,赞颂的语言结尾。赞颂是人际交往的最好手段。用赞颂的语言结尾,可以使演讲者和听众的关系更融洽,给听众留下亲切、美好的印象。但演讲者在说赞颂话时,不能有过分的夸张和庸俗的捧场,否则听众就会有溢美或哗众取宠的感觉。

其三,名人轶事结尾。权威崇拜是一种普遍存在的社会心理,恰当地运用权威和名人轶事结尾,可以把演讲推向一个新高潮。演讲者引用名人轶事要有针对性,要能丰富和深化自己演讲的主题。

其四,引用著名诗句结尾。用诗结束演讲可使演讲显得典雅而富有魅力,提高演讲的感染力,给听众留下清新而优美的印象。引用的诗一定要短,最好四句,最多八句,而且演讲者一定要熟练地背诵所引用的诗句,否则弄巧成拙,反而影响演讲效果。

其五,呼吁式语言结尾。对一些"使人信"(相信)和"使人动"(行动)的演讲来说,效果尤为显著。演讲者通过对与听众有共同思想、共同愿望、共同利益和共同语言的某问题的阐述,使演讲达到一定高潮。然后,利用一些感情激昂、动人心弦的演讲词对听众的理智和情感进行呼吁,并借助像"为实现我们预定的目标而奋斗"等语言,向听众指明行动的具体步骤。这样,演讲者实现了激励和感召听众的目的,听众马上就会明了演讲者的意图和自己行动的具体方案。有较强的鼓动性,能激发和感召听众。

其六,利用动作结束演讲。在演讲中,演讲者的动作是与听众交流思想的重要媒介,利用动作结束演讲,是一种具有独特风格的方法。例如,有位演讲者在结束自己的演讲时,他穿上外套,戴好帽子,拿起手套,而后诙谐地对听众说:"我已结束了自己的演讲,你们呢?"他出人意料的告别方式立刻博得了听众的掌声。

合理的结尾应当能够对演讲的主题起到强化和提升的作用,使整个演讲得以升华。如果演讲在主题尚未充分展开之前就仓促收尾,会给人"虎头蛇尾"的印象,使听众不知所措;反之,演讲该结尾了,听众已经几次鼓掌致谢,演讲人还在那里"再强调几点",就有"画蛇添足"之累。

最后需要特别强调一点。当演讲完毕时,面对听众给以的热烈掌声,要真诚地表示谢意。然后,迈着稳重的步子回到自己的座位上,坐下后仍应保持平静、自然的神态,给听众留下一个完美的印象。此时才可以说,整个演讲成功地结束了。

结束演讲的方法是多种多样的,没有一种适合于任何特殊情况的通用方法。演讲者可根据自己演讲的具体时间、地点、主题、听众及自己个性等因素,选择适合于自己结束演讲的方法,使之有效地为自己演讲的思想和目的服务。

演讲稿是一种特殊的文体,它写作的最终目的不是给人看,而是要讲给人听的。这就使演讲的写作语言具有特殊性:既要适于书面写作,又要适于口语表达;既要文通字顺,又要琅琅上口,声声入耳。

老舍先生曾经说过:我写文章,不仅要考虑到每个字的意义,还要考虑到每个字的声音。不仅写文章是这样,写报告也是这样。我总希望我的报告可以一字不改地拿来念,大家都能听得明白。虽然我的报告作得不好,但是念起来很好听,句子现成。比方我的报告当中,上句末一个字用了一个仄声字,如"他去了",下句我就要用个平声字,如"你也去吗?"让句子念起来叮当地响。好文章人家愿意念,也愿意听。叮当响的语言,仿佛大珠小珠落玉盘,形成优美的旋律,而这也正是演讲所需要的语言。

例如:林金桐的《别让诚信抛弃自己》:历史也好,现在也罢,社会总是认为大学生是栋梁之材,大学生知识最丰富、思想最开放、举止最文明,被称为"天之骄子"。正因为如此,当大学生中的一些人显示出诚信危机,社会就会给予特别的关注和重视。这段演讲稿精选词语,平仄搭配巧妙,听起来乐感更强,和谐有声。

实践证明,演讲稿的写作语言具有有声性,这种有声性对演讲的效果起着积极的作用。我们在写作的过程中要有意识地强调语言的声音感。这样写出来的稿子在演讲的时候,自然就会琅琅上口、清越有声,自然也更容易感染听众了。

7.3.3 演讲的体态语言

演讲是一门语言艺术,它的主要形式是"讲",同时还应辅之以"演",即运用面部表情、手势动作、身体姿态乃至一切可以理解的体态语言,使讲话"艺术化"起来,从而产生一种特殊的艺术魅力。

体态语言无声胜有声,在演讲中正确运用体态语言能起到锦上添花的效用,具有更强的感染力。体态语言一般指面部表情、手势、身势、眼色、人际空间位置等一系列能够揭示内在意义的动作。

(1)演讲时的脸部表情。面部表情以最灵敏的方式,把具有各种复杂变化的内心世界,如高兴、悲哀、痛苦、畏惧、愤怒、失望、焦虑、烦恼、疑惑、不满等思想感情充分表现出来,"喜怒哀乐"就是这个意思。面部表情的关键在于眼神。常言道:眼睛是心灵的窗户,因此,一个演讲者在面对听众进行演讲时,应该注意运用眼神与听众进行交流,维系听众的注意力,表达自己的思想感情,感染听众,使听众产生共鸣。

演讲时的脸部表情无论好坏都会带给听众极其深刻的印象。紧张、疲劳、喜悦、焦虑等情绪无不清楚地表露在脸上,这是很难由本人的意志加以控制的。演讲的内容即使再精彩,如果表情总缺乏自信,老是畏畏缩缩,演讲就很容易变得缺乏说服力。

控制脸部表情的方法,首先"不可垂头"。人一旦"垂头"就会给人"丧气"之感,而且若视线不能与听众接触,就难以吸引听众的注意。另一个方法是"缓慢说话"。说话速度一旦缓慢,情绪即可稳定,脸部表情也得以放松,再者,全身上下也能够为之泰然自若起来。

(2)演讲时手势的运用。演讲活动是人际交流的高级形式。"讲"不是一般的说话唠嗑,在声音、音调等方面有一定的要求;"演"不是一般的表演,而是一种"演示"。演讲中的道具除了面部表情之外,主要是依靠手势,可见手势在演讲中是十分重要的。

手势是演讲者给听众以直观形象的构成部分,也是交流、传播思想、意念和情感的最重要的辅助手段。诚如早期马列主义宣传家叶·米·雅罗斯拉夫斯基所说的:"演讲者的手势自然是用来补充说明演讲者的观点、情感与感受的。"因此,手势既可以引起听众注意,又可以把思想、意念和情感表达得更充分、更生动、更形象,从而给听众留下更深刻、更鲜明的印象和记忆。

为了更好地发挥手势在演讲中的独特效果,演讲者有必要了解并掌握手势的基本含义。

其一,情感手势。情感手势是伴随着说话人的情绪起伏波动而表现出来的,常常用来表达或强调说话人的某种思想、情绪、意向或态度,使自己所表达的情感更加强烈,富有感染力。例如,五指抓紧表示某种企图,抓紧拳头表示决心、意志、力量。在演讲中结合鲜明突出、生动具体的情绪手势,能给听众留下深刻的印象。

其二,指示手势。指示手势是用来指明具体对象的手势动作。它所点明的往往是在听者视觉范围内的事物。例如，用手指自己的胸口，表示议论的是自己或和自己有关的事情。用手扳着手指，一条一条地数项计数，会给听众留下深刻的印象。指示手势还可以用来指示方向，指示谈论中的某一话题或观点等。演讲者适当运用指示手势可以增强谈话内容的明确性和真切性，便于及时抓住听众的注意力。

其三，模拟手势。比划事物形象特征的手势叫模拟手势。如抬起手臂比划某人的高矮胖瘦，伸出拇指与食指构成图案比划时间和数字，抡起双手上下移动模仿干活。演讲者在演讲中不妨适时用一下模拟手势，能使听众如见其人，如临其境。由于它往往带有夸张成分，因而极富感染力。

其四，象征手势。象征手势是表示抽象意念的手势动作。这种手势动作往往具有特定的含义，使用十分普遍。如用"V"型手势表示胜利（伸出右手的食指和中指构成"V"字状，其余指头收拢）。又如表示良好、顺利、赞赏等意思用"OK"手势（大拇指与食指构成一个圆圈，其余三指伸直张开）。再如，跷起大拇指表示赞赏，跷起小拇指表示蔑视。在演讲中使用象征手势能制造特定的气氛和情境，使抽象的内容具体化，从而增强语言的表达效果。

必须指出的是，以上四类手势的划分并不是绝对的，有时一个手势可以包含几种意义，有时需要多种手势配合表达一种意思。同时，还应当强调，在手势运用上还要做到如下几点：一要适合。所谓适合，指说的意思要与手势所表示的意义符合，手势的多少要适合。二要简练。每做一个手势，都力求简单、精练、清楚、明了，要做得干净利落，优美诱人，切记不可琐碎，拖泥带水。三要自然。手势贵在自然，动作必须舒展、优美、大方，令人赏心悦目，切忌呆板、僵硬，甚至做作。四要协调。手势要和声音、姿态、表情等密切配合进行。只有协调的动作才是优美和谐的动作。

（3）演讲的站姿方法。著名演讲家曲啸曾在介绍演讲经验时说："演讲者的体态、风貌、举止、表情都应给听众以协调的平衡的至美的感受，要想从语言、气质、神态、感情、意志、气魄等方面充分地表现出演讲者的特点，也只有在站立的情况下才有可能。"演讲时首先要注意自己的站姿，争取给人留下一种精神饱满、胸有成竹的好印象。

其一，前进式：这种姿势是演讲者用得最多，使用最灵活的一种站姿。右脚在前，左脚在后，前脚脚尖指向正前方或稍向外侧斜，两脚延长线的夹角成 45 度左右，脚跟距离在 15 厘米左右。这种姿势重心没有固定，可以随着上身前倾与后移的变化而分别定在前脚跟与后脚上，不会因时间长而身体无变化不美观。另外，前进式能使手势动作灵活多变，由于上身可前可后，可左可右，还可转动，这样能保证手作出不同的姿势，表达出不同的感情。

其二，稍息式：一脚自然站立，另一只脚向前迈出半步，两脚跟之间相距约 12 厘米左右，两脚之间形成 75 度夹角。运用这种姿势，形象比较单一，重心总是落在后脚上。一般适应于长时间站着演讲中的短期更换姿势，使身体在短时间里松弛，得到休息。

其三,自然式:两脚自然分开,与肩同宽,约20厘米为宜,相距太远会影响呼吸和表达,太近则显得拘束。

此外,还有立正式、丁字式等。运用体态语,一定要符合演讲内容的需要;以自然为基础,力求符合美的原则。看过哑剧表演的人都知道人类无声的动作具有巨大的包容性。德国表演大师吉布·佩森有一次谈体会时说:"我就靠我的动作、姿态向人们昭示我的内心世界,昭示我的所思所想,昭示我的喜怒哀乐。"凡成功的演讲者,无不重视使用体态语言作为辅助手段,以增强演讲的效果。陶行知先生曾讲过:"演讲如能使聋子看得懂,则演讲之技精矣!"

7.4　公共关系广告

中国经典的公关事件做得出色又成功的并不多见,但"蒙牛"借助"神五"的事件公关所创造的影响令人叹为观止。神舟五号的发射成功激发了中国百姓的强烈的民族自豪感和自信心,是中国航天史上的一大创举。与这样的一个具有历史契机的事件结合,其公关广告赢得了不同凡响的效果。就"蒙牛"公关广告的成功思考如下:

一、蒙牛之所以打造成功,与企业对于事物发展的敏锐洞察力息息相关,其敏感性是对于公关事件的整体把握或是一种认知度的体现。一个新闻线索的出现在某个时间都可以成为公关事件的焦点。例如:肯德基几则广告涉及"七剑下天山"武侠故事,反而更引得社会关注和议论。这些事件都可以成为素材,而关键是对于事件的敏感性的把握,怎样将一种不可能变为可能。"蒙牛"找到了航空的焦点,并且运用到实践中,提出"航天员专用牛奶"的广告诉求,赢得了大众的心理。这种敏感性是企业关注社会、关注生活、积极思考的结果。

二、企业果敢的投入。蒙牛集团认准了这个契机之后果敢地投入了巨额资金用来进行公关营销,也是其走向成功的一步,使得蒙牛声势浩大,在中国的市场上形成了一大风景,形成所谓"神舟五号"前脚航天,"蒙牛飞船"后脚夺魁的奇迹,这种果敢的体现需要有气魄支持和一定的自信心的存在。而蒙牛酸酸乳赞助超级女声的事件策划又一次奏响了蒙牛的传奇号角。蒙牛对于超级女声的赞助也同样体现果敢的特点,对于认准的决定一定要做大,要传播久远是蒙牛的理念,同样塑造了蒙牛的整体形象。

三、"蒙牛"的公关落脚点准确。它极为准确地将消费者对于事件的关注及对于牛奶的需求在公关中融会贯通地表达出来。"蒙牛牛奶,强壮中国人",将定位树立给大众,展示了蒙牛与"神五"的共同理念及实际意义。每一个公关的举动最终的目的都是消费者的认可,所以,制造事件与产品的切合点是至关重要的。每一个公关事件的运用都不是企业的孤立活动,而应该是战略的组成部分,它应该服从于企业的总体目标。

由此可见,能够抓住一定的公关事件进行营销将有利于品牌的提升。但并不是所有的能够运用到公关事件的公关广告都可以表现得得体。

对于造势一词,一般人会给予贬义的设想。在广告中所谓造势,就是要创造有利于销售的态势,当形成某种销售态势之后,就在社会上推动人们从众的心理。而利用公关事件造势便可以在一定时间内提升品牌的知名度或者美誉度,可以给品牌戴上光环,使得品牌的形象光彩至上。

"蒙牛"的公关广告是大获全胜了,所以接踵而来的是更多的效仿动作。"神六"的赞助者的社会影响力就明显没有"蒙牛"的威慑力大了。原因何在?对于同一项目的事件营销的实施,人们看到了"蒙牛"的多变,它是第一个吃"螃蟹"的企业,在社会上已经形成了一种定式,似乎提到航天就会联想到"蒙牛",因此,在同样的事件的背后运用公关广告的策略应当具有更加突出的特点才有可能有所超越。

（资料来源：http://www.emkt.com.cn/article/274/27409.html）

公共关系广告是为扩大社会组织的知名度,提高信誉度,树立良好的形象,以求得公众对组织的理解与支持而进行的宣传活动。公共关系广告既属于公共关系活动的一部分,又属于广告的范畴,它是集公共关系的特点与广告的特点于一身,形成的一种特殊的广告。

广告,对于我们来说是一个既熟悉又神秘的事物。说熟悉,是因为我们接触得太多了;说神秘,则不仅仅是由于我们总是在不知不觉中被其影响和左右,而是由于广告的技巧和手法总是在不停地创新,使我们目不暇接。

关于广告的概念,国内外的权威机构、刊物和著作对其所下的定义不下几十种。目前比较一致的观点是把这一概念分为广义和狭义两种。广义的概念是"广而告之"的意思。狭义的广告则是指以营利为目的的经济广告,又称商业广告。它的基本含义是:以说明的方式,有助于商品或服务销售的公开宣传。

大量的企业通过广告活动,首先向消费者介绍自己产品的信息,然后通过反复的广告活动,使人们对产品更加熟悉,由熟悉产生信任,这是人类相处中最基本的一种心理因素。常言道:熟悉产生满意。人们对过去熟悉的东西感觉可靠,而对那些陌生、异样的东西却持怀疑、谨慎的态度,享有盛誉的名牌产品,如德国的奔驰汽车、美国的微软操作系统、中国的青岛啤酒等始终畅销,原因就在于此。然而,人们是很健忘的。企业如果停止做广告,就会很快被人遗忘。曾经有人预言,假如世界各地的可口可乐广告牌全都拆除的话,不出一年时间,人们就不会再喝可口可乐了。

由于企业之间在产品和服务方面的竞争日益激烈,人们对产品的选择余地越来越大,更愿意买自己熟悉和喜欢的企业的产品。这样,企业的形象和知名度成了影响企业产品和服务销售的重要因素,因此,企业对能扩大自身知名度的广告宣传更加重视,并在广告中开始大量运用公共关系技巧,来树立企业的形象,于是就产生了以树立企业的良好社会形象为直接目的的公共关系广告。

公关广告实质上是一种带有某些广告特征,但不限于商业活动的,不以盈利为目的的传播行为,是花钱购买大众传播媒介的版面(时间),向公众广而告之,主动推销组织形象的一种广告活动形式。

公共关系广告和商品广告有着明显的区别:

其一,目的不同。商品广告多以推销商品为直接目的,因而往往采取"自赞其物"、"自夸其美"的方式,给商品冠以"国内首创"的美称,使公众认识和购买本企业的产品,走的是"公众—产品—企业"的认识路线,创造经济效益。而公关广告的直接目的在于引起社会公众对组织的重视,产生对组织的信任和好感,从而树立组织的良好形象,刺激用户的潜在需求,使公众认识企业、信任企业,进而购买企业的产品,实现"公众—企业—产品"的认识路线,创造社会效益。有人通俗地比喻为:商品广告卖商品,公关广告卖企业;一个是买我,一个是爱我。

其二,内容不同。商品广告的主要内容多以宣传商品的名称、商标、质量、功能和价格等介绍商品和服务,属于企业广告中的一种短期行为,其广告的内容主要是促销,宣传产品特色。而公关广告在宣传内容上注重长期性和系统性,通过宣传组织的发展目标和经营计划、经营方针和政策、职工的素质和水平、先进技术在组织内的渗透推广度等方面的内容而间接地介绍组织的产品,从而提高人们对组织的信赖程度,属于企业的长期行为。其性质是企业形象的宣传,其广告的内容是企业的特色和信誉,以及企业对社会的贡献,对公益事业的关心、支持等。

其三,效果不同。商品广告侧重于它的营业效果,即广告对于产品销售额、利润额或服务收入增加的促进作用,广告的制作和播出周期较短,费用相对于公关广告来说较少。而公关广告侧重于传播效果,即它播出后,对提高组织的知名度、美誉度起作用,广告的制作和播出的周期较长、费用高。

其四,应用范围不同。商品广告只是为工、商、服务等经济行业所采用。而公关广告不仅可为这些经济行业所用,还可为行政管理等部门所用。

其五,报道方式不同。商品广告的目的决定了它较为直接地列出商品的种种优点,总有催促人们购买广告商品的感觉,商业味浓。公关广告较为含蓄,不直接劝说人们购买商品,主要是唤起人们对组织的注意、兴趣和好感,使人耳目一新,乐于接受。

公共关系广告与商品广告,一个是间接的,一个是直接的。公关广告就好像是你的朋友一样,朋友的推荐自然更容易令人接受。

7.4.1　公共关系广告的作用与类型

公共关系广告是通过良好的企业形象来拓展市场,实现社会效益与经济效益的最佳统一。因为,良好的企业形象是无形无价的财富。公共关系广告越来越受到企业的重视,其原因在于公共关系广告具有无法替代的多方面的重要作用,主要表现在以下几个方面。

第一,树立形象,促进销售。公共关系广告主要传播组织的观念、实力、善意、声誉和整体形象,以增进社会公众对社会组织的整体性了解,从而获得社会公众的信任和赞许。正如前面所述,在市场竞争中,当企业的形象成了决定产品销售的主要因素时,才产生了公共关系广告。因此,公共关系广告从其产生开始,其最终目的是推销企业产品,而且很多企业往往把公共关系广告和产品广告合二为一,一起来做。公共关系广告也确实对企业树立良好的社会形象和推销产品起到了重要作用。

第二,提高信誉,吸引投资。在资金市场比较健全,投资主体多元化的情况下,能够左右公众投资意向的主要因素是企业声誉。金融公众会根据企业声誉的高低,来决定投资多少。很难想像一个信誉卓著的企业会对投资者没有诱惑力,也很难想像一个声誉低劣的企业会使众多的投资者竞相解囊。国外曾有人预言:假如有一天可口可乐公司遭火灾,那么世界银行巨头争相投资将成为第二天报界的头条新闻。事实证明,公共关系广告可以为企业赢得大量投资。

第三,治理环境,为发展打下良好基础。无论是企业内部还是企业外部,都存在着若干复杂的关系,这些复杂的关系就构成了企业的内外部环境。从内部环境而言,它包括了企业与职工之间的关系;外部环境则包括企业材料供应商、协作商、销售商之间的关系及企业和银行、政府机构之间的关系。公共关系广告有助于这些关系的改善和调整。这样一来,企业的发展就有了基础,效益就有了保障。

第四,吸引人才。通过公共关系广告,树立企业良好的社会形象,对吸引人才具有很大的作用,而人才是决定现代企业竞争能力的最主要因素。在公众心目中,经常做公共关系广告的企业必定实力雄厚,有前途,有发展的可能,人们更愿意进入这样的企业就职。

公共关系广告是企业进入社会的清道夫,是企业获得消费公众、金融公众、政府及协作者的理解和支持的桥梁和纽带,是拉强企业向心力的重要手段。公共关系广告把企业价值观、企业方针和企业精神巧妙地结合在一起,给社会和公众以巨大影响,使企业形象悄然进入人们的心中。

公共关系广告因具体目标不同而分为不同类型:

实力广告 实力广告是向公众介绍组织的历史发展成就、人员素质、技术力量等,来展示组织机构的实力,如学校的招生广告。

下面是美国霍尼韦尔公司的一则实力广告:

霍尼韦尔公司,1885年创于美国明尼苏达州的明尼阿波利斯城。现在世界各地都有其分公司或事务所,工作人员超过78 000人,年销售额超过66亿美元。霍尼韦尔公司不仅在自动化及控制技术方面是世界尖端技术的先驱者,而且对宇宙及国防工业有巨大的贡献。

霍尼韦尔公司的宗旨是：与顾客携手前进，协助客户达到双增双节的目的。为满足广大客户不同的应用的需要，工业控制及自动化控制的仪表和系统由各地的公司负责设计和生产。霍尼韦尔公司的控制系统在美国和世界各地被广泛应用，如用于工业、农业、商业、电话以及宇宙航空等方面。

实力广告主要的目的在于使公众通过对该组织的经济、技术、人才实力的了解，增加对该组织及所提供的服务的信任感，以达到创造购买气氛的目的。实力广告是公关广告中较为常见的一种广告形式。

观念广告　观念广告是把组织的价值观念以"广告语"的形式告之公众。这类广告的宣传目的，是要建立或改变一个企业或一个产品在社会公众心目中的原有地位，建立或改变一种消费意识，树立一种新的消费观念。而这种新消费观念的树立，可以使社会公众倾心于某个企业或某项产品。

以下三则广告就是比较典型的观念广告：

"钻石恒久远，一颗永流传"（戴比尔斯钻石广告）

"要想皮肤好，早晚用大宝"（大宝化妆品广告）

"时间就是金钱"（深圳的广告）

公益广告　公益广告是就某些行为、观念、道德或哲理向社会公众进行告知、提示、劝导和警示的社会性广告。其主要内容涉及社会的方方面面，诸如社会公德、文明礼貌、风俗习惯、生态环境保护、慈善救灾、交通安全、禁赌戒烟、防火防盗、心理教育、亲情友情等。

"沟通即是关怀"（爱立信广告）

"酒逢知己千杯少，酒后开车一次多"（交通部门广告）

"种下一棵树，收获一片绿阴；献出一份爱心，托起一份希望"（希望工程广告）

"有历史才有现在，惟遗产才知兴衰"（保护文化遗产广告）

"送人玫瑰，手有余香"（关爱他人广告）

由于公益广告用极其凝练、富有艺术性的文字和创意性的画面与公众达成一种感情上的沟通和心理上的契合，因此，很容易使公众对组织产生某种认同感，从而来改善和强化公众对组织的印象，是社会组织树立形象、赢得公众信任和支持的一种有效手段和策略。

声势广告　声势广告是以组织大型活动为内容，比如新厂房落成剪彩、庆典等，旨在创造声势，扩大影响。1993年，武汉电视台现场直播了武汉大学成立一百周年校庆晚会，这实际上就是一则声势广告。

商标广告　商标广告是以宣传产品的商标为主要内容。通过创名牌、保名牌树立自己的商标和企业的信誉及良好形象。而良好的商标和企业形象，又反过来促销产品。

"人类失去'联想',世界将会怎样?"(联想电脑广告)

"国酒茅台,玉液之冠"(茅台酒广告)

"车到山前必有路,有路必有丰田车"(日本丰田汽车公司广告)

"行万里路,喝万力啤"(万力啤酒广告)

祝贺广告 祝贺广告以向社会各类公众表示祝贺、祝愿为主要内容。受贺方和祝贺方可共同受益。受贺方可以极大地提高自己的知名度,有效地向社会显示自己的横向联系能力,从而含蓄地表现自己的光明前景,同时也可节省一笔广告费用。至于祝贺一方,虽说是出钱为别人做广告,但也不无裨益:首先可以借助这类广告,广结良缘,建立友善关系;其次可以提高声望。这对一个小的或原先知名度甚低的企业来说,花不多的钱,把名字登在报上,是值得的,况且,若能多次以祝贺者姿态出现,那声名必定会日渐远扬。

致歉广告 用来向公众承认错误,以求谅解,重塑形象,或告之真相实情,或消除误解,澄清事实,以提高知名度和美誉度。如消费者手持劣质产品,上门责难,经检查责任又不在生产厂家或发现是假冒制品,这时,应该怎么办?登报"严正声明"未尝不可,但从公关角度看,用硬碰硬的"声明广告"不如改用语气谦和的致歉广告为好。例如:2006年上海一家电视机厂收到了许多顾客的投诉后,立即派人调查。结果发现,导致电视机质量低劣的根本原因在于铁路部门野蛮装卸。于是,该厂在报上登了一则广告,内称由于未能及时发现运输环节存在的问题,致使已损坏的产品到达顾客手里。为此,深表歉意,并表示今后尽力避免类似事件发生。这种主动从自己身上找过失并公开致歉的做法,同发表义正词严的声明相比,更能显示企业真心服务大众的诚意。

谢意广告 用来对公众或合作者的支持表示感谢的广告,目前在公关广告中使用得极为普遍。如日本电通广告公司66周年纪念日,把驻地从银座搬迁到筑地,让全体员工步行,而不是坐车,搬家大军浩浩荡荡行进在大街上,并打出了"谢谢银座各界人士过去的照顾"、"欢迎筑地各界人士以后多多赐教"的广告。"武汉造船厂建厂30周年——向国内外新老朋友、广大客户鸣谢!"就是我们经常见到的谢意广告的一种形式。

声明广告 又称作解释广告,是表明组织对某些事件的立场、态度的广告。通常适用于两种情况:一是对组织不利的事件,但组织自身并无过错。例如假冒本企业商标的劣质产品给消费者带来了损害,或本组织的某种专利权被非法侵犯,或某些竞争对手恶意中伤、造谣诬蔑,或新闻媒介的失实报道,等等。在上述情况下,都要求利用声明广告表明本组织的立场。二是就本组织或社会上出现的重大事件表明态度,以体现组织形象。这类广告一般先交代缘由,再提出解释或声明,表明态度和希望。

南京《扬子晚报》曾刊出《一台沙松冰箱爆炸》的消息和现场照片,这则"爆炸"新闻立即在南京几十万冰箱用户中引起了一场轩然大波,一些"沙松"牌冰箱用户更是将冰箱视为不定时的"炸弹"，惶惶不可终日。"沙松"牌冰箱的形象在广大公众心目中受到极大的损害，企业也面临倒闭的局面。此时，沙松牌冰箱厂立即在南京开展了一系列公共关系活动，在《南京日报》上刊登了公共关系广告："厂家提醒用户不要在冰箱内存放易燃易爆危险品。"利用南京电视台的黄金时间，请企业领导与广大市民见面，说明调查情况，解释冰箱爆炸的原因。通过一系列公关活动和公共关系广告，沙松电冰箱厂最终获得了用户的理解和支持，树立了良好的企业形象。

（资料来源：周安华，苗晋平.公共关系理论、实务与技巧.
中国人民大学出版社，2007.）

响应广告　每个组织与社会各界都有密切的关联，一方面有需要各界广泛理解和支持的意愿，另一方面也有希望通过一种途径向社会表达自己乐于支持政府和各界活动的意愿，因而就产生了"响应广告"。"响应广告"是对政府的某种活动或社会生活中的重大事件表示响应和支持的广告。

创意广告　创意广告指以组织的名义率先发起某社会活动，或提倡某种有意义的新观念的广告。这种广告的目的是以表明组织对社会活动的关心、支持，着重树立组织"领导新潮流"的形象。

20世纪70年代初期，新加坡航空公司掀起了一场"革除随地吐痰陋习"的宣传运动。该公司连续在新闻媒介上登出广告，以循循善诱的方式告诫公众随地吐痰不仅有害他人及自己的身体健康，更损害一个人应有的自尊和高尚的形象。公司还组织员工上街发放宣传品，并主动捐资在公共场所设置了一批脚踏开启痰盂，大大提高了新加坡航空公司的声誉，带来了良好的经济效益和社会效益。

（资料来源：周安华，苗晋平.公共关系理论、实务与技巧.
中国人民大学出版社，2007.）

公共关系广告除了以上所谈的11种类型外，在实际应用中还有其他一些形式，而且还会出现新的类型。但需要注意的是，公共关系广告往往并不拘泥于某种固定的类型，而是经常出现几种类型交叉或混合，尤其是与商品广告的结合越来越密切。所以，公共关系广告在实际运用中应灵活掌握，以便充分发挥其作用。

7.4.2　公关广告的运用策略与技巧

公共关系广告是一门劝说的艺术，因而需要运用很多的公关技巧。

第一，确定主题。这里的"主题"是指一则公共关系广告中要说明的重点问题与所期望达到的主要目标。公关广告的总目标是树立、提高组织的良好形象。但由于每个社会组织的具体情况不同，所制作的公共关系广告的主题重点也就不同了。例如，一个新成立的企业的公共关系广告应着重于宣传本企业的宗旨、经营范围、环境条件等，一个已具有一定知名度的企业,则主要应放在宣传自己设计、生产的新产品、技术上的新成果、生产上的新设备及消费者的好反响等上,一个声名鹊起的企业应重点放在赞助社会公益事业、创意发起社会新风尚的活动上。在公共关系广告创作中能否把握主题,是公共关系广告宣传成败的关键。如美国联合国航空公司为了宣传该公司航班安全、舒适,只用了一句话来表达:"乘美国联合航空公司的班机到处都是好天气",这就是广告的主题。

广告的主题确定以后,还要通过一定的表现方法,把这一主题信息传递给公众。公关广告的主题能否完整地传达给公众,取决于公共关系广告的表现手法。在既定目标下,表现广告主题要在新、绝、深、美四个方面下工夫。

主题新 英国吉尼斯啤酒是已有 200 年历史的老产品,为了扩大本企业的影响,它除进行大量广告宣传外,还出版了许多书,其中有一本《吉尼斯世界纪录》,把世界上最长的、最短的、最高的、最快的等东西都记录在内。因为它知道,什么是最长的等经常是人们在酒吧间争论不休的话题。这本书初版就印制 43 万册,后被译成 22 种文字,成为世界各地家喻户晓的畅销书。该企业通过这种出版物和消费者建立了良好的关系。因此,"不管你是否喝啤酒,你一定喜欢吉尼斯"成为某些人的口头禅。主题要新才能比其他广告技高一筹。

主题绝 如某丛书的广告:"书与酒,价格相同,价值不同。"通过书与酒的对比,突出书对人类的益处,让人叫绝。主题要绝就是要想到别人想不到的东西,使得广告一问世就能产生强烈的效果。

主题深 如某著名手表的广告词是"不在乎天长地久,只在乎曾经拥有",这短短的十几个字,绝妙非凡,极有哲理,其内涵、其力量,远远胜于千军万马的冲锋奔杀。在一瞬间,即可把人的心灵震慑住,令人自然而然地回味无穷、感慨万千、甚至泪流满面。主题要深就是指在确定主题时,要经过深刻的思考,进行提炼,使主题寓意深刻,使公众产生联想,受到启发。

主题美 日本富士山彩色胶卷曾以"盒中自有花满谷"为主题,含义深刻,使人不禁联想起美丽的富士山,从而对富士胶卷产生信赖。主题要美是说通过广告要给公众留下美的感觉、美的享受、美的印象。

第二,制作标题。标题是公共关系广告的题目,它应揭示广告的主旨。广告标题应力求简洁、生动、独特、富于趣味性。标题拟写的方式,主要有以下几种:

直述式 就是把广告的主要内容直接、准确地告诉公众,给公众留下明晰的印象。如"祝贺××公司成立","××公司向社会各界人士拜年","常饮劲酒,精神抖擞"等。

内蕴式 这种标题比较含蓄、委婉,只有看了广告之后才会明白标题的含义。如:"千万不要卖掉你的黄金","乘本航空公司飞机从香港飞往旧金山只需 5 分钟","天上彩虹,人间长虹"等。

提问式 标题中向公众揭示与组织有关的问题,以引起人们的思考和注意。例如生产草珊瑚牙膏的企业在电视广告中首先提出"为什么全国 90％以上的人患有不同程度的牙周疾病"的问题，以引起公众的注意，从而体现出该企业对公众的关切之情，同时推出自己的产品，为公众排忧解难。

第三，写好正文。正文是广告的中心部分，也是表现主题的主要部分。由于公共关系广告内容广泛，目的有别，很难规定一个统一的模式。但通常的要求是：重点突出，简明易懂，具体亲切，真实自然。如日本三菱商事在中国做的广告的正文是：

"童年的时代，在长大成人以后会消失到哪儿去呢？那满身大汗全身泥巴，直到傍晚还在踢足球的日子！我们三菱商社珍爱日常生活的充实，同时也愿意向您提供丰富每日活动的美梦与感动，日常感觉的幸福与珍藏于胸怀的幸福融合为和谐的新生活。长大成人之后，感动是忘不了的，这就是我们每个职工的纯朴心情。"

优美、朴实的语言，诚心诚意，真实自然，沟通了企业与公众的感情。

第四，标语的写作。在拟定标语时，应注意简短、独特、易记，精心推敲，认真措词。有些广告标语之所以人尽皆知，就因为它具备这些特点。如"雀巢咖啡，味道好极了！""新飞广告做得好，不如新飞冰箱好"，"维维豆奶，欢乐开怀"，"飞利浦，让我们做得更好"，"情系中国结，联通四海心"，"传奇品质，百年张裕"等。

标题与标语在广告的写作中都是以引人注目的词句出现的，但二者不完全一样：① 标题的作用是引导公众注意广告和阅读广告正文；标语的作用是使消费者建立一种观念，用以指引选购行为。② 广告标题可以随广告设计的变化而变化；广告标语一经选定，可以在相当长的一段时间里不变，用在各种设计不同的广告上。

第五，写清随文。随文是公共关系广告中对组织名称、地址、法定代表人、邮编、电话、传真、商标、牌名、价格、经销部门等内容的说明，对公众起购买指南的作用。

7.4.3　公共关系广告的策划与制作

公共关系广告必须借助于一定的媒体，才能传递给公众。媒体是广告者与广告宣传对象之间联系的纽带和桥梁。媒体的选择是否得当，对广告效果和广告费用高低具有重要影响。在公共关系广告策划中很多时候都需要采用多种媒体组合，才能达到预定的广告目的。

一般来说，公共关系广告的策划与制作程序有以下步骤：

第一，媒体分析。公共关系广告应用的主要媒体是报纸、杂志、广播、电视。选择广告媒体的目的，在于求得最大的经济效益和最好的社会效益，即依据媒体的量与质的价值与广告费用之比，力争少花钱、多办事、办大事，并求得传播信息的最大量和传播效果的最大范围。正确地选择媒体，一般要考虑以下因素：

媒体普及性　媒体的普及性越好，广告的宣传面越宽，效果越好；反之则相反。

媒体对象与广告对象的一致性　媒体与广告的宣传目的不尽相同，媒体对象与广告对象也不完全一致。广告的目的是要让广告对象对广告的信息重视，其对象仅是媒体对象中的一部分，而媒体对象的大部分对广告并不感兴趣。在借助媒体宣传广告时，如何让媒体对象与广告对象一致或尽可能一致，是正确选择广告媒介的关键。这种一致性，不仅是人数总量的一致，更重要的是人数结构的一致性。这是广告宣传效果的重要保证。根据这一原理，企业应努力寻找与自己的广告对象尽可能一致的媒体。

媒体吸引力　媒体的吸引力，在很大程度上会影响广告的吸引力。这里所说的吸引力，有两方面的含义：一是如果同一广告可以在多种媒体上做宣传，且价格相同，应考虑哪种广告媒介更能吸引广告对象；二是如果在同一媒体的不同位置（或时间）做广告的费用相同，应考虑什么位置（或时间）做广告更能吸引广告对象。

广告反复性　如果在某一媒体中做广告，能使广告对象反复接受，这种媒体就比无反复性媒介值得选择。

购买条件　购买条件指购买广告时间或版面的难易程度，是否能达到广告宣传效果的要求。

时效性　时效性指广告预期刊登或播出时间与实际刊登或播出时间差别大小。

说明性　说明性指某一媒体能否把一些内容复杂、细致的广告充分表现出来。

保存性　保存性指广告对象能否把载有广告的媒介载体保存下来。

制作水平　制作水平指媒体制作广告的硬技术水平（设备、仪器等）和软技术水平（制作风格、表现手法等）。

购买费用　购买费用是影响媒体选择决策的重要因素。以较少的广告费用取得较好的广告效果，始终是做广告者追求的目标。

第二，选择媒体。在现代广告活动中，媒体的价值往往不是体现在媒体本身，而是体现在人们对媒体的有效把握和对媒体进行具有创意性的组合与运用上。任何一个媒体都是以定向传播为特征的，无论媒体的面有多大，视听众有多广，但在各种相关的动态因素作用下，其有效到达率和视听众构成都是有限的。也就是说，每种媒体都有其个性特征和它的局限性，没有绝对的优劣势可分，只要运作得当、互补有方、组合得力，就可发挥其神奇的功效。下面介绍几个主要的具有代表性的广告传播媒体。

报纸广告　报纸是历史最长的广告大众传播媒体，始终高居所有广告媒体的首位。它不仅载播各种新闻，同时载播各类广告，是所有广告中最常用和最重要的媒体。报纸广告媒体的功能很多，信息传播是报纸广告的基本功能，另外还有心理说服功能和社会功能等。好的广告不仅使消费者在使用产品上受益，也能从中得到思想、文化、情操的陶冶。报纸广告具有以下特点：

广。报纸发行量大，覆盖面宽，宣传范围广。如上海的《新民晚报》、《文汇报》可达上百万发行量,阅读人数至少是发行量的两倍以上,读者遍及社会各阶层。如果广告发布人希望公众尽可能了解广告信息,那么选择这类报纸刊登广告是再好不过了。

快。信息传递迅速。无论东西南北中,它都能保证每天出版并及时送到读者手中,这样就可以把最新的广告消息迅速传递给消费者。

活。报纸版面安排比较自由,大则整版,小则夹缝几个字,版面灵活,文字可繁可简,图文并茂,容易给人留下深刻印象。可以尽量地表现发布人的意图和要求。在同一报纸上,广告所占面积的大小及所处的位置不同,引起读者注意的程度也有差别,广告所占版面越大,越能吸引读者注意。

威。人们对报纸宣传内容依赖程度高,所以报纸广告在群众中有很高的威望。如果企业的公共关系广告对象是团体或机关工作人员,则《人民日报》这样的全国性综合大报较为理想。而如果广告的对象是以一般市民为主,则选择各地的晚报、广播电视报可能更合适。

省。报纸广告比电视广告花钱少,阅读率高,并可重复阅读,不受时空限制,任何时间、地点、场合、条件、姿态均可仔细阅读,而且能保存,日后也可查找。

报纸广告也有其局限性:首先,较为集中的有效时间短,一般只有几天时间,甚至只有1~3天。其二,由于受印刷水平和新闻纸质量的限制,报纸广告通常印得不是很精美,影响了产品广告的美观效果。其三,报纸广告安排复杂,数量太多,从而降低了注意度。

杂志广告　杂志是视觉广告媒体中比较重要的媒体,有它自身的特点:

阅读期限长,接触次数多,更具有保存价值。杂志由于内容较多,读者不可能一次看完,要看完就必须多次接触该杂志。因此读者不得不多次阅读杂志上的广告,特别是封面、封底、封二、封三的广告。而且纸张相对讲究,便于保存,杂志上的广告也由此享有较长的生命力和查阅期,从而深化了广告传播效果。

目标明确,针对性强,到达率高。大部分杂志都有一批专门的读者群,这些读者群具有一定的文化水平、理解能力和专业知识。因此杂志广告可以有的放矢,针对性较强,对特定消费阶层而言,广告的有效到达率也较高。

印刷精美,集中醒目,注意力强。杂志广告通常是用高级铜版纸张彩色印刷而成,因此较醒目、整洁、突出,不像报纸广告内容繁多,杂居版面,因此杂志广告阅读干扰少,容易引人注意。

杂志广告也有其局限性:首先,阅读范围较小。大多数杂志发行量远远小于报纸,读者群不够广泛,影响面不如其他大众传播媒体。其二,时效性较差。由于杂志的出版周期比较长,周刊、月刊、季刊、年鉴,最短一周,最长一年,受固定出版周期限制,因此是四个大众传播媒体中传播速度最慢、传播频率最低、时效性最差的媒体。其三,内容有限,不够灵活。由于杂志内容特定,有自己的范围,内容受到限制,因此,就不如报纸、广播、电视那样机动灵活,自由多变,不能大小并举,随时刷新。

广播广告　广播是利用声音传播信息,传播速度快,公众广泛,时效性强,接受自由,移动性和伴随性强,具有无限的想像空间。

广播广告也具有局限性。俗话说:"耳听为虚,眼见为实。"因而广播广告缺乏真实感,广播声音稍纵即逝,一不留神没听见,就再也找不到了。另外,广播形象感差,听众无法认识产品的外观形象,难以记忆。还有,听众不能像选择报纸、杂志内容那样有选择节目的主动权。因此在广告战略中广播广告常担任辅助角色,只能起烘托气氛或长期提醒作用。广播广告在四大传播媒体中,费用最低廉,制作最方便。

电视广告　电视媒体是视听两用媒体,具有综合性的传播功能,对社会大众具有非凡的影响力,是所有广告媒体中传播效果最好的媒体,具有很强的竞争力和生命力。因此中国电视媒体广告的营业额,近几年一直雄踞于各类媒体之首。

电视广告的主要特征是将所要传达的信息存放在时间的流程之中。而印刷媒体(报纸、杂志)的广告则是将信息存放在纸面的二维空间之内的。也可以说,广播、电视的容量靠时间,印刷媒体的容量靠的是空间。

电视广告通过电视台的电波信号及时而迅速地将各种信息传播给公众,并且公众可以在同一时间内知晓,这是任何印刷媒体都达不到的效果。根据播放形式,电视广告可以分为专题节目广告和插播广告两大类,也有人称之为软性广告和硬性广告。

软性广告就是指企业为赞助某个专题节目而制作的广告,或是为举办某个大型活动,从中播放的一些企业或产品的新闻性、介绍性的广告。其广告特征不是很明显,让观众在不知不觉中接受广告。

硬性广告也就是插播广告。在电视台安排的节目之中或节目和节目之间播放的广告,一般都有时间规定,有 5 秒、10 秒、15 秒、30 秒和 60 秒等。较常用的是 5 秒、15 秒和 30 秒。5 秒和 15 秒广告主要起提示作用,30 秒的广告才能较完整地表达一个主题。另外还有挂角广告、字幕广告等。

电视媒体的优点是不言而喻的。它声形兼备,集视觉和听觉于一体,进行动态演示,它视觉冲击力强,画面生动,音响逼真,再加上绚丽夺目的光色,是任何媒体都无法比拟的。尤其是它的动态画面,可以突出展现商品的个性、外观、内部结构、使用方法、效果等,能强化商品特色,突出商品诉求重点。电视普及率高,收看人数最多,使广告可跨越国界、种族、文化的界限到达全国甚至世界的每个角落和各个社会阶层。电视还具有强制性广告特点,这是其他媒体难以做到的。广告可安排密集,不管观众爱不爱看,狂轰滥炸,强迫你看,穿透力极强,到达率很高,因此它可快速收效。

电视媒体虽然傲视群雄,但也有不可避免的自身弱点。电视广告读秒播出,信息量小,稍纵即逝,时效性短。由于受片长限制,广告难以详细叙述产品的特性,而且广告不能保留、传阅和反复观看。因此我们应该避免使用电视广告来传播复杂的信息。另外,电视广告制作耗时费资,工序繁杂,且播放费用昂贵。受电视开机率、收视率高低的影响,很容易造成这庞大的广告费用流失。

在广告策划中很多产品都需要采用多种媒体组合,才能达到预定的广告目的。往往是以电视广告为龙头,影响和带动其他媒体,策划创作人员有时要集中力量首先搞好电视广告的创意,然后根据不同的媒体特点将电视广告的中心画面、语言等"移植"到其他媒体上,以达到视觉一体化的诉求。另外,广告活动中也常采用以电视广告为先导的媒介策略,在使公众有点印象之后再适时推出报纸和其他形式的广告与电视广告相呼应、补充和配合,从而加深公众的印象。有时也采用以电视广告为主要媒体,在"狂轰滥炸"的同时由媒体配合掀起轰动效应的运作方法。总之形式要多种多样,要根据产品的特点、目标市场、广告策略以及资金实力来决定运作方法,有效地利用电视广告媒体。

第三,公共关系广告效益的测算。组织在花了人力、物力、财力做了广告后,一般都会收到一定的效益。广告效益有两种:一是广告的经济效益,即广告对产品销售的促进作用;二是广告的传播效益,即广告对公众的影响程序和影响范围。

广告效益的测算是很难的一项工作。因为组织的发展、销售额和利润的增加,并不只是广告作用的结果,可能还有其他许多因素起了作用,而且广告的效益需要一段时间才能看到。但这并不意味着广告效益不能测算,事实上可以用许多方法来测算广告效益。公共关系广告的传播效益是以公众对广告的收看、收听、认知、记忆等因素为依据进行调查、计算的。公共广告传播效益的测定内容包括注意率、阅读率、认知率和记忆率等。对公关广告传播效益采取的主要调查方法有问卷调查、抽样调查、走访调查等。

其一,营业效益的测算方法。广告费用比值法:就是将一定时期内销售增加额与广告费用增加额加以对比,衡量广告效益。公式为:

$$广告效益 = \frac{销售增加额}{广告费用增加额} \times 100\%$$

这种方法常用,但不太准确。

增长速度比较法:广告往往要在一个较长的时期内发生作用,这就要求从一个时期的动态数列中分析广告效益。具体来说,就是将组织销售额的年平均增长速度与广告费用的年平均增长速度相比较,看二者之间的关系。如果前者大于后者,说明广告效益高;反之,说明广告效益欠佳。

其二,传播效益的测算方法。传播效益是通过公众对广告的注意、记忆和理解程度来计算的。传播效益的测算一般采用抽样调查的方法,被选取的调查对象可以是家庭,也可以是个人。抽样调查工作方式可以采用卡片式,由调查对象自行填写;也可用随机简单提

问的方式进行,还可由已建立的由众多公众组成的固定广告信息反馈网络,定期收集反映有关信息。具体有以下几种:

注意度测算法:此种方法可以了解公众对所播广告内容的注意程度。

$$注意度 = \frac{对广告内容有印象的人数}{接触广告媒体的人数} \times 100\%$$

记忆度测算法:运用这种方法可以了解一则广告播出后公众的记忆程度,如有多少公众记住了广告节目,记住了多少内容等。

$$记忆度 = \frac{记住广告节目的人数}{收看广告节目的人数} \times 100\%$$

视听率测算法:运用这种方法可以了解有多少公众收看、收听广告节目。

$$视听率 = \frac{收看、收听广告节目的人数(户数)}{拥有电视机或收音机的人数(户数)} \times 100\%$$

知有率发展速度测算:运用此方法可以了解广告播出前后知晓某商品的人数变化情况。

$$知有率发展速度 = \frac{广告后单位人数中知晓某商品的人数/单位人数}{广告前单位人数中知晓某商品的人数/单位人数} \times 100\%$$

对以上方法,可单独或综合使用,要视具体情况而定。

公共关系传播是公共关系实践的精髓,本章从公共关系传播实务操作出发,着重展示网络传播、举办新闻发布会、新闻稿撰写、内部报刊编辑、演讲、公共关系广告等实务操作的方法和技巧。

公关第一,广告第二?

公共关系在品牌打造中的作用要优于广告活动,阿尔·里斯和劳拉·里斯在 2002 年出版的《公关第一,广告第二》一书中提出了这样的观点。在那个时期,也许他们的观点是正确的,广告确实失去了一定的可信度,而媒体依然拥有很高的威信。

但是到 2006 年的时候,这种观点遭到了多方的质疑:美国媒体和民主中心的研究报告显示:和过去相比,人们已经开始学会怀疑媒体报道的客观性和可信性了。

没有信任,就没有品牌

媒体在公正性方面正在不断作出妥协和让步。一方面,他们需要不断地发布大量的新闻,有些甚至每周 7 天,每天 24 小时不间断地发布。同时,这些媒体往往隶属于规模巨大的公司实体,而这些公司的首要目的是获得盈利,他们需要依靠向广告主销售广告时段或者广告版面来获得收入。

这两个因素综合在一起,加上媒体公司自身内部文化的偏见(例如福克斯新闻集团),使得媒体会发布一些由私人公共关系代理机构提供的新闻稿和其他打包的内容,这些机构希望增加他们的客户在媒体上的曝光度,尤其是在这些广告客户准备签订媒体投放合同时。

然而,大众也不是傻瓜,当一个由广告商赞助的健康类电视节目被播放时,毫无疑问会引起大众的质疑,并导致媒体的制作者失去可信度。如果媒体可信度遭受质疑,那么阿尔·里斯和劳拉·里斯的观点就站不住脚了。因为,没有信任,就没有品牌,品牌确立的基础是信任。

广告塑造品牌,公关提高声誉

有人或许可以对阿尔·里斯和劳拉·里斯的观点提出更深一步的质疑,但是我想在这里要说明的一个问题是,在品牌打造的过程中,公关的作用从来没有真正处于第一的位置,当然,公关也不会对品牌造成任何伤害。公关有助于打造一种巨大的品牌声誉,即公关影响。

正如《强大的公司声誉正日益成为公关的责任》一文所认为的,"经由广告活动、公司的推介性信息,或者公司组织的办公楼,可以形成公众对组织形象的认知,而发挥公关的作用,以及经由组织的所作所为,则可以为公司带来良好的声誉。很大程度上,声誉是公众对你公司的评价。"这段话的言下之意是说公共关系活动有助于组织声誉的提升,并对品牌产生良好的保护作用。

需要澄清的是,声誉可以宽泛地定义为信赖度,而不是品牌。品牌是外在形象,而声誉是内在实体。也就是说,或许人们知道某产品品牌是假冒的,或者它的组成部分是假冒的,但这并不会影响原品牌公司的声誉。因此,品牌最好经由一脉相承的销售、营销和广告的"核心信息"(core message)来传递,而声誉则最好需要透明度(transparency)来传递。

而今,透明度是从事公关职业人士真正需要做好的工作,(尽管在实践中可能并不是那样)他们要向公众传递所有的真实的企业组织信息,将组织描绘成一个值得信赖的形象。这种情况下,公关实际上和塑造品牌是对立的,因为品牌塑造传递的是一个片面的,甚至是带有宣传性质的所谓"真相"。

事实上，打造品牌纯粹是为了销售产品，目的是要在受众的大脑中获得一个单一的认知。无论这种公关信息是出现在《华尔街日报》上，还是在《财富杂志》上，耐克、迪斯尼、星巴克，还有可口可乐这样的品牌，对于这些企业组织的内部真实世界而言，并没有太大的作用，而对于呈现在公众面前的形象而言，却是一个很大的提升。

善用透明度防止声誉受损

有一个例外的情况，就是当公关和透明度结合起来的时候，就像前面所提到的，在公关工作上通常使用透明度来提高品牌的声誉，防止企业形象遭受破坏性打击。因此，当星巴克启动像"公平贸易咖啡豆"这样的公关驱动型企业公民身份运动时，这样做的效果不是为了打造品牌，而是为了提高公司声誉。

仔细分析一下星巴克的案例，星巴克并不会因为它的咖啡豆政策而获得每杯 2 美元的收入，而是因为它所传递的信息完全不同，而且非常独特："Time out for myself（我的休息时间）"。星巴克的品牌依靠所有促成形象提升的活动得以成功塑造。一个典型的电视广告是：一个被折磨得疲惫不堪的母亲喝一杯 Frappuccino（法布奇诺，或称星冰乐）来休息一下，或者一个年轻的工人冲入办公室，然后要一杯星巴克 DoubleShot 浓咖啡（冰摇双份浓缩咖啡）来寻求放松。

重申一下：基于声誉塑造的所有行动的目的，或者说公共关系活动开展的惟一理由，是为了保护品牌免遭诽谤的侵害。耐克公司在这方面就做得明显不够到位，"Just do it"的形象受到公司"血汗工厂"劳工事件的损害。曾经有一个麻省理工学院（MIT）的学生希望使他的运动鞋个性化而打上"血汗工厂"的字样，但是遭到了拒绝。

这件事情对耐克公司的声誉提出了挑战，使耐克的品牌声誉受到了损害，而耐克公司并没有为它在消费者心目中的所认定的耐克工厂工作条件作有效的辩护，尽管也许耐克公司的工厂的工作条件并没有人们所想像的那样糟糕。由于公关活动依然未能透明地展现一个安全、干净和公平的工作环境形象，对耐克公司声誉的损害还会继续下去，尽管它依然是一个超级大品牌。

广告与公关功效的三个结论

首先，公关的作用不在于打造品牌，而是维护品牌声誉。也许其他人还会有更进一步的理解。回到我们开始讨论的，媒体的公正性日渐式微，因此公关需要面对维护公司声誉的一个新的障碍因素，更需要传递透明度。借助公关活动和开展"白色宣传"（white propaganda，即通过一个信任度良好的信息渠道发布的只强调正面情况的信息）已经远远不够。而且，要反击媒体的认知偏见，公关需要向媒体提供一个关于组织的客观的信息，即使这些信息可能听起来是负面的。否则，厌倦了的电视观众会认为媒体被公关信息腐蚀了而毫不犹豫地关掉电视。

其次，更进一步说，广告不应该被看作是妨碍打造品牌的绊脚石。因为打造品牌是一个形象塑造的活动，而广告无疑是一个非常有用的形象塑造工具。观众认为广告是在试图将产品或服务"销售"给他们。另外,广告明确地承认其信息的来源和广告商,而媒体传播通常不会这么明确。因此,话又说回来了,阿尔·里斯和劳拉·里斯认为广告因为其缺乏可信性而无助于打造品牌,这种观点是不正确的,公众可能更加信任广告而不是媒体信息。

最后一点,人们对于广告商创造的品牌塑造活动乐在其中,他们喜欢一个优秀的平面广告作品或者是一则有趣的电视广告,他们乐于发现新的和有趣的产品和服务。他们讨厌被欺骗、被愚弄,讨厌被引诱购买一家缺乏职业道德的公司的商品,讨厌被引诱购买一件名不副实的商品。也许,指导消费者远离那些令人生厌的东西,才是一个优秀的公关专家的本职工作。

(资料来源:译自 Interbrand 官方网站"The true role of public relations in branding"一文,根据内容对题目有所调整。译者邓勇兵。)

 **复习题**

1. 在公共关系中如何有效地运用网络传播?
2. 新闻发布会的准备工作应从哪些方面考虑?
3. 演讲有哪些基本的要求?如何撰写新闻稿?
4. 公共关系广告与商品广告的区别和联系有哪些?
5. 怎样表现公共关系广告的主题?

第八章　公共关系活动

学完本章,你应该能够:
1. 了解民意调查问卷的设计工作;
2. 理解公共关系策划的程序和原则;
3. 掌握公共关系危机处理的措施;
4. 掌握公共关系协商谈判的技巧。

名人为何总容易受伤?

在这个信息爆炸的时代,地球变村落,互联网以锐不可当的力量把触角伸向四面八方,信息的高传播率、转载率以几何级数提高,其带来的巨大影响力让人欢喜让人忧:一个默默无闻者可以借网络炒作在一夜间迅速蹿红,一个口碑不错的名人也会因为一次"失态"而遭遇众人口水。名人门前是非多。与先前相比,网络盛行的今天,名人的是非有过之而无不及。涉及明星多人的"艳照门"事件刚落下帷幕,王治郅父子"打人门"事件又沸沸扬扬,成为各大媒体报道的焦点、街头巷尾人们的谈资。

有报道称,王治郅及其家人开车行驶到西直门桥附近时,被指因行车并线与人发生冲突，伤者称王治郅父子对其拳打脚踢，致其右耳出血。事发后，王治郅父子被带往西直门外派出所接受调查。王治郅在接受警方询问时并没有承认打人，只说发生了推搡（两天后，王治郅公开承认当时打了人）。真相还未水落石出时，"王治郅父子打人"这则消息却已传得满城风雨。理性等待真相浮出水面的人少，质疑甚至指责的人则不在少数，甚至有人称这是"体育流氓事件"。

王治郅因打球出色而出了名，成为体育明星。出名不是坏事，不但为自己、家人脸上贴金饰银，还能赢得世人的关注和羡慕；另外，在财富的获得上，也是受益匪浅。但是，在知名度提高的同时，也裹挟了更多的危机。一个名人，从闷头做事到站在镁光灯下，开始透明，一举一动都在公众的视线之中。一有风吹草动便可引起轩然大波，尤其是负面新闻，往往是闹得满城风雨仍不肯罢休，媒体不依不饶，公众"打破砂锅问到底"，非要争个是非黑白不可。

但当个人品牌遭遇危机时，"应该怎么办"值得探讨。从陈冠希因危机造成的损失就可以看出，个人品牌的维护是多么重要。因为毕竟明星个人是个人品牌的载体，它容易受到外界的干扰，而且他的行为、言论又容易成为媒体的焦点，会对其产生巨大的压力，乃至造成恶劣的后果。品牌背后支撑它的是有价值的产品或服务、制造产品或提供服务的生产流程以及核心能力。对个人品牌来说同样如此，个人品牌意味着相匹配的形象与持久承诺。个人品牌平时需要宣传和维护，当遭遇危机时，需要更好的公关技巧。

（资料来源：http://blog.sina.com.cn/s/blog_4930437d0100990k.html. 有删改。）

8.1 民意调查

所谓民意调查，就是从全体民众中抽取具有代表性的部分民众作为样本，直接询问他们对一些问题的看法，然后以这些样本的看法推论全体民众的看法。做这样的努力以探知民意的方式，便是民意调查。

8.1.1 制定调查计划

民意调查是一项有计划、有目的的系统活动，为了使调查工作有步骤地开展，保证整个调查活动的科学性，公共关系调查人员必须在明确了调查目的、调查要求后，进行调查方案的设计与计划的制定。

调查计划的内容一般包括两部分：

第一部分是调查提纲，包括对调查本身的设计，即调查的目的和意义、调查的内容与要求、收集资料的方法及使用的调查工具等。

第二部分是对调查工作的具体安排,包括八个方面的内容:

(1)调查范围和调查地点。根据调查的要求,选择与调查有关的地点,调查范围可适度扩大。

(2)调查的具体对象。选择与调查目的有关的公众,开展有针对性的调查。确定调查对象的方法有全面调查(即普查)和非全面调查(包括抽样调查、典型调查和重点调查)。

(3)调查时间。依据调查对象确定合适的时间进度表,包括总的起止时间,各个步骤的时间安排。

(4)调查方法的安排。根据调查目的和要求,选择适当的调查方法。在收集资料阶段可以使用文献法、观察法、问卷法等,在资料分析阶段可以使用统计分析法、理论分析法。

(5)调查计划的落实。包括各基本步骤中具体阶段的划分、各阶段中工作内容的分配、阶段之间的相互衔接。

(6)调查的组织、领导和人员配备。包括各个步骤投入的人员数量、调查培训、用工量预算以及使用不同的工作方法。其中在人员配备时,要注意调查人员的知识结构、能力水平的搭配。

(7)工作制度。包括对调查人员的工作职责、劳动纪律等管理制度的具体规定。

(8)经费预算。包括调查人员的报酬、交通费、住宿费、通讯费、印刷费等。调查提纲是调查安排的依据,调查安排是调查提纲的具体化。

从程序上看,调查计划的制定需要注意两个问题:一是调查计划的可行性论证。调查的规模、范围多大才合适,人力、物力、财力能否承受得了,时间上是否来得及,经费预算和工作进度、日程安排是否合理等,都应进行比较充分的可行性论证,以保证调查计划的科学性和可行性。二是调查计划要全面而简明。在调查计划中,凡应包括的主要内容都应简明扼要地写清楚,既不能丢三落四,也不能繁琐冗长。

8.1.2 设计调查问卷

问卷是系统地记载需要调查的问题和调查项目的表式,用来反映调查的具体内容,为调查人员询问和调查对象回答提供依据,是实现调查目的和任务的一种重要工具。一般来说,好的问卷可以使调查内容标准化、系统化,便于搜集和整理资料,能够对调查资料进行定量分析。根据问卷对问题和答案的设计形式不同,可以把问卷分为封闭式问卷和开放式问卷两种。

封闭式问卷 封闭式问卷是一种事先对问题确定了可供选择答案的问卷,即列出所有可能的备选答案,由调查对象根据各自的情况,在其中选择自认为恰当的一个或多个答案。它具体可以分为两种方式:

第一,两项选择问卷。在所提出问题的下边,列出两项备选答案,请调查对象选择一项符合自己意愿的答案。

第二，多项选择问卷。在所提出问题的下边，列出多项备选答案，请调查对象选择一项或多项符合自己意愿的答案。

封闭式问卷的答案标准统一，对调查对象来说容易选择，问卷的回收率也较高，且获得的信息便于统计分析，对不同的公众可以进行直接对比。但是，这种限定了答案范围的问卷，使调查对象没有发挥的空间，不利于发现新的问题。同时，问卷设计者也可能漏掉一些很重要的，尚未认识到的答案，这有可能会影响到调查的质量。

开放式问卷　开放式问卷又称自由式问卷。此方法事先不作出任何选择答案，在提问中留出一定的空白，请调查对象自由回答，或由访问者记录答案。这种问卷多用于探索性研究，对于了解全方位的情况有一定的帮助。

开放式问卷能够给调查对象以较多的创造或表达自我的机会，尤其在讨论一些比较复杂的问题时，可获得较深层次或是调查者意想不到的信息，适于定性研究。但是，由于得到的答案复杂多样，回答的内容不能标准化，难以进行量化统计分析。而且，因为对问题的理解不同，可能会出现答非所问的情况，导致收集到无价值和不相干的信息。对于调查对象来说，因为要花费较多的时间作答，所以问卷的回收率也较低，从而影响调研效果。

总之，封闭式问卷和开放式问卷各有优劣，在公共关系民意调查中，最好的做法是把两种问卷形式结合起来，相互取长补短。

问卷一般由标题、引言、注释、调查项目、资料登录等五个部分组成。

标题　每份问卷都应明确简洁，以醒目的标题开宗明义地告诉调查对象所调查的主题。如"大学生消费心态调查问卷"，"关于××产品的调查问卷"，它们把调查对象和调查内容一目了然地呈现在调查对象面前。一般来说，这就容易取得调查对象的合作，而不拟标题，仅仅标出"问卷"，其效果是不好的。

引言　引言也称说明，一般包括调查的意义、调查的目的、调查的组织单位、调查结果的使用、保密措施等问题。在问卷中讲明这些情况有利于争取调查对象的合作，使调查对象消除不必要的顾虑，理解和支持调查工作，从而接受调查。因此，引言要短小精悍，交代清楚，富有激发性。

注释　这是告诉调查对象应如何填写调查问卷的说明部分。凡是容易引起歧义和误会的或难以理解的内容，都应在此部分进行解释和说明。凡是调查问卷比较复杂，估计调查对象难以填写的，还应予以示范。

调查项目　这是问卷的主体部分，它一般是由一个个相互联系并前后有序的问题和相应的可供选择的答案组成（如果是开放型问题，则无答案部分）。在这一部分中，要根据调查的目的和任务，围绕主题确定要调查的项目，并根据事物的内在联系确定其先后次序，设计好提问的方式，并以调查对象最容易接受的语言提问，对于需要提供可供选择答案的问题，要设计好选择答案。

资料登录 这是为了区分、核实和分析资料而专门设计的。通过问卷填写的日期、时间、地点、调查对象的基本情况及问卷编号等的设计，主要是便于资料的分类归档，提供统计资料以及电子计算机分析处理用。

问卷设计的关键在于调查项目这一部分的设计，而整个问卷设计的困难也在于这一部分。因此，努力提高对调查项目的设计能力与方法技巧十分必要。下面主要从三个方面介绍调查项目的设计。

总体框架的设计 总体框架是能够指导设计问卷的提问语句和对问卷资料进行分析的一种总体思路的逻辑架构。对于一般要求高、内容比较复杂的问卷来说，为了使问卷中的每一个问题都有不可或缺的作用，并且每个问题之间有一种内在的逻辑联系，能够对它们进行科学分类和相关分析，在设计调查问卷之前，都应该先设计总体框架。一般是先从调查目的出发，将调查主题逐层分解，直到可以依据这些分解的条目设计提问语句时为止；然后，按照事物本来的逻辑联系对分解的条目进行检查、调整，使分解的条目能够有序排列。

提问语句的设计 总体框架设计出来以后，就要设计提问语句，把每一条目变成提问语句。在设计提问语句时，要注意以下事项：

第一，注意提问的方式。提问的方式有直接提问、间接提问、假设性提问等。一般来说，对于那些估计调查对象能够直接回答的项目都可以用直接提问方式设计语句，如"您是否喜欢××产品?"对于那些估计调查对象直接作答会有顾虑的问题，一般采用间接提问方式较好。间接提问，是不直接问被调查者本人的有关情况，而是要求其回答其他人是什么情况，态度与想法。例如，向一个个体户了解个体户每天的收入，采用"您估计大多数像您这种情况的人每天纯收入是多少"的提问，就比"您每天的纯收入是多少"的提问间接一些，得到的资料也可能客观一些。有时，对于那些调查对象不敢或不愿公开作答的敏感问题，还可以假设某一情景或假设别人对某事物有一看法而要求调查对象说出自己的想法，这种提问方式就是假设性的。如"假设您的企业破产了，您会怎样办?"

第二，注意语句的确切。语句确切，指设计的语句意思表达清楚，所用概念的内涵与外延十分明确。只有语句确切，才能得到调查对象口径一致的真实材料。因此，在设计语句时，要注意对那些容易产生歧义的概念进行严格限定，表达清楚。如"您觉得您的领导是否具有民主作风"的语句，就没有"您觉得，您的直接领导中，他们大多数人是否具有民主作风"表达清楚。

第三，要避免出现诱导性问题。诱导性问题，是指包括某种倾向而使调查对象按其倾向作答的问题。一般用权威的话或大多数人的看法设计的问题都是诱导性问题。如"大多数人都对工作很满意，您呢?"这样的提问一般很难得到全面的真实材料，在语句设计中是必须避免的。对问题的设计一般都应取中立的方式，如上例就可改为："您是否对您目前从事的工作感到满意?"

选择答案的设计 封闭式问卷的问题按其性质可以划分为定类、定序、定距和定比问题,各类问题的答案设计各不相同。

其一,定类问题。定类问题是要求对被测定对象的性质作出分类的问题。这类问题的答案设计要注意:① 可供选择的答案要互斥。② 答案要穷尽。

例如:"您认为下面哪些人最适合做这种工作?(请在选择项右边的□中划上√)"选项是"老年人□ 中年人□ 青年人□"或"男人□ 女人□",但就是不能把以上两种选择答案混在一起。再如:"目前,您在日常生活中最迫切需要的是什么?(选三项)第一位□ 第二位□ 第三位□ ① 增加个人收入;② 提高社会地位;③ 发挥才能,作出成绩;④ 对公共事务有更多的发言权;⑤ 人与人之间的感情联系;⑥ 丰富文化生活;⑦ 其他(请您自己填写)"像这一类难以列举完答案的,应在其后加上"其他",使答案穷尽。

其二,定序问题。定序问题是要求对被测定对象的排列次序作答的问题。对这一类问题的设计,一般采用五级或三级定序答案。如:"你对××公司的信心如何?"较好的答案是:"A. 充满信心;B. 相当有信心;C. 有点信心;D. 信心甚少;E. 毫无信心。"或者是:"A. 超过一般;B. 一般;C. 低于一般。"前一种是五级定序,后一种是三级定序。

五级定序答案一般采取的基本形式:① 极喜欢(极满意,极可靠);② 喜欢(满意,可靠);③ 无所谓或拿不准;④ 不喜欢(不满意,不可靠);⑤ 极不喜欢(极不满意,极不可靠)。三级定序答案的基本形式是把五级定序答案中的两种极端情况即①、⑤去掉后的部分,即由②、③、④构成。

其三,定距问题。定距问题是要求设计出来的答案之间的顺序关系保持一定距离。如:"您的月基本收入是:① 750 元以上□;② 700～750 元□;③ 650～700 元□;④ 600～650 元□;⑤ 600 元以下□。"答案之间的顺序关系都保持 50 元的等距。

在调查项目设计出来以后,还应从逻辑结构和逻辑顺序上进行审查,看是否需要调整,尽量做到先易后难,先一般性问题后特殊性问题,先封闭式问题后开放式问题。此外,还应在小范围内(20～30 人)进行试验性调查,以便在试验中发现问题,然后根据审查和试验中发现的问题进行修改,最后制成正式问卷。

8.1.3　统计分析与撰写报告

分析统计资料是公共关系调查过程中极为重要的一环。一般来说,通过公共关系调查所得到的资料还比较凌乱、分散,并不能系统而集中地说明问题,某些资料还可能存在有片面性与错误等。因此,在取得资料后,必须对资料进行科学、系统的整理和分析,从而揭示出事物的内在联系,得出正确的调查结果。资料的统计分析,主要包括以下工作:

第一,检查核实。主要从资料的完整性、准确性、可比性和及时性四个方面来检查。要检查资料是否齐全而且无遗漏,是否有重复与矛盾,甚至有与事实不相符合的情况。一旦发现上述情况,要及时复查核实,并剔除错误的资料,删除重复的资料,修改订正差错的资料,补充遗漏的资料。调查中检查核实的部分工作是在收集资料时就要完成的。一边收集，一边检查核实，这样便于及时进行订正、删改和补充。

第二，分类汇编。资料经过检查核实后，为了便于归档查找和统计方便，还应按照调查的要求，从数量、质量、时间、空间等方面对资料进行分类汇编。即进行资料登录，然后按类摘抄、剪贴、装订、归档，以备查阅。还可将整理后的信息输入电子计算机，使资料条理化、有序化和系统化，为深入分析提供条件。其中，资料分类还应遵循互斥性、完备性、显著性原则。

第三，分析论证。对分类汇编的资料进行分析，得出结论，并依据资料所得出的结论进行论证。分析一般包括定性分析和定量分析。所谓定性分析，是以资料或经验为依据，主要运用演绎、归纳、比较、分类和矛盾分析的方法找出事物本质特征或属性的过程。所谓定量分析，是运用概率论和数理统计的测量、计算及分析技术，对社会现象的数量、特征、数学关系和事物发展过程中的数量变化等方面进行的描述。为了取得比较符合实际的结论，不仅要进行定性分析，而且要进行定量分析，要在定性的基础上尽量根据不同要求把资料量化，制成统计表或统计图，或计算百分比、平均值等，然后运用这些量化资料进行分析，力求对调查的事物有较深刻的认识，并把有关材料迅速提供给领导部门，作为策划的依据。

撰写调查报告是调查的最后程序，也是调查的最终成果。撰写调查报告的目的，是为制订科学的公共关系方案提供依据，为领导者决策提供参考，寻求领导的支持和帮助。撰写出一份具有说服力的调查报告，这是卓有成效地进行公共关系调查的一个不可忽视的方面。如果调查报告的撰写不得要领，即使前面的工作做得再好，整个调查也不会令人满意。

一般来说，一篇调查报告是对调查过程的回顾和调查成果的总结，包括三个方面的内容：① 前言部分，主要介绍调查的基本情况。包括：调查题目，调查委托人，调查主持人，调查日期，调查的原因和目的，调查的总体对象，调查所采用的基本方法，问卷回收率及抽样误差等。② 主体部分，包括调查的结果及有关数据，各种答案的比例，分析说明，调查者提出的建议等。③ 附件部分，包括问卷样本、背景资料等，以备读者参考。

调查报告不同于纯理论文章，也不同于一般的工作总结。它注意用调查资料来说明问题，用资料来支撑结论。因此，在撰写调查报告时，要坚持实事求是的原则，资料的取舍要合理，推理要合乎逻辑，还要在结构、主题、语言上下工夫。要考虑读者的具体情况，尽量使调查报告适合于读者阅读，避免行话、专用术语，使用普通词汇，并在调查报告中充分利用图表和图形，生动准确地报告调查结果。此外，调查报告写好后要及时送交最高管理部门备案，供决策者决策时参考。

下面是一篇刊物的调查报告。

《××刊物》的大朋友、小朋友们，你们好！自《××刊物》创刊以来，我们始终在尽可能地吸收大家的建议，努力从各方面提高刊物的质量。但是，我们深感在多方面还有差距。为了进一步加强与读者的联系，了解读者的需求，我们设计了一份调查表，以求从中得到更加广泛和全面的信息，从而更好地改进我们的刊物。

1. 您看《××刊物》有多长时间了：

A. 1年　　　　　　　B. 2～3年　　　　　C. 3年以上　　　　D. 只是偶尔看看

2. 您与《××刊物》见面的方式：

A. 邮局订阅　　　　　B. 邮局零售　　　　C. 书摊购买　　　　D. 邮购

3. 您希望隔多长时间看一期《××刊物》：

A. 一个月　　　　　　B. 半个月　　　　　C. 一周　　　　　　D. 无所谓

4. 您觉得《××刊物》的优点是：

A. 内容多　　　　　　　　　　　　　　　B. 描写的都是身边的事

C. 价格便宜　　　　　　　　　　　　　　D. 逗乐

5. 您觉得《××刊物》的缺点是：

A. 制作不太精良　　　　　　　　　　　　B. 内容还不够多

C. 彩页太少　　　　　　　　　　　　　　D. 不够逗乐

6. 您周围的同学、朋友是否喜欢看《××刊物》：

A. 喜欢　　　　　　　B. 不喜欢　　　　　C. 无所谓　　　　　D. 不知道

7. 您周围的朋友拥有《××刊物》的情况是：

B. 很多人有　　　　　B. 很少人有　　　　C. 没有　　　　　　D. 不知道

8. 您觉得《××刊物》的价格怎么样：

A. 太贵　　　　　　　B. 较贵　　　　　　C. 合适　　　　　　D. 便宜

9. 您希望在今后购买《××刊物》的最佳方式是：

A. 全年从邮局订阅　　　　　　　　　　　B. 全部从邮局、书摊或书店购买

C. 有选择地购买　　　　　　　　　　　　D. 邮购

10. 编辑部从现在开始为读者办理邮购本刊的业务，请问您认为这对您有好处吗：

A. 有　　　　　　　　B. 没有　　　　　　C. 无所谓

11. 请您选出您最喜欢的《××刊物》的栏目和故事：

A. 小刺猬照镜子　　　B. 心里美　　　　　C. 动物乐园

D. 滑稽世界　　　　　E. 少年漫画　　　　F. 佳作欣赏

G. 民间故事　　　　　H. 连环漫画　　　　I. 一件逗乐的事

（资料来源：作者根据有关资料编写）

8.2 活 动 策 划

公共关系策划是一项创造性的劳动，是公共关系人员为了达到组织的目标，在充分调

查研究的基础上,对组织总体公共关系战略、对组织重大的公共关系专项活动进行谋划和设计工作。公共关系策划的方式越是新颖独特,就越能吸引公众。但是,公共关系策划作为整个公共关系活动中的一个环节,它离不开公共关系原理和思想的指导,是对公共关系理论的创造性运用和发挥。

8.2.1 策划的基本原则

在进行公共关系策划时,应遵循以下原则:

客观性原则 组织在策划公共关系活动时,要以事实为基础,据实策划,力求反映公共关系策划主体的客观规律。这一原则是确立组织良好形象的基础,也是维系组织与新闻媒介良好关系的前提。它包括两方面的内容:一方面,公共关系策划者要对组织公共关系状态作出科学评价,并根据调查中对事实的掌握,进行客观、真实、全面、公正的策划。即在充分掌握事实的全部材料的前提下,以事物的本来面目和公众可接受的立场,对外公开组织运作过程中发生的事实。另一方面,公共关系策划者还要努力排除来自各种虚假因素的干扰,坚定地据实设计和据实实施公共关系策划方案,特别是组织处于不利的情况下尤为重要。组织只有敢于承认不利的事实,才可能理智地进行策划,企图掩盖事实真相的策划,只能使组织走向自己愿望的反面。

整体性原则 公共关系工作是组织整体工作的一个分支和组成部分,公共关系策划是在组织整体计划的约束下进行的,在进行公共关系策划时,所策划的行动方案应纳入组织的整体计划之中,并与组织的整体计划相一致,服从并服务于组织的整体目标。否则,与组织的整体计划相悖,再好的行动方案,也只能是一种不切实际的空想。此外,公共关系策划本身是一项需要花费大量人力、物力、财力的活动,还要考虑社会利益、公众利益;既要考虑战术,又要考虑战略;既要考虑局部利益,又要考虑全局利益。因此,在公共关系策划时,必须深谋远虑,纵观全局。

公益优先原则 公共关系工作的主要任务是要处理好组织与公众的关系,争取公众的支持与合作。公共关系人员在进行公共关系策划时,应充分尊重公众的意愿和特点,自觉地把公众利益放在首位,这样才能赢得公众的信任。公益优先,不仅是公共关系工作的指导思想,也是公共关系人员所应遵循的职业道德标准。特别是当组织利益与公众利益发生矛盾时,组织更应该毫不犹豫地优先满足公众的利益,但这并不是完全要组织牺牲自身的利益,而是要求组织在考虑自身利益和公众利益的关系时,始终坚持把公众利益放在首位。组织不仅要圆满完成自身的任务,为社会作出贡献,同时还要重视其行为所引起的公众反应并关心整个社会的进步和发展,以此获得自身利益的满足。只有时时处处为公众利益着想,坚持公众利益至上,才能得到公众的好评,从而获得自身更大、更长远的利益。

创新性原则 公共关系策划作为一种创造性的工作艺术,要求有新颖独到的创造性思维和科学灵活的操作规划。公共关系活动是一项经常性的活动,这样就容易形成常规思维。然而,每次开展的公共关系活动都面临着新的环境、新的公共关系对象,特别是现代社会环境总是处在不断的变化之中,世界进入了信息社会,信息量的激增使社会环境变得越来越复杂,人们对信息的选择范围也越来越大,如果方案没有新意,就不能引起公众的注意,更无从谈起改变公众的态度和行为了。一个成功的公共关系策划必须根据社会条件的变化,制定出与以往不同的新内容,不仅要比自己组织过的计划有所创新,更重要的是要比自己的竞争对手有所创新,使组织策划的活动能够先声夺人。

8.2.2 策划的过程

每一项公共关系策划虽然都有其自身的特殊性,但是它们都必须遵守一定的工作程序。公共关系策划的过程一般可以归结为:组织准备、确定目标、策划方案、形成方案四个阶段。

组织准备阶段 组织在策划公共关系活动方案时,需要在组织机构、人员、物质条件以及策划所依据的信息资料等方面做好充足的准备。

公共关系策划人员,对所依据的调查资料进行分析、审核,从而对组织公共关系现状及原因进行综合分析。需要分析的信息资料有组织的历史状况、基本现状、战略目标信息。其中,包括了组织财务信息、人事信息和形象信息等方面。同时,针对这些资料所提供的信息,可以明确组织的优势所在,找出组织的劣势与问题,从而在公共关系策划中贯彻"扬长避短"的原则,确定具体目标,进行有针对性的策划。

确定目标阶段 活动目标是指用简洁的语言表明本次公共关系活动所要达到的具体目的。一般以调查所得到的数据、资料为参照系,根据本次公共关系活动的力度,确定组织在特定范围内,相关指标上要达到的具体目标。这些指标主要包括有:① 提高企业的知名度、信任度和美誉度。② 使企业或组织与公众保持沟通,并完善其渠道。③ 依据社会环境的变化趋势,调整企业或组织的行动。④ 妥善处理公关活动中的纠纷,化险为夷。⑤ 帮助企业提高产品及服务市场占有率等。另外,在确定目标时应注意:组织公共关系目标应与组织整体目标一致,应有一定灵活性,按重要程度和执行的先后顺序排列,且目标是可测量的、具体的、可控的,要求目标尽量是单一的,一个目标解决一个问题。

策划方案阶段 在确定活动目标后,就进入了公共关系方案的策划阶段。策划方案的基本步骤主要包括五个方面的内容:

首先,分析公众。根据公共关系目标,确定公众的情况,分析不同公众的权利与利益,选择与本组织的信念和发展利益相同、相近或利益关系特别紧密的公众作为目标公众,以便开展有效的公共关系活动。因为目标公众对组织的支持和信赖程度直接关系到组织的生存和发展,因而应考虑他们的权利和要求。对公众分析得越透彻,公共目标越有针对性,策划就越有可行性。

其次,设计主题。公共关系主题是公共关系目标的集中体现,是对公共关系活动内容的高度概括,在公共关系活动中起到提纲挈领的作用。公共关系主题设计是否具有创意、富于感染力和号召力,关系到公共关系活动的成败。公共关系主题的表现形式多种多样,它可以是一个口号,也可以是一句陈述。它应包含三个方面的内容:策划目标、信息个性和公众需求。因此,在设计公共关系主题时,应注意主题必须与公共关系目标相一致,并充分表现公共关系目标。同时,主题必须结合形势,有鲜明的个性,并且能够迎合或适应公众的心理需要,既富有激情,又贴切、朴素。

第三,选择媒介。公共关系活动就是与公众沟通的活动。一般情况下,公共关系活动无法离开传播媒介。因此,在公共关系策划过程中,需要选择恰当的信息传播媒介,如报纸、杂志、广播、电视等,从而有利于有的放矢地进行公共关系传播活动,实现公共关系目标。在选择媒介时,需要用简明的语言条文式地写出所选择的媒介,确定媒介的版面、时段、空间,并作出相应的组合安排与经费计划。

第四,拟定计划。当策划主题设计定妥、传播媒介也选择妥当后,公共关系策划人员就要对整个公共关系活动进行全盘思考,制定切实可行的计划,使整体构想逐一细化、有序化,使方案具有可操作性。一般来说,拟定计划主要从八个方面来考虑:目标、主题、时机、方式、地点、人员、步骤、经费和总结。只有对这八个方面进行全面的考虑,并且做了系统的组合,拟定计划步骤才告完成。

第五,经费预算。公共关系经费预算的基本构成包括:日常行政费用,如房租、水电费、电话费、办公费等;设备器材费,如设备器材的购置、租借及维修、各项印刷品、纪念品的制作费用等;劳务报酬费,如公共关系人员及相关人员的薪金、奖金、福利费等;具体公共关系活动费,如调查费、宣传广告费、各类会议费、招待费等;应急或机动费用,这主要是针对一些突发事件而事先设置的临时应变费用,从资金上保证公共关系的应变能力,使项目开支具有一定的弹性。任何公共关系活动均应本着花钱少、收效好的原则进行。经费预算要将每一项开支详细列出,最后算出支出总额。

第六,审定方案。公共关系策划方案的形成其间必有不少内容、环节还需要予以完善、升华,因此需要对方案进行审定。审定方案一般由组织领导、专家以及实际工作者对方案的可行性与最优化提出问题,由策划者就方案的形成进行答辩,继而众人共同商讨、完善公共关系策划方案。审定方案主要注意目标、主题、限制性因素、潜在的问题、预期效果等方面。

形成方案阶段 在策划阶段,策划的实质性工作已经完毕。接下来,只需要将策划结果最后形成文件即可。策划书是策划全过程最终形成的文件,是公共关系活动方案实施过程的指导性蓝图。此外,也要准备"备选方案",即预测策划实施过程中的不可预测因素,相应地写上公共关系活动策划实施的应变方案或注意点,以备发生突变事件时,有应变措施,保证策划目标的实现。策划方案形成后,要报请主管领导审核,优化方案。策划方案实施后,要对策划活动的成效进行评估,并形成评估报告。下面是伊利高钙奶公关宣传、促销策划书。

活动主题:伊利高钙奶,健康你我他。

活动目标:通过在××市各大商场、超市的宣传、促销活动,提高伊利产品的认知度,增进消费者对伊利产品的认可与信任,并通过后续的公共关系活动,树立伊利集团关心百姓健康、关心失学儿童的良好形象,提高伊利的美誉度、知名度。

综合分析:

1. 企业概况(略)。

2. 产品概况。伊利高钙奶富含天然乳钙,安全易吸收,含钙量比普通牛奶高30%以上,而且喝完以后口中有很香很甜的余味,每天两盒伊利高钙奶就能满足身体所需钙质,将日常饮食营养、美味合二为一。伊利纯正天然的牛奶不含抗生素和防腐剂,是绿色食品。

3. 市场分析。据统计,伊利液态奶事业部的销售量约占国内市场的10%。另据了解,日前全国液态奶每年以34.4%的速度增长,其中纯牛奶的增长达80%～200%,而纯牛奶又以钙奶系列需求量最大,尤其是广州、上海等沿海开放城市。

4. 消费者分析。伊利的多种产品已深入人心,尤其是奶制品。伊利高钙奶价格不高,且其品牌已为广大百姓所接受,名牌效应较好,其潜在消费者为所有阶层的消费者。

基本活动程序:

1. 2005年1月3日,在各大超市同时展开伊利高钙奶宣传、促销活动。每箱价格在原价基础上下调0.5元,并在每个超市销售专柜配1～2名导购员,宣传介绍该产品的特点。

2. 活动结束后,举办新闻发布会,并当面将本次促销活动盈利的10%捐赠给国家"希望工程",同时宣布今后仍将举办类似的公益性活动。

传播与沟通方案:

1. 在活动开始前一周,在××市各大报刊上进行宣传,着重说明伊利集团将把本次促销活动盈利的10%捐赠给国家"希望工程",以激发人们踊跃参加此活动。

2. 在各大超市、商场附近散发宣传单。

3. 由超市导购员向消费者宣传介绍产品。

经费预算:宣传单1万份,400元;活动宣传的媒体广告费3万元;超市导购员劳务费1500元;新闻发布会礼仪、场地等费用6000元。合计3.79万元。

活动效果评估:本次活动全部费用预计在3.5万～4.5万元之间,只要活动安排得当,通过伊利为"希望工程"捐款献爱心活动应能使伊利产品更加深入人心,在百姓中更好地塑造伊利集团的良好组织形象,达到事半功倍的较好效果。

(资料来源:刘军.公共关系学.北京:机械工业出版社,2006.)

8.2.3 公关策划与创造性思维

思维是人们对客观世界的理性认识,是在表象、概念基础上进行分析、综合、判断、推理的认识过程。创造性思维是思维活动的高级层次,是指人们为解决某个问题,自觉地、能动地综合运用各种思维形式和方法,提出新颖而有效的方案的思维过程,具有独创性、连动性、多向性、跨越性。创造性思维的最大本质特征就是要有创新。一般认为凡属创造性成果,必须符合以下四条标准:新颖性、先进性、价值性、时间性,其落脚点是使用中的"创新"。

新颖性 这是指公共关系策划要富有新意,具有独到之处和突出的特点。公共关系活动面对各种各样的公众关系,需要不断更新它的活动内容和活动方式,创造出新的运行机制、运作方式,才能吸引公众的注意力。即使是开展同一类型、同一内容的公共关系活动,也要结合具体情况,灵活运用,绝不能盲目地模仿其他组织,或照搬已经开展的活动内容与形式,这样很难激发公众的兴趣。公共关系策划人员需要运用发散思维,摆脱心理定势,构思出新颖的公共关系策划,以吸引公众。

先进性 先进性是指优先于同类事物,通常是通过创造性的改革而获得的,因而它往往在本质上与发展上要比旧事物有更广阔的前景。需要说明的是,先进性是一个多维评价的标准,不可以偏概全,不能因为某一方面不如旧事物就彻底否认其先进性。

价值性 公共关系策划的创新是要解决一定的问题或达到一定的目的而进行的,它必须能够应用于实践并产生有利于组织的实际效果,体现应有的社会效益、公众效益和组织自身的利益三者的有机统一。因此,公共关系策划的创新性必须建立在创造性地满足公众和社会需求的基础上。如果组织公共关系策划的创新只是一味追求自身利益,急功近利,最终将会失去公众市场,任何公共关系策划的创新也就失去了应有的价值。

时间性 判断公共关系策划是否具有新颖性和先进性,时间对创造性成果的确认往往具有决定性的作用。特别是在新技术革命时代,创新的时间性要求就更为突出。谁能把握先机,谁就掌握了主动权。谁先向社会、公众公布,谁就是创造者,就能受到专利的保护。

而公共关系策划与创造性思维的关系表现为:① 公共关系策划是创造性思维的归宿点和显现。创造性思维能力是一种潜在状态的能力,如果不与具体实务活动结合,不产生具体的成果,它就永远不会有社会性的效果。而公共关系策划则是发挥创造性思维能力的一种重要的实践方式,是创造性思维的归宿点之一。也就是说,公共关系策划能够使潜在的创造性思维能力得以显现出来。② 创造性思维贯穿于公共关系策划的方方面面。公共关系策划工作往往不只是单一的工作,而是一组系列化的工作。从过程上看,公共关系策划包含着从确立目标、分析公众、设计主题、选择媒介,到拟定计划、预算经费、审定方案等多项工作。从内容上看,公共关系策划又包含着营销策划、广告策划、新闻策划、形象战略策划等各项工作。所以说，只要公共关系策划在进行着，创造性思维就在进行着，并在公共关系策划的各个方面发挥着作用。

创新的过程，是一个从提出问题到解决问题的过程。组织在进行公共关系策划时要敢于抛弃旧的活动方式，敢于正视矛盾，提出新的问题、活动内容和方式，不能局限于固定的模式。公共关系人员也要有意识地训练自己的创造性思维，做到"五勤"，即勤动脑、勤动口、勤动手、勤动脚、勤学习。

勤动脑　公共关系策划创新的起点，就在于发现问题。因为一切创新都源于问题的发现。当需求得不到满足时，就会产生问题，但要发现问题，就需要有问题意识。所谓问题意识就是凡事问个为什么。多观察，多思考，对工作中的事情反应敏捷，要有悟性，善于"感悟"。有了问题意识，才能发现问题，找到创新的突破点，没有问题意识，就会只看表面现象，对问题熟视无睹，或认为"需求"是不合理的，也不知道应该创新，如何创新。

勤动口　当头脑中产生了朦胧的想法时，不妨找其他人商量一下，把你的想法告诉他人。因为借助谈话可以使脑子逐步活跃起来，为了使其他人理解你的想法，就会迫使自己在头脑中把思路归纳、提炼出来，在设法说清楚模糊之处时，常常会找到意想不到的智慧灵感。其他人的想法或者一句话往往可以使自己的思路豁然开阔，茅塞顿开。

勤动手　一边思考一边随手写、画，比单纯的冥思苦想要容易产生出更多的智慧来。手写字可以刺激头脑的活动，使意识作用活跃起来。另外，单纯依靠头脑思考往往是直线思维。手写多个方案，就会逐渐了解各个方案之间的关系，提取优质的意见，使思想深化缜密，拿出高质量的方案。此外，当产生灵感或想法时随手记下，也可以避免丢失与遗忘。经验证明多记卡片等于积累智慧，当遇到相同或相似的问题时，找到相关的卡片要比直线思考容易得多。

勤动脚　古语有云："读万卷书，行万里路。"这是说，一是要多跑路、多观察、多搞调查研究，在办公室里想不出来的事情，往往会因为一个不引人注意的发现迎刃而解。不搞调查研究，动口则所云不详，动笔则言之无物，言之无味，空洞寡淡；二是通过散步，四处走一走，来调节大脑，放松心情，还便于随时记下周围发现的事物。

勤学习　公共关系策划人员应具有较好的知识素养。因为每一项公共关系活动，其策划者有无广博的学识会对活动效果产生很大影响。策划人员和策划团队具有的学识越广博，其公共关系策划中的"文化成分"越多，适应面越广，活动效果就越好。一般来说，公共关系策划人员需要学习的知识不仅仅是公共关系专业理论知识，还需要学习其他相关的学科知识和相关组织知识。

成功的公共关系策划离不开创造性思维。策划者有意无意地总是在运用着各种各样的创造性思维方法，即创造技法。一般来说，常见的创造性思维方法有：

头脑风暴法　头脑风暴法又称智力激励法、BS 法。它是由美国创造学家 A. F. 奥斯本于 1939 年首次提出，并之后正式发表的一种激发创造性思维的方法。它是一种通过小型会议的组织形式,让所有参加者在自由愉快、畅所欲言的气氛中,自由交换想法或点子,并以此激发与会者创意及灵感,使各种设想在相互碰撞中激发脑海的创造性"风暴"。它适合于解决那些比较简单、严格确定的问题,比如研究产品名称、广告口号、销售方法、产品的多样化等,以及需要大量的构思、创意的行业,如广告业。

头脑风暴法的操作程序为:

(1)准备阶段。策划与设计的负责人应事先对所议问题进行一定的研究,弄清问题的实质,找到问题的关键,设定解决问题所要达到的目标。同时选定参加会议人员,一般以5～10人为宜,不宜太多。然后将会议的时间、地点、所要解决的问题、可供参考的资料和设想,需要达到的目标等事宜一并提前通知与会人员,让大家做好充分的准备。

(2)热身阶段。这个阶段的目的是创造一种自由、密切配合、祥和的氛围,使大家得以放松,进入一种无拘无束的状态。主持人宣布开会后,先说明会议的规则,然后随便谈点有趣的话题或问题,让大家的思维处于轻松和活跃的境界。

(3)明确问题。主持人扼要地介绍有待解决的问题。介绍时须简洁、明确,不可过分周全,否则,过多的信息会限制人的思维,干扰思维创新的想像力。

(4)重新表述问题。经过一段讨论后,大家对问题已经有了较深程度的理解。这时,为了使大家对问题的表述能够具有新角度、新思维,主持人或书记员要记录大家的发言,并对发言记录进行整理。通过记录的整理和归纳,找出富有创意的见解,以及具有启发性的表述,供下步畅谈时参考。

(5)畅谈阶段。畅谈是头脑风暴法的创意阶段。为了使大家能够畅所欲言,需要制定的规则是:第一,不要私下交谈,以免分散注意力。第二,不妨碍及评论他人发言,每人只谈自己的想法。第三,发表见解时要简单明了,一次发言只谈一种见解。

主持人首先要向大家宣布这些规则,随后引导大家自由发言,自由想像,自由发挥,使彼此相互启发,相互补充,真正做到知无不言,言无不尽,畅所欲言,然后将会议发言记录进行整理。

(6)筛选阶段。会议结束后的一两天内,主持人应向与会者了解大家会后的新想法和新思路,以此补充会议记录。然后将大家的想法整理成若干方案,再根据CI设计的一般标准,诸如可识别性、创新性、可实施性等标准进行筛选。经过多次反复比较和优中择优,最后确定1～3个最佳方案。这些最佳方案往往是多种创意的优势组合,是大家集体智慧综合作用的结果。

下面我们就来看运用头脑风暴法的一个有趣案例。

有一年,美国北方格外严寒,大雪纷飞,电线上积满冰雪,大跨度的电线常被积雪压断,严重影响通信。过去,许多人试图解决这一问题,但都未能如愿以偿。后来,电信公司经理应用奥斯本发明的头脑风暴法,尝试解决这一难题。他召开了一种能让头脑卷起风暴的座谈会,参加会议的是不同专业的技术人员,要求他们必须遵守以下原则:

第一，自由思考。即要求与会者尽可能解放思想，无拘无束地思考问题并畅所欲言，不必顾虑自己的想法是否"离经叛道"或"荒唐可笑"。

第二，延迟评判。即要求与会者在会上不要对他人的设想评头论足，不要发表"这主意好极了！""这种想法太离谱了！"之类的"捧杀句"或"扼杀句"，至于对设想的评判，留在会后组织专人考虑。

第三，以量求质。即鼓励与会者尽可能多而广地提出设想，以大量的设想来保证质量较高的设想的存在。

第四，结合改善。即鼓励与会者积极进行智力互补，在增加自己提出设想的同时，注意思考如何把两个或更多的设想结合成另一个更完善的设想。

按照这种会议规则，大家七嘴八舌地议论开来。有人提出设计一种专用的电线清雪机；有人想到用电热来化解冰雪；也有人建议用振荡技术来清除积雪；还有人提出能否带上几把大扫帚，乘直升机去扫电线上的积雪。对于这种"坐飞机扫雪"的想法，大家心里尽管觉得滑稽可笑，但在会上也无人提出批评。相反，有一位工程师在百思不得其解时，听到用飞机扫雪的想法后，大脑突然受到冲击，一种简单可行且高效率的清雪方法冒了出来。他想，每当大雪过后，出动直升机沿积雪严重的电线飞行，依靠调整旋转的螺旋桨即可将电线上的积雪迅速扇落。他马上提出"用干扰机扇雪"的新设想，顿时又引起其他与会者的联想，有关用飞机除雪的主意一下子又多了七八条。不到一小时，与会的10名技术人员共提出90多条新设想。

会后，公司组织专家对设想进行分类论证。专家们认为设计专用清雪机，采用电热或电磁振荡等方法清除电线上的积雪，在技术上虽然可行，但研制费用大、周期长，一时难以见效。那种因"坐飞机扫雪"激发出来的几种设想，倒是一种大胆的新方案，如果可行，将是一种既简单又高效的好办法。经过现场试验，发现用直升机扇雪真能奏效，一个久悬未决的难题，终于在头脑风暴会中得到了巧妙的解决。随着发明创造活动的复杂化和课题涉及技术的多元化，单枪匹马式的冥思苦想将变得软弱无力，而"群起而攻之"的发明创造战术则显示出攻无不克的威力。

（资料来源：http://www.795.com.cn/wz/52626_3.html）

戈登法　戈登法亦有译"哥顿法"，该方法是由美国人威廉·戈登创始的。戈登法又称教学式头脑风暴法或隐含法。这是一种由会议主持人指导进行集体讲座的技术创新技法。其特点是不让与会者直接讨论问题本身，而只是让讨论问题的某一局部或某一侧面，或者讨论与问题相似的某一问题，或者用"抽象的阶梯"把问题抽象化向与会者提出。主持人对提出的构想加以分析研究，一步步地将与会者引导到问题本身上来。

戈登法是由头脑风暴法衍生出来的，适用自由联想的一种方法，但其与头脑风暴法有所区别。头脑风暴法要明确提出主题，并且尽可能地提出具体的课题。与此相反，戈登法并不明确地表示课题，而是在给出抽象的主题之后，寻求卓越的构想。例如，在寻求烤面包器的构想时,按照头脑风暴法就是提出一个新的烤面包器的构想的课题。但是,就同一个课题而言,由于戈登法受到传统方法的限制,新颖的构想就难以提出故采取以"烧制"作为主题,寻求有关各种烧制方法的设想的方式。在这种技法中,有关的成员完全不知道真正的课题。只有领导人知道,采用从成员的发言中得到启示的方法,推进技法的实施。

戈登法的实施在很大程度上取决于参加者,而领导者的作用与其他技法相比,应起到更为举足轻重作用。领导者在主持讨论的同时,要完成将参加者提出的论点同真实问题结合起来的任务。因此,要求领导者有丰富的想像力和敏锐的洞察力。而成员人数以 5 至 12 名为佳,尽可能由不同专业的人参加,如有科学家和艺术家参加那就更好。参加者预先必须对戈登法有深刻的理解,不然的话会感到不愉快。会议时间一般为 3 小时,这是为了寻求来自各方面的设想,需要较长的时间;另一方面,让会议进行到某种程度的疲劳状态时,可望获得无意识中产生的设想。此外,最好是在安静的房间中进行,与会议室等相比,舒适的接待室更为理想。一定要将黑板或记录用纸挂在墙上,参加者可将设想和图表写在上面,并创造愉快轻松的气氛,充满幽默情调。

其步骤:① 领导者决定主题认真分析实质问题,概括出该事物的功能作为主题。必须在肯定"揭示实质问题,而能更广泛地提出设想"的情况下进行。② 召开会议主题决定以后,领导者召开会议,让参加者自由发表意见。当与实质性问题有关的设想出现时,马上要将其抓住,使问题向纵深发展,并给予适当的启发,同时指出方向,使会议继续下去,在最佳设想好像已经出现,时间又将接近终点时,要使实质问题逐渐明朗化,然后使会议结束。

"635"法 "635"法又称默写式智力激励法、默写式头脑风暴法,是德国人鲁尔巴赫根据德意志民族习惯于沉思的性格提出来的以及由于数人争着发言易使点子遗漏的缺点,对奥斯本智力激励法进行改造而创立的。与头脑风暴法原则上相同,其不同点是把设想记在卡上。头脑风暴法虽规定严禁评判,自由奔放地提出设想,但有的人对于当众说出见解犹豫不决,有的人不善于口述,有的人见别人已发表与自己的设想相同的意见就不发言了。而"635"法可弥补这种缺点。具体做法如下(见右图)。

(1) 以 A~F 代表 6 个人,与会的 6 个人围绕环形会议桌坐好,每人面前放有一张画有 6 个大格 18 个小格(每一大格内有 3 个小格)的纸。

(2) 主持人公布会议主题后,要求与会者对主题进行重新表述。

(3) 重新表述结束后,开始计时,要求在第一个 5 分钟内,每人在自己面前的纸上的第一个大格内写出 3 个设想,设想的表述尽量简明,每一个设想写在一个小格内。

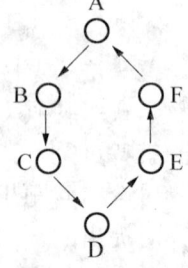

"635"法示意图

(4) 第一个 5 分钟结束后,每人把自己面前的纸顺时针(或逆时针)传递给左侧(或右侧)的与会者,在紧接的第 2 个 5 分钟内,每人再在下一个大方格内写出自己的 3 个设想;新提出的 3 个设想,最好是受纸上已有的设想所激发的,且又不同于纸上的或自己已提出的设想。

(5) 按上述方法进行第三至第六个 5 分钟,共享时 30 分钟,每张纸上写满了 18 个设想,6 张纸,共 108 个设想。

(6) 整理分类归纳这 108 个设想,找出可行的先进的解题方案。635 法的优点是能弥补与会者因地位、性格的差别而造成的压抑;缺点是因只是自己看和自己想,激励不够充分。

使用"635"法时,需要注意的事项:不能说话,思维活动可自由奔放;由 6 个人同时进行作业,可产生更高密度的设想;可以参考他人写在传送到自己面前的卡片上的设想,也可改进或加以利用;不因参加者地位上的差异,以及懦弱的性格而影响意见的提出;卡片的尺寸相当于 A4 纸张,上面画有横线,每个方案有 3 行,分别加上 1 到 3 的序号。

信息交合法 信息交合法又称"魔球方法",是在信息交合中进行创新的思维技巧,即把物体的总体信息分解成若干个要素,然后把这种物体与人类各种实践活动相关的用途进行要素分解,把两种信息要素用坐标法连成信息标 X 轴与 Y 轴,两轴垂直相交,构成"信息反应场",每个轴上各点的信息可以依次与另一轴上的信息交合,从而产生新的信息。它是一种运用信息概念和灵活的手法进行多渠道、多层次的推测、想像和创新的创造性发明技法。应用信息交合法进行创造发明,就是把某些看来似乎是孤立、零散的信息,通过相似、接近、因果、对比等联想手段搭起微妙的桥,使之曲径通幽,将信息交合成一项新的概括。

运用该方法的步骤:① 确定中心。所谓确定中心,就是确定所研究的信息和联系的上下维序的时间点和空间点,即坐标零点。② 画出标线。就是用矢量标线(即带箭头的有向线段),将信息因素序列进行串联。简言之,是根据信息交合中心问题的特点和需要,用若干坐标线串联所列信息序列。③ 注明标点。即在信息坐标上标明有关信息点。注明标点能够帮助人们更加了解信息交合的范围,有利于人们明确目标和把握要点,进行更加有针对性的信息交合。④ 相互交合。即以一条标线上的信息为母本,另一条标线上的信息为父本,交合后便可产生新信息。从作用上看,信息交合法能够使人们的思维更富有扩展性,因而它在新产品研究和开发过程中能给人提供极大帮助。创新的实践经验证明,对信息反应场的推演,是一种分析与综合过程。如果推演工作开展,人们就有可能灵感频发,妙思泉涌,新的创意和构想源源不断产生。

8.3 危机处理

公共关系危机是指社会组织由于突发事件或重大事故的出现,导致其面临强大的公众舆论压力和危机四伏的社会关系环境,使组织形象严重受损,组织的公共关系处于危机状态。由于公共关系的危机事件影响重大而又涉及面广,甚至会危及组织的生存,因此,公共关系危机处理具有重要意义。

8.3.1 危机处理的原则

在组织的发展道路上,危机事件的出现是在所难免的。特别是现代社会中,在信息知识"爆炸"、社会变动复杂、企业竞争激烈的条件下,更增加了组织危机事件出现的可能性和严重性。及时控制、降低或清除危机事件的不良影响,是每一个组织的公共关系人员需要认真对待的重大问题。公共关系危机如果处理不当,必将给组织带来巨大而深远的不利影响,在公共关系危机处理的过程中,应当遵循的基本原则有以下几项:

预防性原则 危机处理绝不是仅仅将已经发生的危机加以处理,应该在危机的诱因还没有转化为危机之前就将其扼杀在摇篮里。正所谓,在事前做一分钟的工作,就足以让事后少干一个星期。

及时性原则 危机事件的突发性特点要求危机处理必须迅速有效,危机一旦发生,引起新闻媒介和公众的关注是必然的,公共关系人员要在第一时间作出反应,及时发布信息使公众了解危机的真相和公司采取的各项措施,避免各类谣言的出现,争取公众的同情和支持,减少危机的损失,防止危机扩大,以最快的速度挽回危机事件给公众带来的损失,在最短的时间内化解危机。

准确性原则 危机事件发生的初期,由于种种原因使得传播的信息容易失真,甚至出现众多不利于组织的谣言。为了防止公众的猜测、误解和谣言的不利影响,组织不仅要及时传递有关信息,而且还要使传递的信息十分准确,不应隐瞒或省略某些关键细节。

冷静性原则 公共关系人员面对危机应当富于理性精神,保持头脑冷静,不能因为事态严重或情况复杂就自乱阵脚。具有稳定而积极的态度,寻求正确得当的解决办法,才能在处理危机过程中应付自如,实现对危机事件的控制和解决。

真实性原则 从危机公关的角度来说,只有坚持实事求是、不回避问题,勇于承担责任,向公众表现出充分的坦诚,才能获得公众的同情、理解、信任和支持。组织在处理危机过程中要尊重客观事实,只有本着实事求是的态度,公布事实真相,让事实说话,才能防止流言蔓延。

责任性原则 在处理危机的过程中,利益和情感往往是大众关注的焦点,组织应该主动承担责任,不应进行推托,以长远利益为重,并且在情感上对大众进行倾斜。当组织发生信任危机时,公众并不要求你发公报认错,更不想听你的自我辩解,而是看你敢不敢承担起责任,是否表现出驾驭危机的信心和胆略。

善后性原则 危机在不少情况下会带来生命、财产的损失。新闻媒介等舆论界对造成危及人的生命安全的事故或事件尤其重视,甚至加以渲染。因此,在危机处理时,要考虑危机事件带来的不良社会影响,做好危机事件后的善后工作,包括对公众损失的补偿,对社会的歉意,对自身问题的检讨等。

灵活性原则　危机处理既是科学,又是艺术。在处理危机的过程中,组织应能够结合事态形势的变化、组织自身优弱势、内外部资源条件等进行灵活处理和应对,即使事先制订了危机处理预案,也要视当时、当地的情况及时调整,提出适应当时情况的有效解决方案。灵活地处理危机事件,不仅要力挽狂澜成功跨越危机,甚至还要将危机事件转变成提升组织形象的契机。

8.3.2　危机处理的程序

有效地处理危机不仅有助于避免组织不期望的事情发生,而且也是组织自我保护、维护形象的客观要求,它对于防止组织形象的下降,保卫已有的公共关系工作成果有着不可替代的效用。因此,组织有必要制定出一个反应迅速、正确有效的危机处理程序,以避免紧急状态下的盲目性和随意性,防止危机事件的重复和空位现象。

采取紧急措施　危机事件的发生往往是猝不及防的,在危机刚刚发生的时刻,组织需要保持冷静,并立即采取紧急措施,防止事态的发展、蔓延、扩大。尤其是现代社会信息传播技术高度发达,任何组织的危机事件都有可能马上引起新闻媒介和公众的关注,如果不紧急控制事态的发展,组织就可能遭受灭顶之灾,或者损失惨重。而有效地采取紧急措施,不仅可以使组织的形象和声誉损失降到最低,还能赢得宝贵的时间,使组织能够了解危机事件产生的原因,并妥善地处理危机。

坦诚告知公众　组织一旦发生危机,便会受到社会与公众的关注,人们急于了解危机发生的真相,作为舆论代表的新闻媒介必然要来进行采访。此时,组织可能持有两种态度:一种是掩盖问题,隐藏真相;另一种是坦诚告知,表明诚意。事实证明,隐瞒事情真相,往往加深了公众的怀疑,扩大了危机的波及面,其结果势必加重了危机处理的难度;而坦诚告知,表明诚意,才是最佳的选择。

组织危机调查　对于突发性公关危机的处理,最终是建立在针对事件真相,采取相应、得体的公共关系措施的基础之上,因此,调查危机事件的真相就显得非常重要。也就是说,在灾难得到遏止、危机得到初步控制后,组织就要立即展开对危机的范围、原因和后果的全面调查,查明原因是为危机处理决策提供依据,也是成功处理危机的关键所在。

制订处理方案　在掌握有关危机事件的第一手资料的情况下,并且了解公众和舆论的反应的基础上,深入研究和制定相应对策和措施,是危机处理的一大关键。危机处理方案不仅要考虑危机本身的处理,还要考虑如何处理危机涉及的各方面的关系,针对不同的对象确定相应的对策。这些对策大体上包括以下五个方面:① 组织内部对策。② 受害者的对策。③ 新闻媒介的对策。④ 上级主管部门的对策。⑤ 业务往来单位的对策。⑥ 对其他公众的对策。

评估总结工作　组织在平息危机事件后,应将危机处理的情况进行全面检查、评估,并将检查结果向社会公开。一方面组织要注意从社会效应、经济效应、心理效应和形象效应等方面,评估消除危机的有关措施的合理性和有效性,并实事求是地写出处理报告,为以后处理类似事件提供依据;另一方面要认真分析事件发生的深刻原因,收集公众对组织的看法、意见和议论,总结经验教训,以便改进组织工作,从根本上杜绝类似事件再度发生。

8.3.3　危机处理的措施

遇到危机事件的时候,我们绝对不可以试图改变事实,但是我们可以改变公众的看法。在处理危机时,不可能有固定的模式,针对不同的公众,应当采取不同的公共关系措施。

组织内部的对策　① 迅速成立处理危机事件的专门机构。如果组织已经事先设立了危机管理小组,则可以根据危机发生、发展的情况,适当增加部分小组成员。如果组织没有事先设置危机管理的专门机构,则需要在危机发生时迅速设立由组织负责人担任领导,公共关系部门及其他职能部门人员参加的危机管理小组。② 危机管理小组要迅速准确地把握事态的发展状况,判定危机事件的性质、类型、发生的范围等,确认相关的公众。③ 危机管理小组要制定出处理危机事件的基本原则、方针,以及具体的程序和对策。④ 危机管理小组要将危机事件的具体情况以及组织处理危机的原则、方针,以及具体的程序和对策让组织全体员工知晓,博得组织内部的支持和谅解,号召员工同心同德、齐心合力、共渡难关。⑤ 向新闻媒介、组织上级部门、社区代表等公布危机事件的真相,表明组织对该事件的态度,并通报组织针对危机事件将要采取的具体措施,以争取外界的理解和支持。

受害者的对策　① 认真了解受害者的情况,实事求是地承担相应的责任,并诚恳地道歉。② 冷静地倾听受害者的意见,及时了解和满足有关赔偿损失的要求,给受害者尽可能多的安慰和同情,并尽可能提供他们所需要的服务,即使受害方有一定的责任也不宜在事发现场予以追究或立即诉诸法律,要避免与受害者及其家属当场发生争辩与纠纷。③ 坦诚地与受害者及其家属交换意见,避免出现替组织辩护的言辞,这样容易激怒对方,使双方关系更加剑拔弩张,不利于事件的解决。④ 委派专人负责与受害者接触,在整个事件处理过程中,注意言行谨慎。⑤ 了解、确认和制定有关赔偿损失的文件规定和处理原则,向受害者及其家属公布补偿方法和标准,并加紧落实。⑥ 在危机处理的整个过程中,如果没有特殊原因,尽可能不要更换负责处理危机事故的人员,以保持危机处理过程的连贯性和统一性,此时换人容易引起对方更大的反感。

新闻媒介的对策　为避免谣言四起,应谨慎地、实事求是地向外界公布事实真相。事件一旦被新闻媒介报道出去,将在公众中留下长久的记忆,因此一定要谨慎从事,切勿过度遮掩,应争取新闻记者的理解与支持。① 组织内部事先达成共识、统一口径,为表示对事件的高度重视,指定组织高层负责人为新闻发言人,客观翔实地将事件真相告知记者,切忌信口开河。② 为了避免报道失实,应尽量以书面的形式向记者通报,并注意语言要通俗易懂,避免使用技术性术语或容易产生歧义的词语。③ 主动与新闻媒介接触,提供真实、准确的信息,认真、谨慎地应对记者的提问,公开表明组织的立场和态度,避免新闻媒介的猜测,帮助其作出正确、真实的报道。④ 对新闻媒介保持合作、自信、冷静的态度,遇到确实不便发布的消息,要诚恳地告知理由,求得记者的理解。⑤ 谨慎行事,在危机事件没有完全明了前,杜绝发布一切猜测性的言论,不轻易表示赞成或反对的意见,以免误导舆论方向。⑥ 除了新闻报道,还可以在有关刊物上,发表致歉声明,向公众阐明事实真相,表示道歉并愿意承担责任。⑦ 当新闻媒介发表了不实报道,应尽快向该新闻媒介提出更正要求,指明失实之处,提供全部与事实有关的资料,并安排采访,表明立场,态度诚恳、冷静务实地要求公正处理失实报道。切忌出现慌乱、盲目抱怨的现象,以免造成与新闻媒介关系的恶化,导致事件朝着不可控制的方向迅速发展。

上级主管部门的对策 ① 危机事件发生后,应以最快的速度向组织上级主管部门实事求是地报告,以争取他们的援助、支持与关注。② 在危机事件处理的过程中,应当定期向上级领导部门汇报事态发展的情况,并求得上级领导部门的指导。③ 危机事件处理结束后,应将处理的过程、方法、事件发生的原因、应当承担的责任以及今后的预防措施等情况形成书面报告,送交上级领导部门。

业务往来单位的对策 ① 危机事件发生后,应尽快向有工作往来的组织通报情况,并坦诚表明对危机事件的态度。② 以书面形式通报危机处理的对策和措施。③ 如果危机事件影响了正在进行中的合作,组织有必要指派专人到对方组织进行面对面的沟通、解释。④ 危机处理过程中,定期向有工作往来的组织传递进展情况。⑤ 危机事件处理结束后,应以书面形式及时向对方组织表示歉意,以取得谅解,并对对方组织的理解和援助表示诚挚的谢意。

对其他公众的对策 ① 危机发生后,迅速查明受到影响的消费者公众的数量、类型、分布等基本情况。② 通过不同的传播渠道向消费者公众发布危机事件的相关情况,实事求是地说明危机事件发生的经过。③ 如有公众来访,不应拒绝会见,应当听取受到不同程度影响的消费者公众对危机处理的意见,并热情、诚恳地回答消费者代表的询问和质疑。④ 通过多种渠道公布危机事件的原因、处理经过、处理方法和今后的预防措施。⑤ 对于危害巨大、影响范围较广的事件,组织应当公开致歉,同时视危机事件的性质,考虑指派专人上门道歉。⑥ 必要时,组织可以在全国性或有影响力的地方报刊上刊登致歉声明,面向公众,告知危机事件的情况和处理措施,表明组织承担责任、知错必改的态度。⑦ 根据危机事件的具体情况,向社区公众进行经济赔偿或其他形式的赔偿。

上述对策全部实施后,并不等于事故的处理已经结束。此时应及时向新闻媒介提供有关组织赔偿受害者经济损失的消息,公布事故后生产、工作的恢复情况和预防措施的实施情况,并设专人接待公众的来信来访和新闻单位记者,重新赢得广大公众的信任。

下面是捷蓝航空公司经典公关危机案例。

2月14日,一场灾难性的冰暴袭击了捷蓝航空公司的基地——纽约市约翰·菲茨杰拉德·肯尼迪国际机场,机场的跑道结冰,造成多趟进出港航班延误,数百名乘客被困机舱,时间最长达9小时。捷蓝航空有10架飞机被困机场跑道,751号航班便是其中一架。这趟航班原计划于美国东部时间14日上午8时15分(北京时间14日21时15分)离开纽约,前往墨西哥城市坎昆。然而,登机乘客在机舱内等待数小时后,飞机仍没有起飞。继旅客滞留机舱数小时事件之后,捷蓝航空又取消了6天之内的1 000多趟航班。

一系列的旅客滞留、飞机延误和航班取消事件同时暴露出了捷蓝在管理上的不足——缺乏紧急应变的能力,在遭遇暴风雪之后捷蓝也没能及时地安排充足的人员来应对。这次天灾让捷蓝的经营管理几乎陷于混乱,公司也深陷危机管理和公共关系的泥沼之中。至2月20日星期二,捷蓝航空公司的股票下降了66美分。

2月的危机发生之后,捷蓝并没有以天气原因来为事件做解释,而是主动承担责任,将责任归为自身的管理失误。捷蓝航空的CEO尼尔曼做了两个大胆而有创意的举动——在YouTube上发布道歉视频和参加电视节目《大卫·莱特曼晚间报道》。

在YouTube上发布这样的一个视频就是一个很有创意的危机公关举动。YouTube是全球最大的视频网站,拥有庞大的用户群体。在网络无处不在的今天,特别是在几乎全民普及网络的美国,传播环境发生了巨大的变化。捷蓝充分利用了YouTube传播快、覆盖广的特点,迅速地在人们面前表明了其对于"2月危机"的态度。在其发布视频时候,立刻就有许多网友跟帖表示支持!而这一举动因为创造性地利用网络来进行危机公关,甚至被《连线》杂志作为经典案例。

尼尔曼另一个大胆的公关举动是,在2月21日参加了著名的美国脱口秀节目《大卫·莱特曼晚间报道》。在节目中,尼尔曼从容地应对主持人对他的提问,并主动承认了自己管理上的问题。如果说之前的网络视频已经让人们对捷蓝的"坏"印象有所转变,在这个节目中的亮相更让人们看到了捷蓝的诚意!毕竟,这可是美国最受欢迎的脱口秀节目,能在节目中出现的可都是些大牌明星级人物,而主持人大卫·莱特曼也素以习钻辛辣著称。

在媒体中的两次亮相,与其说是两次对公众的道歉和解释,不如看作是两次自我宣传,其目的不仅在于为之前的事故取得乘客的谅解,更在于让更多的人看到捷蓝的真诚,获得更多的信任!而在YouTube上发布视频和参加脱口秀节目更吸引了众多媒体的关注,其传播效应大大增加,捷蓝的聪明之处正在于此。

捷蓝的危机公关又一创举便是在2月20日以书面形式对外公布了一份保障顾客权利的公告。公告承诺,如果捷蓝航空公司在起飞12小时之内取消航班而且原因是公司可以控制的话,旅客可以获得完整的退款,或得到一个贷记或优惠礼券。如果捷蓝航空公司在可控制的情况下发生航班误点,旅客可以获取价值在 25 美元到相当于全额来回机票的优惠礼券,数额多寡取决于误点的时间长短。而其他对顾客的补偿还包括:如果飞机已经着陆,但却在 30 分钟之内无法滑行与接机口对接,或者如果飞机起飞时间延误超过 3 个小时,旅客所获得的礼券至少有 100 美元,具体的数额取决于机票的价格。

捷蓝对外公布的这份书面政策在美国航空运营商中独树一帜,尽管每个公司都可能有对于类似事件的赔偿措施办法,但是捷蓝却另辟蹊径,以书面公告的形式来推出这种"服务保证"。这的确是个明智之举,它回归了捷蓝航空公司一直以来的宣传核心,显示了捷蓝把顾客永远放在第一位的态度。

另外,国会针对航空服务存在的问题曾明确表态,希望航空公司采取步骤自行解决有关服务问题而不是由国会来立法。捷蓝的这个政策正好是对政府的最好回应,而这一举动也得到了某位关键性国会议员的肯定。可以说这个政府公关做得非常及时和到位。

从捷蓝当前的发展情况来看,媒体将这次危机公关预选为本年度最佳危机公关并不为过,捷蓝航空在 6 月 20 日股市收盘前宣布,预计 2007 年第二财季的运营利润率将比 2006 年第二财季成长 9%～11%,预计营收将同比成长 4%～6%。并表示,预计其 2007 财年的运营利润率将为 5%～7%,预计单位营收将同比成长 7%～9%。

(资料来源:李坚.中国电子商务,2007(8).有删改。)

8.4　协 商 谈 判

协商谈判是组织与公众以及组织与组织之间的一种特殊的双向沟通方式,是组织在生存和发展过程中不可缺少的一项经常性的公共关系活动。在社会利益、公众利益和组织利益同时存在的情况下,组织与其上级管理机构和内外公众之间都会发生各种矛盾而需要协调。因此,组织必须借助协商谈判去沟通各类公众,消除彼此之间的纠纷和误解,保持与各类公众的良好关系,实现各自的利益。

8.4.1　协商谈判的原则

在协商谈判中需要遵循的原则有:

遵纪守法原则　遵纪守法是协商谈判的一个大前提,它要求公共关系谈判的内容及所签订的契约要遵守国家的法律、法规与有关的政策规定。在涉外谈判中还应当遵守国际法和国际惯例,并尊重对方国家的法规及当地习俗等。该原则要求谈判者必须在法律许可的范围内,通过谈判维护或实现自身的利益,不能把自身利益的实现,建立在牺牲第三者利益的基础上,也不允许用损害第三者的利益,去满足对方的利益。只有依法达成的谈判协议,才能对参与谈判的各方具有约束力,并保证参与各方利益的真正实现。

公平公正原则　参与谈判的各方,不论在实力和地位上有多大的差距,彼此在谈判中都享有同等的地位,都应尽相同的责任和义务。因此,需要营造公平、公正的竞争局面,在尊重客观事实的基础上,客观地分析材料,寻求客观的标准。在谈判过程中,参与者应享有平等的权利与履行同等的义务,杜绝轮番压价、强加于人。

互惠互利原则　借助谈判消除彼此之间的矛盾和冲突只是手段,目的是要通过谈判,实现本组织特定的利益目标。任何一方,一旦发现自己的目标不能实现,就会中止或退出谈判。要使谈判获得成功,必须坚持互惠互利的原则,恪守让人得利己得利,使人获益己得益的信条,任何一方不得损人利己,坑害对方利益。在谈判过程中,要努力寻找谈判各方利益的一致性,通过谈判使各方的具体利益得到满足,协调彼此间在暂时、局部利益上的分歧与矛盾,以保证谈判获得成功。

妥协互补原则　在谈判过程中必须分清各自的利益所在,然后在分歧中寻求共同之处或互补之处。为了寻找到双方都能接受的平衡点,双方都应"求大同,存小异",作出一定的妥协与让步,放弃自身的某些利益,以补充对方的需要。但是,在涉及原则性的问题上,是不允许退让半步的。在非原则性的问题上,如果谈判者能够找到可以退让的地方,并且在恰当的时候自如运用,就说明他对谈判有充分的准备,并具备高超的谈判艺术。

协商谈判的核心问题是彼此在利益上发生了矛盾与冲突时,为了维护各自的利益而达成彼此均可接受的协议。高明的谈判家,总是把谈判的注意力放在利益上,而非立场的对立,总是力图透过立场对立的背后,寻找共同的利益。这既是维护自身利益,又是谋求谈判成功的明智之举。

8.4.2　协商谈判的过程

随着经济的飞速发展和对外交流的范围不断扩大,公共关系谈判所涉及的范围越来越大,涉及的关系越来越复杂,协商谈判中面临的问题也越来越多。谈判者需要将协商谈判划分为若干阶段,并针对不同阶段的具体情况采取不同的策略与技巧,逐渐形成了具体、完备的谈判程序。

准备阶段　无论何种类型的谈判,谈判的各方都必须进行认真而充分的谈判准备,它是谈判各方为谈判进行的一系列的筹备、酝酿、组织工作的过程。准备的内容包括:

(1)确定目标,收集资料。谈判目标是一种在主观分析基础上的预期与决策,是谈判所要争取和追求的根本因素。谈判的具体目标可分为期望目标和临界目标,即谈判所追求的最高目标水平和最低目标水平,在两者之间的区域,是我方在谈判中的利益让步值域。根据谈判的目标和内容,谈判前要做全面、深入的调查,广泛收集资料,既要了解对手的情况,掌握对方的信息,又要清楚我方的实际情况。

(2)人员安排,物质准备。配备好谈判人员是搞好谈判工作的重要环节。谈判需要组成一个规模适宜、结构合理、精干高效的谈判小组。参加谈判的人员要相对稳定,不宜经常变动。配备的专业人员要熟悉项目的情况,可以请某领域的专家参加谈判,专家具有更大的影响力。物质准备主要是指谈判场所的选择,各种资料的准备,谈判人员的食宿安排以及安全保卫等工作。

(3)拟定策略,制订方案。谈判是各方的一场综合性的较量,不仅是实力的比拼,而且也是智力和心理的角逐。因此,谈判人员必须研究策略、制定策略、运用策略,这是谈判人员在谈判过程中发挥主观能动性的表现和关键。谈判方案包括总的原则、达到的目标、每一个阶段的具体要求和时间安排、对方在谈判中可能提出的问题和发生的分歧以及解决问题的办法等这些都需要仔细考虑,认真研究。

开局阶段 谈判的开局阶段是在谈判准备阶段之后,谈判各方进入面对面的接触,标志谈判开始的阶段。本阶段旨在营造良好的谈判气氛,同时,在交换意见和开场陈述中摸底,在很大程度上决定着整个谈判的前途。因此,在开局阶段,我们应做好以下方面的工作:

(1)营造氛围。良好的谈判氛围有利于促进谈判取得成功。为了营造良好的谈判氛围,一要注意谈判环境的烘托作用,二要把握初次接触的短暂瞬间。在导入谈判时,话题最好是非业务性的,一般谈及的话题可以是私人问候,它作为寒暄的一种方式,可以表现出真正对他人的关心。此外,还可以谈彼此的经历。彼此有过交往的,可以先叙谈一下以往的共同经历和各自的所见所闻所感;彼此无交往的,可以从曾到过的地方、结交的人物等谈起。非业务性的话题还有社会新闻、文艺演出、体育比赛,甚至是家庭杂务。

(2)开场陈述。开场陈述是概括、扼要地叙述己方的意愿与目标、原则与立场,以及限制条件,因此,要求双方都要把自己的观点做一个简短、准确的阐述,使双方能够弄清楚对方的意图。开场陈述应包含的内容有:根据己方的理解,阐明此次会谈应涉及的问题;说明己方通过谈判应取得的利益,尤其要阐明哪些方面是己方至关重要的利益,说明己方可以采取何种方式为双方共同获得利益作出贡献;对对方各项建议的回答;等等。

(3)概说摸底。在概说中,谈判双方较多地将注意力放在摸底上,双方都想了解对方的底牌。摸底的主要内容包括:对方的资信状况,资信是对方最基本的实力和信誉状况,即单位主体资格、基本经营状况、声誉状况、发展潜力等;对方的谈判目标,了解对方优势与不足,以及对方对这笔交易抱有多大程度的诚意与合作意向,设法探求对方谈判的原则,以及在哪些问题上可以作出让步;谈判人员为了掌握谈判的主动权,还需要了解对方谈判人员的个人情况,如个人经历、谈判风格、个性等,据此可以针对性地采取措施,掌握优势。

交锋阶段 谈判双方经过开局阶段,基本摸清了对方谈判的临界点和期望点,也就搞清楚了协议区的所在。谈判各方为了使谈判向有利于自己的一方倾斜,尽力争取自己所需要的利益,自然这就会有矛盾,而矛盾的激化就会导致对立状态的出现。这时,谈判双方相互交锋,彼此争论,紧张交涉,讨价还价,各方列举事实和数据,希望对方了解并接受自己的条件。在这种情况下,谈判人员要做到:

(1) 坚定自己的立场,朝着自己所要求的方向勇往直前。为此,谈判人员要做好思想上、心理上的充分准备,提高应变能力,随时准备回答对方的质询。做到既要尽可能地保证自己的利益,也要显示双方妥协的可能范围。

(2) 正确分析双方的分歧和差异。既要用事实说明自己的观点,找出各方面的分歧和差异所在,又要运用谈判技巧和合理的妥协来缓和气氛,使谈判心平气和地继续下去,最终消除分歧差距,以求一致,达成协议。

妥协阶段 交锋结束后,各方便会相互让步,寻求一致,达成妥协。妥协是谈判不可缺少的组成部分,交锋阶段不可能无休止。只要谈判双方有共同利益,想要达成协议,他们就一定会妥协。当然,妥协是有一定范围和限度的,妥协的原则就是既不放弃自己的立场和利益,又兼顾对方的利益。

谈判都存在着双方的让步和妥协,完全没有妥协的谈判只能是一厢情愿,寸步不让的想法是公共关系谈判中的大忌。妥协主要应考虑两个因素:一是双方的妥协要求是否强烈,不妥协能否达成协议;二是妥协所蒙受的利益损失对己方来说是否值得。因此,在妥协阶段要注意:

(1) 坚持原则性与灵活性的统一。既要坚持原则立场,又不要伤害对方的感情和影响今后的合作;既要精于计算、权衡利弊得失,以求更大的利益,又不必锱铢必争、胡搅蛮缠地大做文字游戏。各方都应在满足基本要求的基础上,寻找共同点,寻求各方所能接受的折中方案,使争议得到合理解决。

(2) 保持头脑清醒,把握妥协尺度。究竟在哪些方面让步,让步到什么程度,以什么形式表现出来,在妥协的同时,在哪些方面获得相应的回报等都应心中有数,切忌盲目和草率让步。并且让步一旦作出就不能后悔,否则,就会导致谈判的破裂。

协议阶段 在这一阶段,谈判各方经过交锋和妥协,求同存异,基本或一定程度上达到各自的目的,于是便拍板同意,各自在协议书上签字,握手言欢,谈判宣告结束。但是,只要双方还没有最后签字,谈判仍然有可能破裂。在协议起草的过程中,仍有一些细节问题必须谨慎,否则会留下无穷的隐患。需要注意的内容包括:

(1) 将谈判的一切结果见诸文字。因为许多谈判后引起的争端或问题,大多都是由于未将谈判结果形成文字所致。

(2) 谈判协议文字需要切磋和选用。协议的文字要简洁,用字要准确,切忌模棱两可的语句和多义词,以免日后产生歧义。但对谈判的内容的表述要具体。

(3) 不要轻易在对方拟定的协议上签字。对对方草拟的协议,要进行认真、细致、谨慎的检查和共同讨论,有不同意见要及时提出来,并进行修正。一旦签字,就不得反悔。

(4) 谈判协议一般要经过法律部门的公证,使协议的内容对谈判双方都具有法律的约束力。

总之,谈判是一项具有很强艺术性的工作,它牵涉的内容和能力都极为广泛,需要公共关系人员通过实践,积累经验,才能真正做好有关谈判的工作。

8.4.3　协商谈判的技巧

技巧是人们从事某种活动的具体技术及其灵活性,它主要是针对具体问题所采取的方式或方法。谈判作为一种实践活动,它需要巧妙的技能,以控制别人、事态与自己;谈判又是一门艺术,它促使谈判者施展自己的才干与能力,灵活运用各种技术,改变现状,达到目的。谈判的技巧是一个十分宽泛的范畴,它可以贯彻于整个谈判过程的始终,可以在谈判过程的每个环节中加以使用。

提问的技巧　提问是了解对方需要、获取所需信息的手段,也是表达谈判者自身情感的方式。在谈判的不同阶段,提问的内容是不一样的,开局阶段可以问一些无关痛痒的话题,以活跃谈判气氛。磋商阶段应针对谈判议题有的放矢地提问。应等对方结束一个话题以后再问,不要中途提问,不要在对方情绪不佳的时候提问。为了获得良好的效果,谈判者应灵活运用以下提问艺术:

(1) 提问时必须保持礼貌和谨慎。在与对方进行协商谈判的过程中,我方的提问必须要保持礼貌,不要使用带有盘问、审问、威胁、讽刺等性质的语句,不要直接指责对方的信誉,不要提出对方不愿意回答的问题,给对方留下不被尊重和不被关心的印象,也不要在对方讲话过程中抢问,以免伤害对方的自尊心,破坏谈判气氛。所有的提问最好事先征得对方的同意,不要急着让对方回答问题。同时,还必须在提问之前谨慎思考,切忌漫无目的地信口开河。

(2) 提出引起对方注意的问话。谈判中的提问要引起对方的注意,受到对方的重视,然后才能得到详细的回答。人都有好奇的心理,利用人们这种好奇心理推动人们主动去探索某些未知事情,把话匣子打开。谈判人员可以提出一些有悬念的问题,引起人们的好奇,使谈判气氛活跃而热烈。此外,人们常受周围事物的影响,谈判人员假若能把握这种心理因素,妥善地加以利用,一定可以收到意想不到的效果。报纸消息一般在人们心目中是可靠的,借用报纸的威信,用对比类推的办法证明你所在组织的实力,比直接陈述更为有效。

(3) 适时地提出一些具有创造性的建议,最好是具有创造性的新招,也能够引起对方谈判的兴趣。一些众所周知的旧事物和老一套的办法,不足以引起人们的注意。而这种具有创造性的建议能吸引对方的注意,并立即得到考虑,进行认真的谈判。另外,在谈判的过程中,为了加重语气,引起对方密切注意,或者对某个问题不大清楚,抓不住要领,要求对方加以澄清，或者在你不能及时地回答对方的提问时，可以适当地反问。但是，谈判中的反问仍然不能滥用，只有在适当的时机提出来，才是有效的，否则将引起对方的反感。

（4）问题必须切中实质，不要无的放矢。在进行协商谈判过程中的一言一行都必须紧紧围绕着特定的目标展开，在提问时同样要有目的地进行，千万不要漫无目的地脱离最根本的目标。在进行谈判之前，谈判人员应该根据实际情况针对最根本的谈判目标进行逐级分解，然后根据分解之后的小目标考虑好具体的提问方式。这样一来，既可以避免因谈论一些无聊的话题而浪费彼此的时间，又可以循序渐进地实现各级目标。

（5）提出促进对方下决心的问话。促使对方下决心签订协议的问话，实质上是清楚地告诉对方，他的条件已经全部满足，利益也非常优厚，没有什么让步的余地，不要犹豫不决了。但是，千万记住，使用这种问话，要选择恰当的词语，不宜用极端的用语！例如："这个价钱再不能低了，你要不要？不要就算了！"这种强烈的问话，使对方受到了逼迫，产生心理上的反感，自然不能促使他下决心签订协议，谈判只好告吹。所以，问话宜于使用委婉的字眼，保留对方选择的余地。尊重对方的权利，这样做将有更多的机会达成协议。通过问话，清楚地告诉谈判对手，他已经获得了最满意的条件和利益，在这个基础上，若能配以委婉的解释和令人信服的材料，对于促成协议的签订，具有一定的作用。

倾听的技巧 倾听不仅是生理意义上的用耳朵听，还包括用眼睛观察对方的表情与动作，用大脑体会对方的需要与动机，用心灵设想对方的思维与思想。它不仅是获得对方信息的基本手段，也是向对方传递信息的一种方式。因此，在谈判当中，需要把握以下几点：

（1）鼓励对方先开口。首先，倾听别人说话本来就是一种礼貌，表示我们愿意客观地考虑别人的看法，这会让说话的人觉得我们很尊重他的意见，有助于我们建立融洽的关系，彼此接纳。其次，鼓励对方先开口可以降低谈话中的竞争意味。我们的倾听可以培养开放的气氛，有助于彼此交换意见。说话的人由于不必担心竞争的压力，也可以专心掌握重点，不必忙着为自己的矛盾之处寻找遁词。第三，对方先提出他的看法，你就有机会在表达自己的意见之前，掌握双方意见一致之处。倾听可以使对方更加愿意接纳你的意见，让你再说话的时候，更容易说服对方。

（2）使用并观察肢体语言。当我们在和人谈话的时候，即使我们还没开口，我们内心的感觉，就已经透过肢体语言清清楚楚地表现出来了。听话者如果态度封闭或冷淡，说话者很自然地就会特别在意自己的一举一动，不太愿意敞开心胸。从另一方面来说，如果听话的人态度开放、很感兴趣，那就表示他愿意接纳对方，很想了解对方的想法，说话的人就会受到鼓舞。而这些肢体语言包括：自然的微笑，不要交叉双臂，手不要放在脸上，身体稍微前倾，常常看对方的眼睛，点头。

（3）非必要时，避免打断他人的谈话。善于听别人说话的人不会因为自己想强调一些细枝末节、想修正对方话中一些无关紧要的部分、想要突然转变话题，或者想说完一句刚刚没说完的话,就随便打断对方的话。经常打断别人说话就表示我们不善于听人说话,个性激进、礼貌不周,很难和人沟通。虽然说打断别人的话是一种不礼貌的行为,但是当听漏了一些地方,或者是不懂的时候,要在对方的话暂时告一段落时,迅速地提出疑问。

(4)听取关键词。所谓的关键词,指的是描绘具体事实的字眼,这些字眼透露出某些信息,同时也显示出对方的兴趣和情绪。透过关键词,可以看出对方喜欢的话题,以及说话者对人的信任。另外找出对方话中的关键词,也可以帮助我们决定如何响应对方的说法。我们只要在自己提出来的问题或感想中,加入对方所说过的关键内容,对方就可以感觉到你对他所说的话很感兴趣或者很关心。

(5)暗中回顾,整理出重点,并提出自己的结论。当我们和人谈话的时候,我们通常都会有几秒钟的时间,可以在心里回顾一下对方的话,整理出其中的重点所在。我们必须删去无关紧要的细节,把注意力集中在对方想说的重点和对方主要的想法上,并且在心中熟记这些重点和想法。暗中回顾并整理出重点,也可以帮助我们继续提出问题。如果我们能指出对方有些地方话只说到一半或者语焉不详,说话的人就知道,我们一直都在听他讲话,而且我们也很努力地想完全了解他的话。如果我们不太确定对方比较重视哪些重点或想法,就可以利用询问的方式,来让他知道我们对谈话的内容有所注意。

(6)接受、尊重说话者的观点。如果我们无法接受说话者的观点,那我们可能会错过很多机会,而且无法和对方建立融洽的关系。就算是说话的人对事情的看法与感受,甚至所得到的结论都和我们不同,他们还是可以坚持自己的看法、结论和感受。尊重说话者的观点,可以让对方了解,我们一直在听,而且我们也听懂了他所说的话,虽然我们不一定同意他的观点,我们还是很尊重他的想法。若是我们一直无法接受对方的观点,我们就很难和对方彼此接纳,或共同建立融洽的关系。除此之外,也能够帮助说话者建立自信,使他更能够接受别人不同的意见。

一个在飞机上遭遇惊险却大难不死的美国人回家后反而自杀了,原因何在?

那是一个圣诞节,一个美国男人为了和家人团聚,兴冲冲从异地乘飞机往家赶。一路上想像着团聚的喜悦情景。但是老天变脸,这架飞机在空中遭遇猛烈的暴风雨,飞机脱离航线,上下左右颠簸,随时随地有坠毁的可能,空姐也吓得脸色煞白,惊恐万状地吩咐乘客写好遗嘱放进一个特制的口袋。这时,飞机上所有人都在祈祷。就在这万分危急的时刻,飞机在驾驶员的冷静驾驶下终于平安着陆,于是大家都松了口气。

这个美国男人回到家后异常兴奋,不停地向妻子描述飞机上遇到的险情,并且满屋子转着、叫着、喊着……然而,他的妻子正和孩子兴致勃勃地分享着节日的愉悦,对他经历的惊险没有丝毫兴趣,男人叫喊了一阵,却发现没有人听他倾诉,他死里逃生的巨大喜悦与被冷落的心情形成强烈的反差,在他妻子去准备蛋糕的时候,这个美国男人却爬到阁楼上,用上吊这种古老的方式结束了从险情中捡回的宝贵生命。

夫妻之间需要沟通,更需要倾听!当你在倾诉时,却发现无人在倾听,这种痛苦,无疑是很大的打击！一个善于倾听的人在他人眼中是一个很健谈的人,夫妻之间况且如此,亲朋好友之间,更是这样了。懂得倾听,不仅是关爱、理解,更是调节双方关系的润滑剂。每个人在烦恼和喜悦后都有一份渴望,那就是对人倾诉,他希望倾听者能给予理解与赞同,然而那位美国男人的妻子没有做到,所以导致了悲剧的产生。

（资料来源：http://tieba.baidu.com）

答复的技巧 公共关系谈判人员要使自己的回答巧妙,令对方信服,除了要具有广博的知识外,在回答问题时,还应该注意以下几点回答问题的技巧：

（1）在答复之前,要深思熟虑,充分思考。这样才能使答复恳切明确,有利于确定互利互惠的合作关系。如果对方提出的问题是自己始料不及的,千万不要随口答复。为了使自己获得一个充分的思考时间,或者获得一个内部商量的机会,可以用"记不清"、"资料不全"或"这个问题我们尚未进行认真的思考"等为由,拖延答复。

（2）要在弄清了问题的真正含义之后再进行答复。对方提出询问,或是为了了解问题的真正实质,或是为了获得确切的数据、数值,或是为了说定甚至说死我方到底要承担什么样的义务。对于这些问题,答复时要采取极为慎重的态度,说错了就要承担责任。

（3）谈判中要有标底,但不要一开始就将标底和盘端出。在谈判中,应知道什么该说什么不该说,什么先说什么后说。要知道,谈判是在双方之间进行的,双方的目标很少百分之百一致。要使双方的目标趋于一致,就要经过一个反复的要约—反要约—要约,最后到承诺的过程。因此,在谈判时,不仅要顾及自己的目标,同时也要估计对方的目标。要准备在较高的标底的基础上,一点点让步,最后才能接近自己的标底。如果你一开始就交出标底,就没有讨价还价的余地了。

（4）要适时地运用回避手段。对于有些问题,当不能答或不便于答时就不可勉强作答,而要采取回避手法。如果能用一个幽默的方式回避一下,则更有利于打破僵局,同时也用以问代答的形式,将"皮球"踢还给对方,将需要回答的问题转为让对方回答,让对方在换位思考中放弃原有的条件。如果对方回答了问题,则可以针对对方的回答逐一驳斥,也可以将对方答案综合,作为反击对方的武器。

（5）在谈判终了时,对谈判要给予正面的、肯定的评价。不管结论如何,谈判都会给参与的双方带来一定的积极成果。所以,切勿以否定的话来结束谈判。不满意时,可以重新谈判或推迟订立合同的时间,但不必全盘否定。

拒绝的技巧 在公共关系谈判中,当你无法接受对方提出的要求和建议时,如果直截了当地拒绝,就可能立即造成尖锐对立的气氛,对整个谈判产生消极的影响。在对对方说"不"时,必须讲究技巧,拒绝的态度一定要诚恳,把你心有余而力不足的遗憾心情淋漓尽致地表现出来；拒绝的内容一定要明确,切忌模棱两可,让对方心存侥幸；同时应尽可能用提出新的建议来代替拒绝；还可以从对方的角度来说明拒绝的利害关系。

（1）积极地听。拒绝的话不要脱口而出。不要在他人刚开口即予以断然拒绝,不容分辩,过分急躁地拒绝最易引起对方的反感,应该耐心地听完对方的话,并用心弄懂对方的理由和要求,要站在对方立场上严肃地思考,一定要显示出明白这个请求对其的重要性。让对方了解到自己的拒绝不是草率作出的,是在认真考虑之后才不得已而为之的。

（2）以和蔼的态度拒绝。首先感谢对方在需要帮助时想到你,并且略表歉意。注意,过分的歉意会造成不诚实的印象,因为如果你真的感到非常抱歉的话,就应该接受对方的请求。不要以一种高高在上的态度拒绝对方的要求,不要对他人的请求流露出不快的神色,更不要蔑视或忽略对方,这些失误都是没有修养的具体表现,会让对方觉得你的拒绝是对他抱有的反对态度的机械反应,从而对你的拒绝产生逆反心理。从听对方陈述要求和理由,到拒绝对方并陈述理由,都要始终保持一种和蔼的态度和面貌,表示出对对方的好感和真诚之心。

（3）要明白地告诉对方你要考虑的时间。我们经常以"需要考虑考虑"为托词而不愿意当面拒绝请求,内心希望通过拖延时间使对方知难而退。这是错误的。如果不愿意立刻当面拒绝,应该明确告知对方考虑的时间,表示自己的诚信。

小　结

所谓民意调查,就是从全体民众中抽取具有代表性的部分民众作为样本,对这些样本直接询问他们对一些问题的看法,然后以这些样本的看法推论全体民众的看法。它是一项有计划、有目的的系统活动,为了使调查工作有步骤地开展,保证整个调查活动的科学性,公共关系调查人员必须在明确了调查目的、调查要求后,进行调查方案的设计与计划的制定。

公共关系策划则是公共关系人员为了实现组织的公共关系目标,在公共关系活动实施之前,经过认真调查研究,找出组织需要解决的具体公共关系问题,分析比较各种相关因素和条件,遵循科学的原则和方法,运用自己的知识和经验,充分发挥想像力、创造力,确定公共关系活动的主题与方略,并制订出最优活动方案的过程。公共关系策划的过程一般可以归结为:组织准备、确定目标、策划方案、形成方案四个阶段。

公共关系危机处理是组织在自身运作过程中,对发生的具有重大破坏性影响、造成组织形象受到损害的突发性事件,按照一定的原则和程序进行全面处理,并使其转危为安的一整套工作过程。危机处理的原则有预防性原则、及时性原则、准确性原则、冷静性原则、真实性原则、责任性原则、善后性原则和灵活性原则,以及针对组织内部、受害者、新闻媒介、上级主管部门、业务往来单位和其他公众采取的措施。

协商谈判是组织与公众,以及组织与组织之间,以消除分歧、改善相互关系为出发点,通过交换意见、交流信息,最终为了取得一致意见或契合利益而进行相互磋商的行为和过程。参与协商谈判的人员需要基于一定原则,在谈判过程中灵活运用谈判技巧,最终达成一致。协商谈判的原则有遵纪守法原则、公平公正原则、互惠互利原则、妥协互补原则。协商谈判的过程一般包括准备、开局、交锋、妥协和协议阶段。协商谈判的技巧主要有提问技巧、倾听技巧、答复技巧和拒绝技巧。

阅读资料

亨登教授的谈判技巧

美国夏威夷大学教授亨登总结出了一些行之有效的谈判技巧,其中最常用的 14 条是:

1. 要有感染力:通过你的举止来表现你的信心和决心。这能够提升你的可信度,让对手有理由接受你的建议。

2. 起点高:最初提出的要求要高一些,给自己留出回旋的余地。在经过让步之后,你所处的地位一定比低起点要好得多。

3. 不要动摇:确定一个立场之后就要明确表示不会再让步。

4. 权力有限:要诚心诚意地参与谈判,当必须敲定某项规则时,可以说你还需要得到上司的批准。

5. 各个击破:如果你正和一群对手进行谈判,设法说服其中一个对手接受你的建议。此人会帮助你说服其他人。

6. 中断谈判或赢得时间:在一定的时间内中止谈判。当情况好转之后再回来重新谈判。这段时间可以很短,就出去想一想的一会儿工夫,也可以很长,离开这座城市一段时间。

7. 面无表情,沉着应对:不要用有感情色彩的词汇回答你的对手。不要回应对方的压力,坐在那里听着,脸上不要有任何表情。

8. 耐心:如果时间掌握在你手里,你就可以延长谈判时间,提高胜算。你的对手时间越少,接受你的条件的压力就越大。

9. 缩小分歧:建议在两种立场中找到一个折中点,一般来说,最先提出这一建议的人,在让步过程中的损失最小。

10. 当一回老练的大律师:在反驳对方提议的时候不妨这样说:"在我们接受或者否决这项建议之前,让我们看看如果采纳了另外一方的建议会有哪些负面效果。"这样做可以在不直接否定对手建议的情况下,让对方意识到自己的提议是经不起推敲的。

11. 先行试探:在作出决定之前,可以通过某个人或者某个可靠的渠道将你的意图间接传达给对手,试探一下对手的反应。

12. 出其不意:通过出人意料地改变谈判方式来破坏对手的心理平衡。永远不要让对手猜出你下一步的策略。

13. 找一个威望较高的合作伙伴:设法得到一个有威望的人的支持,这个人既要受到谈判对手的尊重,也要支持你的立场。

14. 讨价还价:如果你在同时和几个竞争者谈判,就要让他们都了解这一情况。将同这些竞争者之间的谈判安排在比较相近的时间,并让他们在会晤前等候片刻,这样他们就能够意识到有人在和自己竞争。

（资料来源：http://www.4oa.com/office/754/975/2215/200512/105944.html）

 **复习题**

1. 民意调查中调查问卷是如何设计的?
2. 公共关系策划的程序是怎样的? 试举例说明。
3. 处理危机事件的基本措施有哪些?
4. 公共关系协商谈判的技巧有哪些?

分 章 练 习

第一章 导 论

本章内容

公共关系是社会组织为了获得公众的好感、理解与支持,通过与公众的双向沟通,让公众了解组织,同时不断调整自己的政策,使之更符合公众的需要,从而使组织与环境协调发展的管理科学与艺术。它可以帮助组织管理形象、化解危机、协调公众、咨询建议。公共关系包括主体—组织,客体—公众,媒介—传播三个基本要素。

本章重点

对公共关系定义的历史考察;公共关系概念的含义及其本质;公共关系的要素;公共关系的职能;公共关系的意义。

同步练习

一、填空题

1. 公共关系的主体是_____,客体是_____,基本方法是_____,这构成了公共关系的三个基本要素。

2. 公共关系的形象管理职能体现在形象定位、_____、_____、巩固和发展形象四个方面。

3. 公共关系中的突发事件主要包括两大类:一类是人为的纠纷危机,另一类是_____。

4. 一般组织都具有四个基本特征:系统性、目标性、_____、_____。

5. 根据社会职能,可以把社会组织分为经济组织、_____、_____。

6. 根据目标特点,社会组织可分为营利性组织、_____、_____和公益性组织。

7. 公众具有以下特征:共同性、_____、_____、变化性。

8. 按公众对组织的重要性可以分为_____、_____和边缘公众。

9. 按公众对组织的态度可以分为顺意公众、_____、_____。

10. 按公众构成的稳定性可以分为_____、_____和稳定公众。

11. 公共关系传播的基本方式有四种：个体自身传播、_____、_____和大众传播。

二、单项选择题

1. 公共关系可直接称为（　　）。
   A. 公众关系　　　B. 人际关系　　　C. 人群关系　　　D. 社区关系

2. 组织开展公共关系活动基础是（　　）。
   A. 公共关系意识　　　　　　B. 公共关系观念
   C. 公共关系状态　　　　　　D. 公共关系策划

3. 自我与他人，个人对个人的传播活动属于（　　）。
   A. 自我传播　　　B. 人际传播　　　C. 组织传播　　　D. 大众传播

4. 传播效果受读者文化水平和文字理解能力的限制是（　　）。
   A. 广播传播的缺点　　　　　B. 电视传播的缺点
   C. 报纸传播的缺点　　　　　D. 大众传播的缺点

5. 不受空间限制，传播范围最广的大众传播媒介是（　　）。
   A. 电视　　　B. 报纸　　　C. 广播　　　D. 杂志

6. 组织以自身的含义，在社会上率先发起的某种活动，提倡某种有进步意义的新思想是（　　）。
   A. 组织广告　　　B. 响应广告　　　C. 公益广告　　　D. 祝贺广告

7. 公共关系的客体是（　　）。
   A. 组织　　　B. 公众　　　C. 传播　　　D. 人际关系

8. 大众传播媒介中，公众接受时有参与感的是（　　）。
   A. 报刊　　　B. 广播　　　C. 电视　　　D. 电影

9. 公共关系学专门研究（　　）。
   A. 组织与公众传播沟通问题　　B. 组织与公众之间关系的稳定问题
   C. 组织与社区之间的传播沟通问题　　D. 组织的内部运营问题

10. 在公共关系学中，公众特指（　　）。
    A. 消极受众　　　B. 积极受众　　　C. 内部公众　　　D. 外部公众

11. 消费者、协作者、竞争者、记者、名流、政府官员、社区居民等属于组织的（　　）。
    A. 个体公众　　　B. 组织公众　　　C. 内部公众　　　D. 外部公众

12. 公共关系工作的对象是（　　）。
    A. 社会群体　　　B. 消费者　　　C. 公众　　　D. 政府部门

13. 在按照公众的态度对公众进行分类时，组织最希望（　　）的态度得到根本性的转变。

A. 顺意公众　　　B. 逆意公众　　　C. 独立公众　　　D. 边缘公众

三、判断题

1. 一般地说，个人是不能成为公共关系主体的，除非是公众人物。这里的公众人物既包括政治家、知名学者，也包括文艺、体育明星。
2. 公共关系的直接目的是为组织在公众中树立良好形象，争取内外公众的好感、理解与支持。
3. 公共关系是贯彻组织公共关系思想，实现公共关系目标的专业性机构。
4. 与人际传播、组织传播相比，大众传播的信息不再具有保密性。
5. 狭义的人际传播，可以包括人类的一切信息交流活动。
6. 公共关系广告就是商业广告。
7. 公共关系最基本的、核心的概念是双向传播与沟通。
8. 大众传播体现了公共关系实务的特征。
9. 我国古代就有原始公共关系观念与活动。
10. 政府公众对象主要是指政府官员。
11. 公共关系是一门综合性的应用学科。
12. 公共关系完全是为组织营造生存、发展环境服务的。

四、名词解释

1. 公共关系
2. 组织
3. 公共关系咨询建议
4. 公众
5. 首要公众
6. 正式沟通

五、简答题

1. 公共关系与市场营销的关系是什么？
2. 一般组织的四个基本特征是什么？
3. 公共关系协调的内外两个方面内容是什么？
4. 公众的基本特征有哪些？
5. 如何认识组织的边缘公众？

六、论述题

1. 论述公共关系的四项基本职能。
2. 公共关系传播的基本方式有哪几种？

七、案例分析

　　在××市内，所有的宾馆和酒店一律大开门户，对外开放，即使曾多次承担接待外国元首级任务的白天鹅宾馆也绝不闭门谢绝游人。这些宾馆和酒店门口只有"衣履不整,恕不接待"的字样。也就是说,只要游客衣着整洁,你尽可以"大胆地往前走"。宾馆里面,除了宾客下榻的卧室和配套设施的工作重地这些楼层会注明"游客止步"以外,其余的饮食、购物、娱乐、憩息的公共场所任凭游人自由进出,随意浏览,游人自然也能享受到同等礼遇的各种有偿服务。

无论是富豪商贾,还是平民百姓,不管是驱车而来,抑或款步行走,只要一踏进宾馆,身穿红色礼服的服务员就会立即代开玻璃大门,彬彬有礼地迎请,使宾客和游人受到主人的热情接待。在东方宾馆、中国大酒店、花园酒店、广州宾馆、白云宾馆、流花宾馆、广东大厦这些闻名遐迩的高大建筑里,每天从早到晚,慕名观光的外地游客三三两两地探索"神奇世界"的内部奥妙,悠闲自在的市区居民也双双结伴来寻求漫步浏览的乐趣,宾馆里既有"领导时代新潮流"的西方典雅气派,也有体现中国民族特色的东方古朴之美。中央大厅宽敞明亮,富丽堂皇;娱乐中心五光十色,绚丽多彩;休息间洁净优越,坐席舒适;露天花园绿茵如毯,流水潺潺;友谊商店货品丰富,琳琅满目;这一幅幅奇新景色,怎能不令还处于温饱型生活状态的游客们眼花缭乱,流连忘返?

对外开放使广州各大宾馆和酒店宾客盈门,应接不暇,住房率始终保持在 70% 以上,营业额连年直线上升,创造了过去封闭状态下从未有过的良好经济效益。如今,宾客要想约见亲眷朋友到白天鹅宾馆吃顿早茶,不提前预订席位,还真无插足之地呢。

试结合公共关系学所学知识分析本案例。

第二章　公共关系的产生与发展

本章内容

公共关系在 19 世纪末期、20 世纪初期产生于美国,是由美国当时的历史条件决定的。正是由于在政治、经济、文化、传播等各方面都具备了适当的条件,现代公共关系才应运而生。公共关系一经产生,就在世界各国迅速传播,并得到持续发展。到今天,公共关系已经深入到人们生活的方方面面,发挥的作用也越来越大。

本章重点

公共关系产生的历史过程和发展趋势;剖析公共关系形成和发展的历史条件;把握国内外公共关系的现状;提高开拓有中国特色公关事业的意识。

同步练习

一、填空题

1. 公共关系作为一门独立的学科出现于 20 世纪初的_____。

2. 公元前 4 世纪的古希腊,西方的一些公共关系学者视亚里士多德的_____为人类历史上最古老的公共关系经典之作。

3. 公共关系是近现代商品经济快速发展，_____浪潮日益高涨和大众传播带动的信息社会来临的产物。

4. 1903 年，_____开办了第一家宣传顾问事务所，成为向客户提供劳务而收取费用的第一个职业公共关系人。现代公共关系职业化由此发端。

5. 1906 年，艾维·李向新闻界发表了著名的具有里程碑性质的_____，全面阐明了他的事务所的宗旨。这就是所谓企业管理的"门户开放原则"。他的信条是：_____；艾维·李的公共关系思想核心是：_____。

6. 真正成为公共关系奠定理论基础、使现代公共关系科学化的人，是现代公共关系的先驱，美国著名公共关系学者_____。

7. 19 世纪中叶后美国兴起报刊宣传活动，其中以_____为代表，他的观点是_____，人为挑起舆论争议。这是"公众受愚弄"时期，也是现代公共关系发端时期。

8. 现代公共关系思想和公共关系实践进入中国，应以 20 世纪 50 年代公共关系登陆_____和_____为发端，而大陆地区则到_____初才开始引进。

9. 1984 年 9 月，我国国有企业的第一家公共关系部_____公共关系部正式成立。_____年中国公共关系协会成立。

10. 1998 年，美国著名公关学者詹姆斯·格鲁尼格研究了卓越公共关系和传播管理理论全球化的问题，提出了_____的公共关系全球化理论。

二、单项选择题

1. 公共关系的产生、发展之线索，可以追溯到久远时期零散的公共关系观念与不成系统的（　　）。
   A. 公共关系状态　　　　　　　　B. 公共关系活动
   C. 人群关系　　　　　　　　　　D. 人际关系

2. 民主政治取代专制政治，这是公共关系产生的（　　）条件。
   A. 文化　　　　　B. 历史　　　　　C. 经济　　　　　D. 政治

3. 现代公共关系的发源地是（　　）。
   A. 英国　　　　　B. 法国　　　　　C. 日本　　　　　D. 美国

4. 提出"投公众所好"主张的是（　　）。
   A. 卡特利普　　　B. 伯内斯　　　　C. 艾维·李　　　　D. 巴纳姆

5. "公共关系"这一名词第一次出现在正式文献中是（　　）年。
   A. 1882　　　　　B. 1897　　　　　C. 1903　　　　　D. 1906

6. 1923 年，伯内斯以教授的身份，首次在（　　）讲授了公关课，将公关正式引入大学讲台。
   A. 纽约大学　　　B. 斯坦福大学　　C. 波士顿大学　　D. 哈佛大学

7. 公共关系渊源于（　　）。

    A. 人际交往　　　　　B. 人际沟通　　　　　C. 人际关系　　　　　D. 人际联系

8. 西方公共关系学界认为，亚里士多德的（　　）堪称最早问世的公共关系学的理论书籍。

    A.《公众舆论的形成》　　　　　　　　B.《原则宣言》

    C.《修辞学》　　　　　　　　　　　　D.《有效的公共关系》

9. 作为一种新的社会思想和活动，现代公关思想源于（　　）。

    A. 中国　　　　　　　B. 英国　　　　　　　C. 日本　　　　　　　D. 美国

三、判断题

1. 伯内斯先生对公关的发展作出了突出的贡献，被人们誉为"公共关系之父"。

2. 作为一种职业和一门科学的现代公关，早在人类开始组成家庭、部落和国家时就产生了。

3. 20世纪50年代以后，公关的面貌才发生了巨大的变化，才真正走上了科学化和职业道德规范化的发展道路。

4. 发展公关是我国建立社会主义市场经济的需要。

5. 公共关系仅仅是一种客观存在的社会关系。

6. 1923年出版的《有效公共关系》一书，成为公共关系学的第一部经典性著作。

7. 美国公共关系职业的先驱者是巴纳姆。

8. 在公共关系的发展史上，公众受愚弄时期指的是巴纳姆时期。

9. 引进西方的经验就可以推动中国公关事业的发展。

四、名词解释

1. 报刊宣传活动

2.《原则宣言》

3. 伯内斯

五、简答题

1. 公关思想演变经历了哪几个时期？各时期的特点是什么？

2. 简述现代公共关系产生和发展的历史条件。

3. 报刊宣传运动的主要特点是什么？

4. 揭丑运动与公共关系的形成有什么关系？

5. 爱德华·伯内斯对公共关系的发展有哪些主要贡献？

6. 公共关系的产生与市场经济的关系是什么？

六、论述题

1. 如何理解中国公共关系事业发展中面临的挑战与对策？

2. 当代公共关系发展的新特征主要表现在哪些方面？

七、案例分析

费尼斯·巴纳姆是 19 世纪美国一家马戏团的团长,因宣传、推动马戏演出闻名于世。他曾在 19 世纪 50 年代编造了一个"神话":马戏团有位名叫海斯的黑人女奴,曾在 100 年前养育过美国首任总统华盛顿。报纸披露这一消息后,立即引起轩然大波。巴纳姆借机以不同的笔名向报社寄去"读者来信",人为地开展争论。巴纳姆认为,只要报纸没有把他的名字拼错,随便怎么说也无妨。他的信条是"凡宣传皆是好事"。"神话"给巴纳姆带来的是每周从那些希望一睹海斯风采的纽约人那里获得 1 500 美元的收入。海斯死后,解剖发现,海斯不过 80 岁左右,与巴纳姆吹嘘的 160 岁相去甚远。对此,巴纳姆厚颜无耻地说:"深感震惊。"他还说自己也"受了骗"。其实,这一切都是他刻意策划的。

第三章　公共关系的理论基础

本章内容

没有理论指导的科学不能称为科学,公共关系学只有在自己的理论指导下才能健康发展。作为一门交叉学科,公共关系学的理论涵盖了管理学、传播学两大学科,以行为科学和舆论学为自己的理论基础。为了更好地开展公共关系,有必要遵循一些基本准则,这就是真实性原则、平等互惠原则、整体一致原则和全员公关原则。

本章重点

组织与环境之间的关系;公众的舆论和态度是怎样形成的,怎样对其施加影响;公共关系应该遵循的基本原则;公共关系的本质。

同步练习

一、填空题

1. 早期的古典管理理论学家 _____、_____、_____ 等人都把人只看成是 _____,即工人只是为了追求最高工资的人。

2. 行为科学开始于 20 世纪 20 年代末 30 年代初的 _____,创始人是美国哈佛大学教授、管理学家 _____。

3. 1949 年在美国芝加哥召开的一次跨学科的会议上,首先提出了 _____ 这一名称。

4. 行为科学以人的行为及其产生的原因作为研究对象。其研究的主要内容包括 _____、_____、领导行为和 _____ 等四个方面。

5. 组织环境构成理论提出者是 _____。

6. 组织可以对环境作出的三种反应: _____、_____ 和 _____。

7. 舆论的形成,有两个相反相成的过程。一是来源于 _____,二是来源于 _____。

8. 通常心理学家认为,态度包括 _____、_____、_____ 三个成分。

9. 国外许多心理学家通过多种实验研究,提出了许多有关态度和态度改变的理论。主要有学习理论、_____、和谐理论、_____、_____。

10. _____是由心理学家_____提出的。该理论认为,在人们的认知系统中存在着使某些情感或评价之间趋向于一致的压力。

11. 1957年心理学家_____提出了_____。这里的"认知"包括人们的思维、态度和信念等。

12. _____是美国心理学家_____提出的,他认为个体态度的改变同群体的规范和价值观密切相关。

13. 许多心理学家认为,沟通对态度改变的影响,依赖于下列三个因素:_____、沟通的过程和方式、_____。

14. 组织要获得可持续发展,就必须与环境协调,而要做到这一点,组织必须遵循的一些基本原则有_____、平等互惠原则、_____、全员公关原则。

15. 公共关系活动的基本方针是着眼于_____和着手于_____。

二、单项选择题

1. 将公共关系理论化、系统化,真正为公共关系奠定理论基础、使现代公共关系科学化的人,是现代公共关系的先驱,是美国著名公共关系学者(   )。
   A. 爱德华·伯内斯   B. 艾维·李
   C. 巴纳姆   D. 梅奥

2. 行为科学开始于20世纪20年代末30年代初的霍桑试验,创始人是美国哈佛大学教授、管理学家(   )。
   A. 艾维·李   B. 梅奥   C. 巴纳姆   D. 爱德华·伯内斯

3. 1949年在美国芝加哥召开的一次跨学科的会议上,首先提出了(   )这一名称。
   A. 信息科学   B. 管理科学   C. 社会科学   D. 行为科学

4. 重视人际关系,但重视的范围只限于组织内部的是(   )。
   A. 传播学   B. 行为科学   C. 社会学   D. 领导学

5. 认为最好的组织方式有赖于环境的性质,并追求组织内在特征与环境要求的最佳匹配,以适应环境的需要的理论是(   )。
   A. 权变理论   B. 认知结构理论   C. 管理理论   D. 经济理论

6. 公共关系的本质是追求(   )。
   A. 组织与环境的平衡   B. 组织与管理的平衡
   C. 组织与行为的平衡   D. 组织与权力的平衡

7. 公共关系学研究的永恒的课题是(   )。
   A. 公众对领导的态度   B. 公众对组织的态度
   C. 公众对政策的态度   D. 公众对权力的态度

8. 社会公众对某一问题的公开评价及其一致性意见称为(   )。

A. 舆论　　　　　B. 政策　　　　　C. 功能　　　　　D. 态度

9. 在研究舆论的形成过程中,(　　)起到决定性作用。

A. 群体的态度　　　　　　　　　　B. 组织的态度

C. 个体的态度　　　　　　　　　　D. 传媒的态度

10. 个人对某一对象所持有的评价与行为倾向叫(　　)。

A. 舆论　　　　　B. 态度　　　　　C. 政策　　　　　D. 功能

11. 认为态度是个体后天习得的理论是(　　)。

A. 平衡理论　　　　　　　　　　　B. 学习理论

C. 和谐理论　　　　　　　　　　　D. 认知失调理论

12. 由心理学家海德提出的理论是(　　)。

A. 学习理论　　　　　　　　　　　B. 和谐理论

C. 平衡理论　　　　　　　　　　　D. 认知失调理论

13. 公共关系是一种以(　　)为支点的全方位关系。

A. 个人　　　　　B. 集体　　　　　C. 组织　　　　　D. 团体

14. 大众传播媒介的四大支柱包括报纸、广播、电视和(　　)。

A. 电影　　　　　B. 幻灯　　　　　C. 书籍　　　　　D. 杂志

三、判断题

1. 艾维·李作为现代公共关系创始人,创立了现代公共关系,但在理论层面基本没有建树。

2. 早期的古典管理理论学家泰罗、法约尔、韦伯等人都把人只看成是"社会人"。

3. 霍桑试验的创始人是美国哈佛大学教授、管理学家伯内斯。

4. 行为科学以人的行为及其产生的原因作为研究对象。

5. 行为科学的局限性表现只限于组织内部,而忽视环境的支持。

6. 政治环境为政府设定了框架,它支配着资源,审批公共政策并控制管理行动,以保持社会中权力的平衡。

7. 公共关系的本质同组织与环境的平衡无关。

8. 公共关系能为组织提供帮助的,就是强化组织结构。

9. 在舆论的形成过程中,个体的态度起到决定性作用。

10. 平衡理论运用了"最小努力原则"来预计不平衡所产生的效应。

11. 和谐理论的总原则认为,不一致性原则支配所有人的思维。

12. 海德在1957年提出了认知失调理论。这里的"认知"包括人们的思维、态度和信念等。

13. 公关要获得真正动力和效果,必须得到最高领导层的支持。

14. 公众舆论是自发产生的、并处于不断扩大和缩小的动态中,它是公众对组织的一种浮动的表层认识。

15. 不同的组织有相同的公众。

16. 只有树立起良好的组织形象,才能促进组织与社会的共同发展。

17. 满足公众的物质需求可以联络组织与公众的感情。

18. 学校公共关系的重要任务是争取特殊招生指标,开辟新的专业方向。

19. 一个组织形象蓝图首先来源于行政和技术业务管理阶层。

20. 对一个特定的社会组织而言,由于它在不同的工作时期其工作重点不同,也会因其工作的要求而使其面临不同的公众,所以说"公共关系"并不具有"公共"性。

21. 一个组织在社会公众心目中良好形象的树立,只有通过信息传播工作。

22. 内部公共关系是塑造组织形象的起点。

四、名词解释

1. 行为科学

2. 群体行为

3. 管理型反应

4. 舆论

5. 态度

6. 学习理论

五、简答题

1. 公共关系的理论基础包括哪些学科?

2. 简述组织与环境之间的关系。

3. 简述权变理论的主要观点。

4. 文化环境对公共组织的影响主要体现在哪些方面?

5. 在人的社会化过程中,影响态度形成的因素主要有哪些?

6. 公共关系应坚持哪些原则?

六、论述题

1. 论述舆论的作用与功能。

2. 什么是全员公关原则?要贯彻全员公关原则必须做到哪些方面?

七、案例分析

某公司公开招聘公关人员,在招聘见面会上,招聘负责人向前来应聘者问了这样一个问题:"如果您有幸成我们公司的一员,当您遇到我们公司利益与国家利益发生矛盾时,您会怎么做呢?"甲回答说:"作为公司的一员,我会坚决维护公司利益。"乙回答说:"国家利益至上,我会坚决维护国家利益。"丙回答说:"我将尽我最大努力协调两者之间的关系,在国家利益和公司利益之间找到平衡点。"

问题:如果你是公司招聘负责人,你会选谁呢?为什么?

第四章　公共关系的过程

本章内容

　　公共关系活动要想取得预期效果,必须掌握其活动的一般规律及其基本的运作程序。公共关系的工作过程可分为四步,即界定问题、制订方案、采取行动和评估检测。其中,界定问题是基础;制订方案是关键,是公共关系实施的指南和效果评估的标准,离开了公共关系方案,公共关系工作就会漫无目标,不得要领,难以协调统一,成效甚微;采取行动是核心,是执行公共关系方案、取得公共关系成效的具体行动,离开了公共关系方案的实施,再好的方案也只是纸上谈兵;效果评估是重要的反馈环节,也是下一轮公关活动的起点。公共关系活动就是循着界定问题、制订方案、采取行动和评估检测这四个基本阶段进行的。这四个阶段是一个相互联系的整体,是一个不断重复的过程。

本章重点

　　公共关系四步工作法的内容及其相互关系;界定公共关系问题的方法,公共关系调查的内容;公共关系方案的制订内容和程序,根据组织情况制订具体的活动方案;公共关系效果评估的内容和方法。

同步练习

一、填空题

1. 公共关系管理过程的四个基本步骤是,界定问题、_____、_____和评估检测。

2. 在界定公众情况时,主要收集四个方面的资料:背景资料、_____、态度资料、_____。

3. 公众态度在表现形式上看可以分为赞成、不赞成、_____、_____四种态度。

4. 实地观察法可以分为_____和_____两种方法。

5. 在确定组织公共关系目标时,应遵守的原则有:一致性、_____、可行性、_____、相容性。

6. 经费预算包括有日常行政费用、设备器材费、_____、具体公共关系活动费、_____。

7. 在选择论证方案时,主要从目的性、_____和_____三个方面考虑。

8. 在整合资源时,应注意目标性、针对性、_____和_____四个方面。

9. 对公共关系方案的制订、实施和效果要进行准确的、有价值的评估。需要遵循的程序:统一思想、_____、_____和报告结果。

二、单项选择题

1. 组织形象可以通过知名度和美誉度这两项指标来界定。此外,有的学者对组织形象用了第三个指标来衡量,即(　　)。

A. 信誉度　　　　B. 满意度　　　　C. 支持度　　　　D. 和谐度

2. (　　)最大的特点是直观性,所有的信息都来源于调查者的亲自观察,可以排除其他调查方法的间接性所造成的误会和干扰。

　　A. 实地观察法　　　　　　　　B. 媒介内容分析法

　　C. 文献研究法　　　　　　　　D. 抽样调查法

3. 适用于规模不大的人口总体的抽样方法是(　　)。

　　A. 间隔随机抽样　　　　　　　B. 分层随机抽样

　　C. 分区多级随机抽样　　　　　D. 整群抽样

4. 进行民意测验的主要工具是(　　)。

　　A. 问卷调查法　　B. 抽样调查　　C. 资料分析　　D. 实施调查

5. 在公关调查中,对于了解某些历史性问题的一种常用的行之有效的方法是(　　)。

　　A. 民意测验　　　　　　　　　B. 抽样调查

　　C. 众代表座谈会　　　　　　　D. 资料分析

6. 高美誉度、低知名度属于公共关系(　　)状态。

　　A. 最佳　　　　　　　　　　　B. 较为稳定、安全

　　C. 不良　　　　　　　　　　　D. 恶劣

7. (　　)最大的特点是直观性,所有的信息都来源于调查者的亲自观察,可以排除其他调查方法的间接性所造成的误会和干扰。

　　A. 观察法　　　　B. 访问法　　　　C. 文献调查法　　D. 问卷调查法

8. (　　)是按照财务状况,根据财力上可能支付的资金额度来确定公共关系的费用预算。

　　A. 按销售额分配　　　　　　　B. 投资报酬法

　　C. 量入为出法　　　　　　　　D. 投资报酬法

9. 在对方案进行选择时,(　　)是先分析方案目的性、可行性和耗费量三个方面,哪个方面的增加或减少对方案的影响最大,就把影响最大的方案确定为重点,再重点突破薄弱环节使方案整体优化。

　　A. 转变法　　　　B. 重点法　　　　C. 反向增益法　　D. 优点综合法

10. (　　)通过公众对组织公共关系活动的舆论和态度进行调查,开展对公共关系活动效果的评估。

　　A. 自我评估法　　　　　　　　B. 专家评估法

　　C. 公众评估法　　　　　　　　D. 新闻报道分析法

三、判断题

1. 公共关系管理过程的四个基本步骤之间的关系是:界定问题是基础;制订方案是关键;采取行动是核心;效果评估是重要的反馈环节,也是下一轮公关活动的起点。

2. 组织的知名度越高,美誉度的压力就越小。

3. 文献研究法收集到的信息比较客观和准确,方法简便易行,是公关人员经常采用的方法。

4. 美誉度是公众对组织的信任和赞许的程度,是反映组织社会名气大小的客观指标。

5. 信息的收集是组织内所有部门都必须予以重视的大事,其中,公关部门应当发挥信息中枢的核心作用。

四、名词解释

1. 非正式方法

2. 实地观察法

3. 来信、来电和来访分析

4. 媒介内容分析法

5. 文献研究法

6. 抽样调查法

7. 整群抽样

五、简答题

1. 在公共关系中,用于界定问题的非正式方法是指什么? 它具体包括哪些形式?

2. 媒介内容分析法是指什么?

3. 抽样调查主要有哪几种形式?

4. 分析研究目标公众的权利和要求时应注意哪些因素?

5. 编制预算的方法主要有哪些?

6. 选择论证方案的方法主要有哪些?

7. 在制作信息时应注意哪些方面?

六、论述题

1. 公共关系人员在进行过程控制时应遵循哪些方面的原则?

2. 公共关系评估的方法主要有哪些?

七、案例分析

广东格兰仕公司在数年前就已开发生产出了可与世界名牌产品相比,而价格仅为其一半的微波炉,但它们没有急于抢占市场,而是首先投入了巨大的人力、财力并运用传媒的力量在全国范围对微波炉的使用特性、产品优势及维护、保养知识作细致、系统的介绍,并编制了500多例微波炉菜谱,仔细介绍微波炉的烹调技法,还派出"格兰仕小姐"到各地市场作现场演示,甚至还通过听众热线、咨询电话等形式与顾客作深层次的沟通,使微波炉这一新产品很快为人们所熟悉和接受,使格兰仕微波炉不仅在国内市场的占有率稳步上升,还远销50多个国家和地区。

试用公共关系学相关知识分析本案例。

第五章　公共关系的对象

本章内容

　　组织公共关系的主要对象包括客户、员工、政府、社区、媒体等，寻求与公众的良好合作及和谐发展是组织开展各类公众活动的目标，亦是组织公众关系面对的挑战。组织客户关系面临的问题具有多样性，其焦点在于组织能否真正树立"客户第一"，"客户永远是正确的"的公关理念。员工关系、政府关系、社区关系、媒体关系的协调各有其特点。组织协调员工关系的目的在于充分调动员工的积极性，以保证组织总体目标的实现；政府关系管理的目标是争取政府各职能部门对本组织的了解、信任和支持，为组织的生存和发展争取良好的政策环境、法律保障、行政支持和社会政治条件；协调社区关系的目的，主要是为组织创造一个良好的生存环境，扩大组织的区域性影响而媒介关系的协调要求组织尊重、支持、理解媒介，加强与媒介的沟通。

本章重点

　　客户关系、员工关系、政府关系、社区关系及媒体关系的基本含义；公众关系中面临的主要问题；主要公众关系的目标与焦点；协调组织与其主要公众的关系的途径和方法。

同步练习

一、填空题

1. 组织的总体形象表现为外显形象和_____两个方面。

2. 组织维护和发展客户关系的基本途径和方法主要涉及以下四方面工作：尊重客户、_____、沟通客户、_____。

3. 组织与客户沟通的方式主要有：口头联系、_____、_____、视听通讯、广告和公告、_____、客户特殊活动。

4. 员工关系的特征主要表现为：密切性、_____、_____。

5. 员工关系管理的工作焦点是：_____。

6. 组织价值观的基本特征表现为：调节性、_____、_____。

7. 组织维护和发展员工关系的基本途径和方法主要涉及以下四方面工作：尊重员工、_____、_____、培育员工。

8. 媒体公众具有两重性：_____和_____。

9. 尊重、理解和支持媒体的工作，主要应遵循以下媒体关系工作的"三要"原则：要以礼相待、_____、_____。

二、单项选择题

1. （　　）是组织协调客户关系的基本原则，也是组织赢得客户好感、理解与支持的基本途径。

    A. 尊重客户　　　　　B. 沟通客户　　　　　C. 满足客户　　　　　D. 引导客户

2. （　　）是指对客户进行必要的消费指导,帮助其树立正确的消费观念和消费意识,引导客户合理消费,理性消费。

    A. 满足客户　　　　　B. 引导客户　　　　　C. 尊重客户　　　　　D. 沟通客户

3. 让员工参与组织日常经营管理来调动员工的积极性属于（　　）。

    A. 目标激励　　　　　　　　　　　　　B. 民主管理激励

    C. 奖惩激励　　　　　　　　　　　　　D. 情感激励

4. （　　）是公关工作对象中最敏感最重要的一个部分。

    A. 媒体公众　　　　B. 社区公众　　　　C. 客户公众　　　　D. 政府公众

5. 民主参与法是用来协调（　　）。

    A. 客户关系　　　　B. 社区关系　　　　C. 政府关系　　　　D. 员工关系

6. （　　）是指组织与其所处的生活区域内的机构,如城镇街道、乡镇、村庄及相关单位之间的关系。

    A. 客户关系　　　　B. 政府关系　　　　C. 媒介关系　　　　D. 社区关系

7. 与组织自身相关性最强的一类公众对象是（　　）。

    A. 员工公众　　　　B. 顾客公众　　　　C. 媒介公众　　　　D. 政府公众

三、判断题

1. 坚持"客户第一"的观念,就是把客户放在比组织更重要的位置上,使组织的整个经营活动都始终贯彻这一宗旨。

2. "客户永远是正确的"意味着客户在事实上的绝对正确。

3. 良好的客户关系能够为组织带来直接的利益。

4. 员工对组织的认知,是员工心理活动的开端和基础,决定着组织是否能给员工留下好的印象。

5. 员工关系等同于组织内部一般的人事关系。

6. 员工关系与组织内部的一般劳动关系相同。

7. 组织与员工的信息沟通是多流向的,既有纵向的信息传递,又有横向和立体交叉式的信息传递。

8. 关心员工只要关心其物质利益即可。

9. 做政府的模范公民,是组织开展政府公关活动的前提。

10. 社区是组织的重要外部环境,但社区关系的好坏并不直接影响到组织的生存和发展。

11. 组织与公众只有很少的机会进行面对面的沟通,要使组织的信息实现大范围、客观公正的传播,最佳的途径就是借助媒体。

四、名词解释

1. 客户关系

2. 员工关系

3. 政府关系

4. 社区公众关系

5. 媒体关系

五、简答题

1. 客户关系管理的具体目标包括哪些方面?

2. 员工关系管理的目标包括哪些方面?

3. 组织政府关系管理的具体目标有哪些内容?

4. 组织在发展与社区之间的良好关系时主要面临的问题是什么?

5. 组织发展与媒体的关系,面临的问题主要有哪些?

六、论述题

1. 组织开展政府公共关系的意义主要体现在哪些方面?

2. 加强与媒体的双向沟通,组织应做好哪些方面的工作?

七、案例分析

《中外管理》1998 年第 1 期载文《3517 厂长盛不衰的奥秘》,奥秘之一是访问用户活动。厂供销处在接待来厂客户中,不仅如实地介绍产品,而且对客户的意见一丝不苟。1996 年元月,厂办收到湖南连源县朱梅乡水竹村一位姓蒋的农民来信,说他买的一双3517 牌解放鞋,穿了不久就脱胶。对于这件事工厂领导十分重视,立即派人寻找写信人,几经周折找到水竹村,可是这位写信人到镇上打工去了,在一位热心人的帮助下,终于在工地上找到老蒋,当即将一双崭新的防滑解放胶鞋送到他手中。经验证老蒋买的那双鞋是山东邻城一家乡镇企业出产的冒牌产品。千里换鞋这件事,很快在工地民工们中传扬开了,从此工地上工人们都成了 3517 厂的"铁客户"。

请结合案例,阐述在沟通顾客关系中树立"服务意识"的重要性。

第六章　部门公共关系

本章内容

公共关系作为促进组织与环境协调发展的科学和艺术,已越来越被企业、政府、政党及各种非营利组织所认识和运用。一般而言,企业开展公共关系活动有两个基本目标:一是塑造良好企业形象;二是营造"人和"的内外环境。政府公共关系的基本目标是维护公众的知情权,争取公众对于公共政策的支持和合作,动员公民参与政府活动,塑造良好政府形象,而加强政府的形象管理是其公关工作的焦点。现代社会,政党和非营利组织与其他社会组织一样,也面临着公共关系问题,它们同样要确立合理的公共关系目标,把握公共关系活动的焦点,通过多种途径,采取有效方法加强与公众的沟通,以保证组织总体目标的实现。

本章重点

企业公共关系、政府公共关系、政党公共关系及非营利组织公共关系的基本含义；企业、政府、政党及非营利组织公共关系中面临的主要问题，及其公共关系的目标与焦点；开展企业、政府、政党及非营利组织公共关系工作的各种途径和方法。

同步练习

一、填空题

1. 企业公共关系除具备公共关系的一般特点外，还具有其自身的特点：＿＿＿＿＿＿＿＿。

2. 企业公共关系中存在的问题主要有两个方面：企业的形象不佳和＿＿＿＿＿＿＿＿。

3. 企业开展公共关系活动的基本目标表现在两个方面：塑造形象和＿＿＿＿＿＿＿＿。

4. 加强企业的形象管理，涉及两方面的工作内容：＿＿＿＿＿＿＿＿＿＿、形象维护。

5. 协调企业内部公共关系的两个基本途径：培育良好的企业文化和＿＿＿＿＿＿＿＿。

6. 协调企业外部公共关系的两个基本途径，一是＿＿＿＿＿＿＿＿＿＿，二是加强与外部公众的沟通。

7. 政府公共关系所需要解决的危机通常有：政治性危机、＿＿＿＿＿＿＿＿＿＿、＿＿＿＿＿＿＿＿＿＿、自然性危机。

8. 政府公共关系工作的焦点是＿＿＿＿＿＿＿＿＿＿。

9. 政党公共关系面临的问题主要包括以下两个方面：政党形象不佳和＿＿＿＿＿＿＿＿。

10. 政党公共关系活动主要有四个基本目标：传播政治主张、发展党的组织、＿＿＿＿＿＿＿＿＿＿、＿＿＿＿＿＿＿＿＿＿。

11. 非营利组织公共关系的焦点是＿＿＿＿＿＿＿＿＿＿。

12. 非营利组织依据其所承担的社会职能及其不同特征，一般可分为公益性非营利组织、＿＿＿＿＿＿＿＿＿＿、＿＿＿＿＿＿＿＿＿＿。

二、单项选择题

1. 根据社会分工和自身的条件，企业准备在社会上发挥的作用和承担的角色属于（　　）。

    A. 企业方针　　　　B. 企业哲学　　　　C. 企业准则　　　　D. 企业使命

2. 组织的全员公关培训即指对全员进行公关教育，其重点是（　　）。

    A. 公关知识普及教育　　　　　　B. 公关思想及意识教育

    C. 政治思想教育　　　　　　　　D. 公关能力教育

3. 在政府公共关系面临的问题中，认为公关只是钻营之术，政府公共关系是没有多少意义的，习惯于"政府权威"意识和"官本位"思想，是属于（　　）。

    A. 主体的公关意识缺失　　　　　B. 公众的政治冷漠

    C. 公众对政府合法性的质疑　　　D. 公众对政府的偏见

4. 政府减少因办事程序错误而造成低效率现象和扯皮现象而采取的办法是（　　）。

    A. 办事公开　　　　　B. 领导决定　　　　　C. 班子协商　　　　　D. 新闻发布

5. 在政府与公众沟通的渠道中，（　　）是公众通过写信、访问的形式向政府有关部门反映问题、意见或提出要求，以便得到政府的有效答复和解决。

    A. 民意测验　　　　　　　　　　B. 信访渠道

    C. 基层访问和典型调查　　　　　D. 安排专访

6. 在政府公共关系的多种形式中，（　　）是围绕公众关心的热点问题，运用大众传播媒介，动员公众献计献策，集思广益的一种形式。

    A. 公众投票公决　　　　　　　　B. 民意测验

    C. 社会协商对话　　　　　　　　D. 公众议政活动

7. 一个社会组织的领导者必须对本组织的声誉和形象承担（　　）。

    A. 直接责任　　　　B. 间接责任　　　　C. 技术责任　　　　D. 综合责任

8. 学校、医院、新闻机构、图书馆、博物馆、文艺体育团体、基金会、福利和慈善机构等属于（　　）。

    A. 公益性非营利组织　　　　　　B. 互益性非营利组织

    C. 服务性非营利组织　　　　　　D. 收益性非营利组织

三、判断题

1. 盈利是企业的共同目标和本质特征。

2. 营造"人和"环境，关键是要保持企业与外部公众关系的和谐。

3. 一般认为，公共关系的人才培养，就是培养专才式的公共关系人才。

4. 领导者的言谈举止仅仅是代表其个人，不能代表整个政府。

5. 举行记者招待会是企业开展外部公共关系的具体方法。

6. 政府公共关系的客体，并不包括政府机关内部工作人员等内部公众。

7. 非营利组织广泛存在于社会文化、卫生、教育、体育等诸多领域，它们均担负着某一特定领域的社会公益服务职责。

四、名词解释

1. 企业公共关系

2. 政府公共关系

3. 政党公共关系

4. 非营利组织

5. 非营利组织公共关系

五、简答题

1. 塑造良好企业形象是企业公共关系的重要目标，企业公共关系部门和人员应协助企业有关部门做好哪三个方面的工作？

2. 一般而言,政府公共关系活动至少有哪四个目标?

3. 政党公共关系除具备公共关系的一般特点外,还具有哪几个基本特征?

4. 一般而言,非营利组织公共关系有哪几个基本特征?

六、论述题

1. 政府公共关系属于公共关系的一个组成部分,除了具备公共关系的一般性特点以外,还具有哪些自身的特点?

2. 非营利组织开展公共关系活动的基本目标是哪几个方面?

七、案例分析

前几年,广州市委、市政府先后举办过直接为市长做参谋的"假如我是广州市长"征文活动(后定名为"市长参谋活动")。它具体落实在为政府职能部门出谋献策,如"房改方案千家谈"、"菜篮子工程千家谈"等的"千家谈系列活动",还有讨论广州市风和广州人精神的"羊城新风传万家"、"羊城居委新形象"等大型公众活动等,运用了报纸、杂志、广播、电视等媒介,动员了成千上万的市民参政议政,各抒己见,都收到了良好的社会效果,极大地提高了政府对市民的凝聚力和向心力。

试运用公共关系学中的相关知识分析点评这一案例。

第七章　公共关系传播

本章内容

公共关系传播是公共关系实践的精髓,本章从公共关系传播实务操作出发,着重展示网络传播、举办新闻发布会、新闻稿撰写、内部报刊编辑、演讲、公共关系广告等实务操作的方法和技巧。

本章重点

网络传播的技巧及网络传播在公共关系中的运用;新闻发布会的举办,新闻稿的撰写及内部报刊编辑;演讲的基本要求及演讲稿的写作;公关广告的功能及运用策略与技巧。

同步练习

一、填空题

1. 网络传播的形式主要有:发送新闻、_____、新闻组、_____、网上监控。

2. 新闻发布会主要有三种形式:新闻发布会、_____、_____。

3. 新闻发布的主题大致有三大类:发布某一消息、_____、_____。

4. 要使团队成为一个高效、团结、战斗力强的组织,必须运用项目管理的原则来运作,即专业原则、平衡原则、_____、_____、制度原则。

5. 新闻稿的主题上应该具有_____、先机性、_____。

6. 演讲由_____、演讲的内容和_____这三大要素构成。

7. 以演讲的形式为划分标准,演讲可分为:专题演讲、_____、_____、对话演讲。

8. 专题演讲按其方式分,有宣读式、_____、_____。

9. 论辩演讲,就其性质来说,分为会议论辩和_____。

10. 演讲稿没有严格、固定的格式,一般分_____和_____两部分。

11. 标题拟写的方式,主要有以下几种:直述式、_____、_____。

12. 常见的具有代表性的广告传播媒体有:报纸广告、_____、_____、电视广告。

二、单项选择题

1. 新闻发布会是一种( )。

    A. 直接传播   B. 两级传播   C. 三级传播   D. 多级传播

2. ( )是公共关系工作中最常用、最普遍、最具公关效果的一种口语传播方式。

    A. 报告   B. 演讲   C. 会议   D. 谈判

3. 试图引导或转变公众的看法、影响公众的态度和行为的公关广告是( )。

    A. 实力广告   B. 公益广告   C. 观念广告   D. 声明广告

4. ( )是用来对公众或合作者的支持表示感谢的广告,目前在公关广告中使用得极为普遍。

    A. 祝贺广告   B. 致歉广告   C. 谢意广告   D. 声明广告

5. 广告定位的目的在于( )。

    A. 突出广告商品的个性   B. 确定广告商品的位置

    C. 明确广告的特点   D. 提高广告针对性

6. 决定广告策划成败的关键是( )。

    A. 广告定位   B. 广告创意   C. 广告诉求   D. 广告调查

7. 使公众有充分的选择余地、接收信息的状态有较高的自由度的是( )。

    A. 广播和电视的优势   B. 电视和电影的优势

    C. 电影和幻灯的优势   D. 报纸和杂志的优势

8. 电视和广播媒介的共同弱点是( )。

    A. 感染力较差   B. 功能单一

    C. 传播效果较弱   D. 传播效果稍纵即逝

三、判断题

1. 与传统媒体形式相比,网络传播为读者提供了更为广阔的信息量及阅读空间。

2. 新闻发布会的主席台需摆放席卡,摆放原则是"自己人靠前靠中,职位高者靠边靠后"。

3. 通常记者招待会由公关负责人执行,而新闻发布会一般则需有更高层次官员出席。

4. 组织广告以正面宣传组织自身的各种情况为主。

5. 公关广告不同于一般商业广告,它是组织推销自身形象的一种特殊手段。

四、名词解释

1. 先传统媒体后网络媒体的模式
2. 新闻传播
3. 演讲
4. 专题演讲
5. 公共关系广告

五、简答题

1. 新闻传播具有哪些显著优势？
2. 在通常情况下，一篇新闻稿件的主要结构是什么？
3. 演讲稿的开头有多种方法，通常用的主要有哪几种？
4. 在演讲中，演讲者有必要了解并掌握的手势的基本含义有哪些？
5. 公共关系广告与商品广告的区别是什么？

六、论述题

1. 网络传播模式的特点有哪些？
2. 公共关系广告的重要作用有哪些？

七、案例分析

1998年8月中旬，顶新国际集团抗洪救灾慰问团代表来到湖北省武汉防汛指挥总部，向华中三省受灾地区的民众和抢险官兵送来50多卡车的康师傅方便面和纯净水。这5万箱的物资总价值人民币120万元，连同前些日子集团旗下的武汉、杭州、重庆等各公司的捐赠物资，捐赠金额已累积200多万元。顶新集团公关部侯金雯经理率领慰问团亲自把物资送到了防汛大堤上。

从公共关系营销的角度看，顶新集团向灾区捐赠物资的事件对其组织发展有何重大意义？

第八章　公共关系活动

本章内容

公共关系活动是社会组织为了达到某一目的而采用的具有公共关系特色的活动。它区别于公共关系日常一般活动的特征是其内容单一、主题明确、时间集中，动用的人力、物力、财力都较多，规模较大。民意调查、公共关系策划、公共关系危机处理、协商谈判都是常见的公共关系活动。

本章重点

民意调查问卷的设计工作；公共关系策划的程序和原则；公共关系危机处理的措施；公共关系协商谈判的技巧。

同步练习

一、填空题

1. 根据问卷对问题和答案的设计形式不同,可以把问卷分为_____和_____两种。

2. 封闭式问卷的问题按其性质可以划分为定类、_____、_____和定比问题。

3. 问卷一般由标题、_____、注释、_____、_____等五个部分组成。

4. 资料的统计分析,主要包括以下工作:检查核实、_____、_____。

5. 在检查核实资料的过程中,主要从资料的完整性、_____、_____和及时性四个方面来检查。

6. 资料分类,应遵循的原则有:互斥性、_____、_____。

7. 一篇调查报告是对调查过程的回顾和调查成果的总结,它包括三个方面的内容:前言部分、_____和_____。

8. 公共关系策划的过程一般可以归结为:组织准备、_____、_____和形成方案四个阶段。

9. 公共关系主题的表现形式是多种多样的,它应包含三个方面的内容:策划目标、_____、_____。

10. 一般认为凡属创造性成果,必须符合以下四条标准:新颖性、_____、价值性、_____。

11. 公共关系人员也要有意识地训练自己的创造性思维,做到"五勤",即勤动脑、_____、_____、_____、勤学习。

二、单项选择题

1. 公关调查中使用最广泛的方法是( )。

   A. 资料分析　　　 B. 民意测验　　　 C. 座谈会　　　 D. 随机抽样

2. 组织的公关形象策划要对公众进行研究,其首先要做的工作是( )。

   A. 研究目标公众对组织的特殊视角　　　 B. 鉴别目标公众的权利要求

   C. 建立有效的公众形象　　　 D. 研究目标公众的类型

3. ( )是要求对被测定对象的性质作出分类的问题。

   A. 定类问题　　　 B. 定序问题　　　 C. 定距问题　　　 D. 定性问题

4. ( )是一种通过小型会议的组织形式,让所有参加者在自由愉快、畅所欲言的气氛中,自由交换想法或点子,并以此激发与会者创意及灵感。

   A. 戈登法　　　 B. "635"法　　　 C. 头脑风暴法　　　 D. 信息交合法

5. 学校利用校庆进行广泛的社会宣传,这一活动本身表明它重视塑造自己的( )。

   A. 文化形象　　　 B. 产品形象　　　 C. 社区形象　　　 D. 环境形象

6. 认真了解受害者的情况,实事求是地承担相应的责任,并诚恳地道歉是( )。

   A. 组织内部对策　　　　　　　　 B. 业务往来单位对策

    C. 受害者对策   D. 上级主管部门对策

7. 将各方的不同意见和观点一一亮出的谈判阶段是（   ）。

    A. 准备阶段   B. 开局阶段   C. 交锋阶段   D. 妥协阶段

三、判断题

1. 在封闭式问卷中，事先不作出任何选择答案，在提问中留出一定的空白，请调查对象自由回答，或由访问者记录答案。

2. 开放式问卷的答案标准统一，对调查对象来说容易选择，问卷的回收率也较高，且获得的信息便于统计分析，对不同的公众可以进行直接对比。

3. 一般用权威的话或大多数人的看法设计的问题都是诱导性问题。

4. 调查报告不同于纯理论文章，也不同于一般的工作总结。

5. 公共关系人员在进行公共关系策划时，应充分尊重公众的意愿和特点，自觉地把公众利益放在首位，这样才能赢得公众的信任。

6. 组织一旦发生危机，便会受到社会与公众的关注，为了防止事态的发展、蔓延、扩大，组织需要掩盖问题，隐藏真相。

7. 在处理危机事件的过程中，组织内部事先达成共识、统一口径，为表示对事件的高度重视，指定组织高层负责人为新闻发言人，客观翔实地将事件真相告知记者，切忌信口开河。

8. 借助谈判消除彼此之间的矛盾和冲突只是手段，目的是要通过谈判，实现本组织特定的利益目标。

9. 在倾听过程中，必要时可以打断他人的谈话。

10. 在谈判终了时，对谈判要给予正面的、肯定的评价。

四、名词解释

1. 民意调查

2. 开放式问卷

3. 公共关系策划

4. 戈登法

5. 公共关系危机

6. 协商谈判

五、简答题

1. 在进行公共关系策划时，应遵循哪些原则？

2. 策划方案的基本步骤主要有哪五个方面的内容？

3. 公共关系策划与创造性思维的关系表现为哪些方面？

4. 简述头脑风暴法。

5. 在公共关系危机处理的过程中，应当遵循的基本原则有哪几项？

六、论述题

1. 在协商谈判中需要遵循的原则有哪些?
2. 在公共关系危机处理的过程中,应当遵循的程序有哪些?

七、案例分析

2000 年 2 月 27 日,英国《星期日泰晤士报》刊登了一篇题为《秘密报告指控甜味剂》的文章,声称该报记者根据一份刚刚解密的研究报告发现,美国全国饮料协会早在 20 世纪 80 年代初曾对一种在汽水饮料中广泛使用的甜味剂——"阿斯巴甜"进行过研究,结果认为"阿斯巴甜"能分解出甲醇和苯丙氨酸等有毒物质,从而影响人脑的正常工作。此外,"阿斯巴甜"还会改变消费者的行为,诱使消费者进食更多此类饮料,因此美国全国饮料协会反对在饮料中添加"阿斯巴甜"。这篇报道还指出,包括可口可乐和百事可乐在内的许多饮料厂家目前仍在使用"阿斯巴甜"。

在每年消费 90 多亿罐汽水饮料的英国,《星期日泰晤士报》的这篇报道无疑是在人群中扔下了一颗重磅炸弹。很快,可乐饮料含有有毒物质的消息就出现在互联网上,然后又以比特速度传递到全球各个角落的电脑屏幕上。至此,一场令可口可乐公司始料未及的地震已经在互联网的深处悄然爆发。

2 月 29 日,国内首家媒体以《可口可乐百事可乐甜味剂损脑密件公开》为题,对《星期日泰晤士报》的文章进行了转载;3 月 1 日,北京的报纸也以《可乐含有对脑不利成分》为题刊发了上述报道;四川的一家报纸更以颇具爆炸性的标题《两大可乐甜中藏毒》为题报道了此事。

可口可乐的知名度实在太高了。对于需要题材进行炒作的媒体来说,这家全球老牌饮料企业身上发生的任何事件都值得闻风而动。从技术上来说,媒体其实并没有做错什么,但有时候,我们的兴奋可能意味着别人的痛苦。

自从国内媒体刊登上述消息后,几乎所有到可口可乐公司办事的人都提出同样的问题:"阿斯巴甜"事件到底怎么样了?

3 月 1 日下午,可口可乐(北京)公司决定当晚召开新闻发布会,向新闻界澄清事实。当晚 6 点,可口可乐(北京)公司副总裁鲁大卫出现在北京各大媒体的记者面前。这次新闻发布会持续了一个小时。鲁大卫着重说明的一点是:在中国生产和销售的可口可乐系列饮料中均未使用"阿斯巴甜",特别是红色罐装的可口可乐饮料中选用的是天然蔗糖,根本没有使用任何人工合成的甜味剂。可口可乐产品使用甜味剂的只有白色罐装的"健怡可乐",而且"健怡可乐"也没有使用"阿斯巴甜",而是采用了甜蜜素和糖精钠两种甜味剂,并在外包装上标明了这两种成分。

为了给自己的说法提供旁证,鲁大卫还出示了一份美国全国饮料协会 2 月 28 日发给《星期日泰晤士报》的声明。在这份声明中美国全国饮料协会主席威廉·波尔指出,《星期日泰晤士报》报道引用报告中提出的问题早已经过科学研究证明并不存在,而且"阿斯巴甜"已经被全球 90 多个国家批准使用。波尔在这份声明中还批评英国《星期日泰晤士报》刊登的图片误导读者,因为可口可乐并不含有"阿斯巴甜"。从 2 月 28 日到 3 月 1 日,业务遍及全球的可口可乐巨人在警醒中渡过了一场危机公关。

试用公共关系学相关知识分析本案例。